大夏书系·全国中小学班主任培训用书·"魅力班会课"系列丛书

小学
主题教育36课

丁如许◎主编

华东师范大学出版社
全国百佳图书出版单位

序一　主题教育课大有可为

张万祥

从 20 世纪 80 年代至今，丁如许先生"咬定青山不放松"，专心致志地研究班会课，成果丰硕，享誉全国。他的矢志不渝的精神让我敬佩。可以说，他不仅是"上好班会课的高手"，而且是"全国研究中小学班会课第一人"。如今，丁如许先生主编的又一本新作即将问世，他嘱我写序，盛情难却，我遵嘱完成这项任务。

首先，请允许我谈一个认识。我认为主题教育课是一项综合性很强，最能体现班主任的素质、班主任的学识、班主任的教育理念以及班主任专业化水平的活动。

要想上好主题教育课，应该做到以下几点：一是班主任要有较为完善的设计和指导方案，要有充分的准备，这个设计必须有创意，新颖，有吸引力，有"延伸力"；二是学生要全力投入，有主体能动性，有需要，有活动，有效益；三是扣紧班级工作计划；四是有明确的教育主题，要体现直接的教育性和潜移默化的教育性；五是要形成系列，环环相扣，前后衔接。

其次，请允许我做个比较。1986 年，为了让主题教育不空泛不杂乱，我编写了《中学班主任系列讲话稿》，16 万字，有 40 个主题教育点，即 40 讲。

看到这本书有 36 篇文章，也就是 36 节课，立即产生了似曾相识的感觉。二者有许多相同相近的选题，不过这本书是集三十几人的思考实践，是集思广益之作，又由大家丁如许先生设计指点编辑，在各方面都超过了我当年探索和思考的广度、深度。而且，这本书形式更为丰富多彩。

主题教育课的意义是多元的，主题教育课研究的内容也是极其丰富的。班主任开展任何教育，尤其是主题教育，都必须把培育良好的思想品德作为主要内容。班主任要引导青少年了解、继承中华民族的传统美德。

这里我想强调的第一点是主题教育课一定要有系统性。不能"蜻蜓点水"，不能"打一枪换一个地方"。丁如许先生的成名作是《初中班（队、团）全程系列活动》，这本书突出了"系列"，后来他的一系列关于班会课的专著，也都突出了"系列"这一特点。

我想强调的第二点是要高度重视创新。创新是主题教育课的灵魂。有新意才有生命力，才能发挥德育的实效。首先，在活动内容上要与时俱进，要随着班集体的发展，随着客观形势的变化和青少年在新时期新的需求，不断丰富和充实主题教育课的内容。主题教育课的内容不能总是"老和尚念经——天天一套"，这样的内容别说入心，就连入耳也是不可能的。同样是立志、爱国这样的教育内容，如果还用陈旧的老材料，就很难在青少年的心中激起火花。其次，从活动的形式上看，再好的内容，若不是用青少年喜闻乐见的形式呈现，也不会达到预期效果。主题教育课不能照猫画虎，不能老生常谈，不能固步自封，不能千篇一律。要保持高度吸引力，要获得最佳效果，就必须创新，就必须张扬个性、贴近时代、回归生活、凸显体验，方式多样，并采用现代手段。

《班主任工作创新艺术100招》是我的成名作，用百度搜索，就有超过22万条信息，这本书深受青年班主任厚爱的原因就在于创新。我想，青年班主任朋友们一定会高擎创新的大旗，在主题教育课的创新上承前启后，继往开来，谱写出新的乐章。一定会超越我，超越丁如许先生。

丁如许先生在享有盛名的"魅力班会课"系列丛书题为"打造精品课，共享资源库"的后记里写道："班级活动如何设计与实施才能满足学生的要求？如何在班级活动的设计与组织实施中体现自主创新理念？班会课设计原则、基本方法、模式建构，以及在设计和实施中常见问题的分析与解决方法是什么？"这些问题应该成为我们长期研究的课题。

主题教育课内容的研究，是一片广袤的天地，需要我们时时创新，也值得我们潜心研究、精心探索。

主题教育课大有可为！主题教育课，任重而道远。

2013 年 4 月 20 日于津门

张万祥，德育特级教师，享受国务院政府特殊津贴专家

序二　怎样上好主题教育课

丁如许

许多老师将主题班会分为活动式和讲述式两大类型，我赞同这样的分法。

活动式的主题班会因形式多样、重在体验，受到许多班主任和学生的喜欢。但近年来因准备时间比较长、升学压力重，老师未能进行较好的准备；同时有些班会课又存在着"过分准备"的情况，以致学生机械地照着发言稿读，缺乏真情的交流和思想火花的碰撞，而这一现象也为不少学生和班主任所诟病。因此，越来越多的班主任开始关注讲述式的主题班会。

讲述式的主题班会又被称为主题教育课，是近年来发展迅速的主题班会的新课型。该课是班主任根据工作布置和班级情况来进行的主持、主讲、主导的专题教育活动。

主题教育课选题广泛，学习、理想、纪律、诚信、环保、安全、劳动、感恩、网瘾、惜时、节约等涉及班主任工作的众多话题，皆可入题。

主题教育课形式多样，虽以班主任主讲为主，但辅以师生对话、小组讨论、观看视频、情境（情景）思辨、活动体验等多种形式，班主任可以像学科老师那样精心备课，精心实施，从而走进学生的内心世界。

主题教育课有助于学生提高认识，开阔视野，陶冶情操，增强综合素质。

以下从三个方面谈我对主题教育课的认识和理解。

一、主题教育课的特点

在实践中，人们需要认识到成功的主题教育课具有两大特点。

1. 计划性

主题教育课是班主任根据人的发展需要、学生的特点，遵循教育规律，有目的、有计划、有步骤地对学生开展的专题教育课。

长期以来，我们的班会课究竟该怎样上困扰着许多班主任。后来在实践中，许多班主任都认识到必须加强教育的"基础工作"。精心设计的系列主题教育课，不但可以教给学生做人的道理，播下理想的种子，而且能培养学生良好的生活、学习习惯，使学生提高辨别力，加强自控力，增强免疫力。班主任要打破工作中"头痛医头，脚痛医脚"、零打碎敲、被动应付的局面。

2. 有效性

主题教育课的特点可以用"动之以情，晓之以理，导之以法"这十二个字加以概括。

班主任要着眼于学生的成长需要，认真分析班情，精心做好上课准备。主题教育课虽以班主任讲述为主，但提倡师生平等对话。班主任只有事先认真选择话题和充分考量预设，准确把握学生的生命脉搏，才能为学生释疑解惑，指点迷津。甚至有不少班主任还认识到要上好主题教育课特别要在"导之以法"上下功夫，这种关注问题解决的做法受到学生的欢迎，也得到了更多班主任的赞同。

事实证明，主题教育课操作简易，是解决班级问题的有效途径和加强主动教育的有力举措。

二、怎样上好主题教育课

要上好主题教育课，实践启发我们要做好以下几点。

1. 主题鲜明，材料充实

上主题教育课，在选题、立意、布局上，班主任都要下一番功夫。具体如下：

（1）主题鲜明。主题的选择、确立非常重要。主题的提炼、确立首先跟选材有关。当今社会，多元的思潮、多元的价值观必然会对学生产生多方面的影响。再加上中小学生涉世未深，人生观、世界观、价值观正在逐步形成的过程中，因此主题班会课的选题要恰当，要有及时性和针对性。

所谓及时性，即班主任要因时而动，根据社会的发展和人的成长规律来选题。我建议班主任在电脑内建一个专题文件夹，收集党和国家、教育部和地方教育行政部门的重要文件，并认真学习，从而把握工作的重点。需要说明的是，我们不要求老师们对文件内容倒背如流，但应在需要的时候找出文件，看一看、查一查、学一学，以把握工作的要点。当然，我更建议学校在校园网上设置"政策导航"栏目，以便于每一位班主任学习、研究。

所谓针对性，即班主任一定要认真研究班情，清楚本班的长处和存在的问题，比如：学生主动学习的能力如何？学生是否自觉遵守纪律？学生爱读书吗？学生爱锻炼身体吗？班主任要关注学生的思想动态，针对班级中的热门话题、难点问题，及时上好有针对性的主题教育课，这样的课才会具有吸引力和实效性。

（2）材料充实。主题确定后，班主任要围绕主题多层面、多角度筛选材料，力争材料充实。班主任应该确保材料是新鲜的、生动的、丰富的、典型的。因此班主任平日要注意收集材料，做好充分准备。

2. 立足教育，形式多样

顾名思义，主题教育课重在"教育"。主题教育课不仅要力求主题鲜明，而且要运用形式多样的教育手段，增强教育的针对性和实效性。实践证明，以下教育手段有实效：

（1）师生对话。班主任设计话题时要小、实、多，注意话题的递进性。比如上"学会珍惜时间"主题教育课时，班主任可设计"你能说说珍惜时间的故事吗""你知道一分钟能做多少事吗？""你思考过自己的时间安排是否合理吗""珍惜时间有哪些具体方法？""你在珍惜时间上有哪些可改进的地方？"等具体的话题。

班主任更要关注在主题教育课的课堂上生成的问题。如有位班主任上主题教育课《做一个受欢迎的人》时，有学生回答问题时谈到我们应如何对待班级"差生"。班主任当时对学生这样的提法未予置评。在评课时，有老师指出，在同学之间不应该有"差生"的提法，可以提"暂时掉队的伙伴""暂时落后的朋友"，并真诚地指出，如果有同学在大庭广众下称呼同学为"差生"，这样的同学是难以得到更多的人"欢迎"的。他的评议得到了许多老师的认同。

（2）小组讨论。小组讨论的形式是多样的，可以是同桌，也可以是四人小组。一般说来，同桌讨论的话题比较简单，四人小组讨论的话题比较复杂。在四人小组讨论时，班主任要明确谁是小组长，注意指导各小组紧扣话题进行讨论，注意讨论的实效。

（3）情境（情景）思辨。情境（情景）思辨是体现道德认知的重要形式。班主任要巧设情境（情景），用文字、图片、录像等媒介引导学生思考、辨别，甚至辩论（编制正反方题），从而调动学生参与讨论的积极性。

（4）课堂活动。主题教育课也可以开展课堂活动，这种课堂活动简便易行，不需要学生事先做准备。比如找朋友、猜书名、巧拼图块等课堂活动都寓教育于活动之中。

由于主题教育课以班主任讲授为主，因此班主任一定要提前制作好课件。课件文字要精练，图片要丰富，同时可以配视频、音频等材料来增强讲授的效果。

使用视频材料时，班主任要注意选择，保证视频贴近主题，可以做适当的剪辑，从而使视频画面清楚、声音清晰。如果是自拍视频，班主任一定要考虑视频的质量和播放的效果，不能为了有视频这一形式，而随意下载或粗制滥造，滥竽充数。

3. "三主"为主，互动交流

主题教育课上，班主任要担起"三主"的重任，即做好主持、主讲、主导工作。

所谓主持，指班主任是主题教育课的主持人。作为主持，班主任应眼观六路，耳听八方——学生细小的反应，如皱眉、撇嘴、嘀咕、会心一笑等，都应该重视；作为主持，班主任还应起到穿针引线，承上启下作用；作为主持，班主任要调节气氛，把握节奏，最后还要总结全课。

所谓主讲，指班主任要精心设计，广泛选材，合理取舍，科学构架课程，使内容由浅入深、由表及里、由现象到本质，并旁征博引，娓娓道来，晓之以理，动之以情。班主任在讲述时要设身处地，贴心贴肺，使学生入情入境，入心入脑。

所谓主导，指班主任要加强学习，研究班情，直面学生的学习生活，关注学生的困惑，走近学生，抓住学生存在的问题或思而不解的问题，从而给予积极的引导。如学生学习缺乏动力、心理存在障碍等，班主任应动之以情，晓之以理，导之以法，真正解决学生的实际问题，使学生有所触动，有所感悟，有所进步，进而将这些内化为自己的行动，收到实效。但"主导"并不等于"我说你就要听"，而是重在"引导"，以语言魅力打动学生，以人格魅力感动学生，要避免老师的"一言堂""独角戏"，可以用问卷调查、回答问题、小组讨论、情境思辨等形式调动学生参与的积极性，以便使班会课气氛活跃。根据实践经验，一节成功的主题教育课至少应有三四次大的互动交流环节，这样才能把课堂氛围不断地推向高潮。

三、主编《小学主题教育36课》

怎样上好主题教育课，知易行难。

在实践中，许多老师跟我说，他们想上好主题教育课，但苦于没有教材。有时为了寻找资料，他们要花费很多的精力，很费事。

我在一线工作过，深知班主任的辛苦，于是便有了为班主任编写主题教育课参考用书的想法。由于我在初中工作过较长的时间，我们首先编写的是《初中主题教育36课》。2013年11月该书顺利出版了，受到了许多老师的欢迎。于是，我们便着手《小学主题教育 36 课》的编写。

有了《初中主题教育 36 课》的编写经验，再编写《小学主题教育 36 课》时，我们是轻车熟路。

首先我在"丁如许的博客"和讲课课件上发布征稿消息，广泛征集志愿者。非常感谢全国各地的班主任积极响应我的号召，寄来稿件。

其次，我已加盟上海新纪元教育集团，主持丁如许工作室。在丁如许工作室里，来自浙江平阳、瑞安，四川广元，重庆云阳四所学校的老师们勇挑重担。这几所学校的小学老师各自承担了一个选题，中学的老师则以不同方式参与了其中的研究。非常感谢的是重庆中山外国语学校的金鑫老师，她的《乘着音乐的翅膀》主题教育课稿先后八次修改，并在校内五个班级试教。即便如此，她还是不断打磨，不断修改。功夫不负有心人，2013 年 11 月 30 日、2014 年 1 月 15 日，她走出山城，在福州及深圳借班上了这节课，获得了广泛的赞誉。广元、瑞安、平阳等地的老师也毫不逊色，大家集思广益，认真研课。我也多次赶赴现场听课，收益多多。非常感谢的还有重庆中山外国语学校的何林老师和广元外国语学校的林欢老师。她们两个在两个选题不够理想的情况下，勇于担当，承接选题，认真地编制教案。也非常感谢这两所学校的领导、老师，众人拾柴火焰高，在他们的支持下，这两篇教案颇具特色，为本书增添了光彩。

为了便于研究，我们还是以江浙沪地区的学校为重点，以方便我尽可能多地和大家一起备课、听课、评课、改课。非常感谢上海市实验学校东校、上海市北蔡镇中心小学、上海市宜川中学附属学校、上海市怀少学校、上海市万里城实验学校、杭州市拱宸桥小学、常州市虹景小学，这些学校的德育主任、班主任和我一起参加了研课的活动。

非常感谢我讲课时去过或由此而结识的学校，山东省博兴县博奥学校、河南省郑州大学实验小学、广东省深圳市荣根学校、广东省珠海市香洲区第 15 小学等许多学校的老师，他们都非常积极地投入研课活动中。特别感谢山东省泰安市泰山区教育科研中心，他们积极组织区内学校开展班会课研讨活动，并推荐优秀老师参与教案编写。

非常感谢参加全国班会课专题研讨会的老师们。2012 年 10 月，北京创新国基教育咨询中心在西安举办了首届全国中小学班会课专题研讨会。其后每学期，我们都举办一届全国中小学班会课专题研讨会，目前已连续举办四届。每届研讨会召开时，现场上课的班会课都赢得了代表们的好评。《猜猜我有多爱你》《友情树》等精彩课例当然也入选本书。

非常感谢的，还有上海市普陀区丁如许德育特级教师工作室的学员们。

我带领的这个工作室，创造了在四年内高质量地编写出 7 本全国中小学班主任培训用书的记录，书的总发行数正向 20 万本迈进。在研修期间，我们举办了 20 多次面向全国的班会课研讨活动，其中有 10 多节是研讨主题教育课。与会老师和学员的智慧加深了我对许多问题的认识。《从小学理财》《小小雏鹰学自护》《我有一双勤劳的手》《珍惜粮食，从我做起》都是我们当年面向全国开课的成功之作。这些教案被收入本书时，作者又字斟句酌，认真作了修改。

非常感谢的，还有《班主任之友》《少先队活动》《福建教育·德育》《现代教学（思想理论教育）》等杂志的编辑。他们慧眼识珠，《从小学理财》《珍惜粮食，从我做起》《绿色家园，你我共建》《梦想在这里起飞》等教案得到了他们的首肯，相继发表。他们的支持坚定了我们的信心，鼓舞了我们大步向前的决心。

非常感谢的，还有我的许多好朋友。许丹红、姜霞，她们总是在百忙中拨冗惠稿，为本书增彩；还有沈文君、章皙妮、周茵华、戴怡，我们曾以校工作室的形式合作，认真地磨课的经历至今仍令我难以忘怀。

非常感谢的，还有许多积极参与的老师——于伟利、邢艳、邓从新、宋任华、李静、许美燕、王教刚、冯曙光等。他们中有特级教师，有全国优秀班主任，有校工作室领头人，面对我有时"近乎苛刻"的修改建议，他们不厌其烦，认真修改。宋任华老师来信说："您的每一次建议，都会让我由衷地敬佩您一丝不苟、严谨的治学态度，这只是三十六篇之一，您如此精心细致地审阅，与我们商讨，谈看法，提建议，我真的很敬佩您；您的每一条建议更让我反思自己考虑问题的笼统和肤浅，我把您的每次建议都在我们团队内分享，与大家一起学习，共同进步。真的，您的每次建议都是我们自身提升的基石。"

往事并非如烟，这些都令我深深感动。

非常感谢的，还有为本书投稿却未被选用的教案作者，由于这样那样的原因，这些文章未能入选，但这些老师的参与为本书提供了有益的参考。我相信，只要坚持，新的成功指日可待。

非常感谢的，更有我的老朋友张万祥先生。我们在 20 世纪 80 年代就相知相识。先是在《河南教育》《班主任》等杂志上以文相识，后是在天津市德育工作研讨会议上相谈甚欢，接着在讲学活动中、在网络上，我们的交流越来越多。非常感谢德高望重的张万祥先生，在百忙中挥毫成文，不仅对我的研究多加赞誉，而且将他多年潜心研究的丰硕成果与我们分享。他振臂一呼"主题教育课大有可为"，将推动全国中小学主题教育课的深入发展。

非常感谢的，更有大夏书系的编辑团队，他们一直关心这一系列选题，给予了许多具体的指导。从选题定稿、版面设计到发行策划，我们经常邮件往来，电话联系，大夏书系的编辑团队倾心倾力地付出，推动了本书的编写。

非常感谢作者们的认真付出，每位老师都展现出自己的聪明才智，许多设计令人拍案叫绝，在这样的基础上，我为每一篇教案写了点评。一篇教案一篇点评。点评既紧扣本篇教案的特点，又围绕这一特点作必要的拓展，阐述上好主题教育课的一个要点。这样，36篇教案，36篇点评，又形成了"怎样上好主题教育课"的系列指导文章。这里需要说明的是，有些点评的观点与《初中主题教育36课》的相似，这是因为上好主题教育课有基本方法、基本规律，所以观点难免相似，但有些观点有了新的发展，比如"用好视频""构建校本课程体系"。我根据小学教育的特点，也提出了新的主张，如"虚拟人物的作用""德育主任上下水课"等，这些正不断丰富着我们的研究成果。

上课贵在变化，教育贵在创新。如果本书能为班主任上好班会课助一臂之力，那将是我和作者们所期盼的。

《小学主题教育36课》将以教案选的形式加入华东师范大学出版社着力打造的"魅力班会课"系列丛书，与《打造魅力班会课》（方法论）、《魅力班会课》（小学卷、初中卷、高中卷）（案例卷）、《班会课100问》（对策集）、《初中主题教育36课》（教案选）一道，为全国各地班主任的专业成长提供有力支持。

为中国班主任学的发展尽全力，为班主任的幸福人生献计谋，为学生的健康成长作贡献一直是我的追求，也是我主编本书的宗旨。

希望您喜欢这本书，希望您喜欢这套丛书，也真心期待您的指点！

2014年8月于上海

目 录
Conternts

1 老师，也是你的好朋友（师生话题）　　　　　　　　许美燕　　1

　【点评】开启入学新篇章　　　　　　　　　　　　　　　　　6

2 讲文明，懂礼仪（礼仪教育话题）　　　　　　　　　张 云　　8

　【点评】讲练结合　　　　　　　　　　　　　　　　　　　13

3 红领巾的光荣（少先队教育话题）　　　　　　　　　陈 芸　14

　【点评】虚拟人物的作用　　　　　　　　　　　　　　　　19

4 让我们寻找美丽的春天（热爱大自然话题）　　　　　李 静　21

　【点评】班会课的作业　　　　　　　　　　　　　　　　　26

5 班级岗位学服务（小干部话题）　　　　　徐 霞　陈旭丽　28

　【点评】着眼于学生明天发展的需要　　　　　　　　　　　34

6 听讲与完成作业（学习方法话题）　　　　周茵华　戴 怡　36

　【点评】关注学生的文化学习　　　　　　　　　　　　　　43

7 猜猜我有多爱你（敬老话题）　　　　　　　　　　　陈 旻　44

　【点评】导入要精彩　　　　　　　　　　　　　　　　　　50

8 让班级因我而美丽（个人和集体话题）　　　　　　　宋任华　51

　【点评】用好视频　　　　　　　　　　　　　　　　　　　56

9 小小雏鹰学自护（校园安全、居家安全、灾害避险话题）　归颖婕　57

　【点评】班会课的时间长度　　　　　　　　　　　　　　　62

10 珍惜粮食，从我做起（爱惜粮食话题）　　　　　　　王笠春　64

　【点评】借鉴与创新　　　　　　　　　　　　　　　　　　70

11 学会合作力量大（合作话题）　　　　　　　　　　　姜 霞　71

　【点评】设计精彩的课堂活动　　　　　　　　　　　　　　77

12 小眼睛看大世界（好奇心话题）　　　　　陈丽珠　张文洁　78

　【点评】要写好教案　　　　　　　　　　　　　　　　　　84

13 我有一双勤劳的手（家务劳动话题）　　　　　　　　曹　莉　85

　　【点评】课的容量要大　　　　　　　　　　　　　　　　　　89

14 友情树（友情话题）　　　　　　　　　　　　　　　孙丽萍　91

　　【点评】重视情景思辨题的设计　　　　　　　　　　　　　　97

15 从小学理财（理财话题）　　　　　　　　　　　　　侯红梅　98

　　【点评】研究新话题　　　　　　　　　　　　　　　　　　　104

16 复习与考试（学习方法话题）　　　　　　　　　　　王秀菊　105

　　【点评】编制口诀　　　　　　　　　　　　　　　　　　　　111

17 和时间精灵交朋友（时间话题）　　　　　　　　　　葛　瑛　112

　　【点评】事实论据很重要　　　　　　　　　　　　　　　　　117

18 我们从小爱科学（科学教育话题）　　　　　　　　　邓从新　119

　　【点评】发挥班主任的主导作用　　　　　　　　　　　　　　124

19 讲究卫生，为健康护航（卫生话题）　　　　　　　　田志红　126

　　【点评】关注学生生活的多方面　　　　　　　　　　　　　　131

20 言必信，行必果（诚信话题）　　　　　　黄晓燕　陈永勉　133

　　【点评】研究班会课的结构　　　　　　　　　　　　　　　　140

21 国旗飘扬在心中（爱国话题）　　　　　　　　　　　邢　艳　142

　　【点评】班主任应成为故事大王　　　　　　　　　　　　　　148

22 绿色家园，你我共建（环保话题）　　　　　　　　　林　欢　150

　　【点评】学校要组织研课　　　　　　　　　　　　　　　　　154

23 安全伴我外出活动（交通、外出活动安全话题）　沈文君　章皙妮　156

　　【点评】构建校本课程体系　　　　　　　　　　　　　　　　161

24 懂得尊重，学会赞美（尊重他人话题）　　　　　　欧阳利杰　163

　　【点评】向课外延伸　　　　　　　　　　　　　　　　　　　169

25 绿色上网文明行（网络教育话题）　　　　　　　　　于伟利　170

　　【点评】开展小调查　　　　　　　　　　　　　　　　　　　175

26 自信助我成长（自信话题）　　　　　　　　　　　　李明莉　176

　　【点评】德育主任要上"下水课"　　　　　　　　　　　　　181

27 乘着音乐的翅膀（音乐爱好话题）　　　　　金　鑫　183

　　【点评】提高语言技巧　　　　　　　　　　　　　190

28 五月最美康乃馨（感恩话题）　　　　　　　许丹红　192

　　【点评】要拟好课题　　　　　　　　　　　　　197

29 我锻炼，我快乐（体育锻炼话题）　　　郑青杰　金伟波　198

　　【点评】加强与科任老师的合作　　　　　　　　205

30 小小的肩膀，大大的责任（责任话题）　　　王文博　206

　　【点评】用好名人名言　　　　　　　　　　　　212

31 读书点亮人生（读书话题）　　　　　　于建国　徐　伟　214

　　【点评】师生的课堂对话　　　　　　　　　　　221

32 不以规矩，不成方圆（遵守纪律话题）　　　王教刚　222

　　【点评】"老师常谈"要出新　　　　　　　　　　228

33 面对挫折（挫折话题）　　　　　　　　刘　红　王　华　229

　　【点评】尊重学生的主体地位　　　　　　　　　235

34 学习雷锋好榜样（学雷锋话题）　　　　　　赵　苹　236

　　【点评】提纲挈领，要点分明　　　　　　　　　241

35 梦想在这里起飞（理想教育话题）　　　何　林　戴爱萍　243

　　【点评】加强对教育文件的学习　　　　　　　　249

36 在成长的路上（毕业话题）　　　　　　　　冯曙光　251

　　【点评】班主任在研究中成长　　　　　　　　　255

老师，也是你的好朋友
（师生话题）

浙江省临海市中山实验小学　许美燕

设计背景

　　教育家苏霍姆林斯基曾这样说过：在学龄初期，教师对儿童来说，是打开事物和现象的世界的人。这句话充分强调了教师对学生成长的引领作用。

　　当一年级的孩子进入小学时，他们面对的是一个新的环境、一批新的老师，许多学生对此感到陌生、紧张、茫然，不知所措。特别是离开了幼儿园后，原来熟悉的老师远离了自己，和新老师的关系要重新建立，这对一年级的小孩子来说真的很不容易。而开学不久，小学一年级的孩子们又适逢教师节，班主任在指导孩子尊敬老师，为老师庆祝节日时，要着力营造亲切、平等的师生交流氛围，增进师生之间的沟通、了解，消除师生之间的陌生感，增强孩子对新学校的适应性，从而使他们能尽快融入新的集体。

教育目标

　　·引导学生感受老师对自己的关爱，懂得有困难可以去找老师。

　　·懂得在教师节之际，可以用自己的方式表达对老师的爱。

　　·培养学生尊敬老师的良好道德品质，把对老师的爱化为前进的动力，做一名尊师好学的学生。

课前准备

　　·学生学唱《我爱米兰》。

　　·邀请本班科任老师参加。

　　·每位小朋友自己制作一张教师节贺卡。

　　·制作多媒体课件。

一、我的老师我认识

（播放歌曲《我们上学校》，小朋友们边听歌边哼唱。）

师：小朋友们，很高兴认识你们！在未来的六年时间里，我们就是一家人了。来，先握握手吧！（教师和几名学生握手，并互相问候。）

师：这段日子，我认识了班中很多小朋友。我把其中几个小朋友的照片带来了。大家一起来看看，你们能不能认出他们。

（课件出示几个小朋友的照片，学生们边看边说出他们的名字。）

师：（出示班主任老师一张小时候的照片）她是谁呢？

（让学生猜猜，学生可能猜不出。在背景音乐声中一张一张出示班主任老师不同年龄阶段的照片，最后揭示答案。）

师：她就是老师——我。现在，你们认识我了吗？

我和你们一样，也是从小学一年级的小不点儿长成这么大的人的。

从今天开始，我们不仅是一家人，还将成为好朋友呢。你们愿意吗？

其实还有很多新老师想跟小朋友们交朋友呢，他们是谁呢？（课件出示其他老师的照片，小朋友根据照片说出是哪位老师，随后那位老师出来与大家打招呼。）

二、我的孩子我认识

师：小朋友们，你们听，老师们正在呼唤你们可爱的名字呢！

（在《相亲相爱的一家人》背景音乐中屏幕自动播放孩子们的一寸照片。全体科任老师朗诵《你的名字》）

你的名字

轻轻地呼唤你的名字

每日每夜

写你的名字

念你的名字

梦见的是你的发光的名字

在我们的呼唤中

你将一天天长大
你的名字
将为家庭记载快乐
你的名字
将为国家谱写辉煌

你的名字将是我快乐的记忆
快快应答吧，亲爱的孩子
让我们做好准备，
一起踏上新学期的路途

（科任老师朗诵诗结束后，轮流轻声呼唤每个小朋友的名字，被点到名字的孩子答一声："我在这里！"）

三、我的老师我朋友

师：要做好朋友，彼此要真诚。我们来做个游戏——"真心话对对碰"。

（教师随意叫一个学生，问一个问题，如"你最喜欢吃什么？"，学生回答。然后这位学生可以问教师一个问题，如"你家住哪里？"，教师回答。依次叫起六名左右学生，师生如此互相问答。）

师：刚才老师和大家一起度过了愉快的游戏时间，大家也知道了我这么多的秘密。你们觉得我是个怎样的老师呢？谁能夸夸我？

（学生夸奖教师时，教师表示感谢，并夸奖学生。）

师：感谢小朋友们对我的夸奖。通过游戏交流，你们一定会感到我是你们的好朋友，是你们学校里的妈妈（爸爸），所以遇到困难时你们可以找谁？

（预设：学生回答，老师！）

师：其实我们的好朋友小猪、小猴子也是这样做的。你们看——（播放动画片录像《开学第一天》）

又是新的一天，大家开始吃午饭了。小猪却手里拿着面包，不停地哭："妈妈，妈妈，快来陪我吃饭呀！呜呜……"

小猪叫了好久，都不见妈妈来帮忙。转眼一看，自己不是在家里，而是在新学校。小猪的眼泪就像打开的水龙头一样，不管旁边的同学怎么劝都止不住。

这时，山羊老师来了，他就像妈妈一样陪着小猪。在山羊老师的陪伴下，小猪很快吃了起来。他吃了好多东西，吃得饱饱的，饭后高高兴兴地拿着气球到教室里上课去了。

放学了，大家在操场上正玩得开心，突然，大家又听到了"呜呜"的哭声。一看，原来是小猴子在哭。

大家七嘴八舌地问："小猴子，小猴子，你为什么哭呀？"

一听到大家问，小猴子大声地哭了出来："妈妈，妈妈，我不会做游戏，快点教教我！呜呜……"

"不哭了，小猴子，我来教教你。"在长颈鹿老师的帮助下，"难题"很快就被解决了，小猴子也和同学们一起玩起了游戏，脸上露出了开心的笑容。

师：小猪、小猴子为什么哭呢？是谁让小猪变得开心了呢？老师又是怎样帮助小猴子的呢？最后小猴子的表情是怎么样的呢？现在我们分成四人小组讨论一下。

（全班以四人小组的形式进行讨论，然后交流。）

（预设：学生回答，小猪、小猴子哭是因为找不到妈妈；是山羊老师让小猪变得开心了；长颈鹿老师帮助了小猴子，小猴子最后笑了；等等。）

师：是呀，小猴子、小猪，在老师的关心和帮助下，忘了找妈妈，开心地吃饭、做游戏。小朋友们，你们在想念妈妈的时候，也可以来找老师。多与老师谈谈，多与老师讲讲笑话，这样就可以让自己开开心心的。

其实许老师小时候也像小猴子、小猪一样，得到了很多老师的帮助，给我留下最深刻印象的就是小学教我的赵老师！记得那时我刚读小学二年级，刚从西岑小学转到现在大家读的这所小学。当时我的学习成绩不是很好，当我的班主任赵老师了解到我的学习情况后，就让我住在她的家里，每天晚上为我辅导功课，还借了许许多多的课外书给我看。就这样，我的成绩慢慢地提高了。为了参加市里"爱我家乡"的作文比赛，赵老师还特意带我到临海东湖公园进行观察，她对每一个景点作了详细的介绍。听了赵老师的讲解后，我深受感染，写出了一篇好作文，并获得了一等奖。我拿到奖状后非常高兴，我想我最应该感谢的就是给我帮助最多的赵老师，如果没有她的耐心帮助，我就不会有这么大的进步，今天更不会站在这里，和赵老师一样，成了一名老师！所以老师请小朋友们一定要记住：在校有困难，一定要找老师妈妈。

现在请同学们观看学校生活的图片。

（课件出示"老师和学生一起游戏""老师送学生衣服""老师看望生病的学生""老师指导学生吹号""老师指导学生学习""老师上课""老师备课"

等图片，在播放时配以音乐《每当走过老师窗前》。）

师：小朋友们，你们都看到了什么？请你们来回答。

（小朋友们交流自己的感受。）

师：原来到了小学，有这么多老师给我们上课，有这么多老师关心我们。让我们来听听，其他年级的哥哥姐姐们是怎么说的。

（播放视频：不同年级的学生，包括毕业了的学生，讲述对小学老师的感情。）

师：你们觉得小学里的老师怎么样？你们能否像哥哥姐姐一样，把你和新老师相处的故事讲一讲，让我们共同分享呢？

（学生讲述开学以来老师关心爱护自己的事例。）

师：老师不仅上课时给我们传授知识，课下还要关心同学们的生活，帮助同学们解决难题，如系鞋带、擦伤口，晚上更是要给我们批改作业，老师们是不是很辛苦呢？

（预设：学生回答，是。）

四、我的老师我尊敬

师：小朋友们都知道老师对我们可好了，可是上小学一年级的巧虎小朋友这几天一直在犯愁，为什么呢？

（课件出示巧虎并配上录音：小朋友们，你们好，我跟你们一样，也是一年级的小学生，在班里，我的学习成绩挺好的，上课表现也挺棒的，却一直没有得到小红花。小朋友们，你们说，是不是老师不喜欢我了呢？）

（全班以四人小组的形式进行讨论，然后交流。）

师：我们来看看，知心姐姐又是怎么说的呢？

（课件出示知心姐姐并配上录音：每一个小朋友的进步和表现，老师都会看在眼里哦！不过呢，有时老师会把小红花给进步最大的小朋友，有时老师又会把小红花给做得最好的小朋友，所以如果你没有得到小红花，并不代表老师不喜欢你。）

师：是的，老师就像知心姐姐说的那样，时时刻刻关心我们的学习，爱护我们，他们就像我们的爸爸妈妈。让我们一起用歌声来唱一唱我们可亲可敬的老师，好吗？

（播放音乐《我爱米兰》，全班同学随音乐边唱边做动作。）

师：小朋友们，这里还有一首儿歌表达了小朋友们对老师的尊敬，我们一起来听听。

（播放儿歌《老师，请喝一杯水》。）

老师，请喝一杯水。
您为我们讲课多劳累，
我们的心愿在水中，
我们的祝福盛满杯。
甜甜的水滴表心意，
老师，请喝一杯水。

师：小朋友们，在我们成长的路上，老师是我们的好朋友。我们党和国家为了进一步在全社会倡导尊敬老师的风尚，还特意设立了教师节。在教师节时，对老师来说，最好的节日祝贺就是学生向老师送一张自己做的贺卡，现在让我们一起来看看小朋友们做的贺卡吧！

（选取部分同学的作品在实物展台上展示。）

师：我们还要将贺卡送给我们的老师。瞧，有一位小朋友做得可真好！

（播放视频：一个小朋友拿着贺卡走到老师办公室门前，轻轻地敲了敲门，得到老师允许后进入。他来到老师跟前，轻轻地、有礼貌地说："谢谢老师对我们的关心，祝老师教师节快乐！"老师微笑着感谢小朋友。）

师：现在就是懂礼貌、爱老师的小朋友们出发送贺卡的时候了，我们出发吧！

（在《老师》的背景音乐声中，小朋友们为与会的老师送上贺卡。）

五、总结全课

师：孩子们，今天我们走进了小学老师们的工作和生活，了解了新老师。不管是幼儿园的老师，还是小学的老师，甚至是将来的中学老师、大学老师，他们都是陪伴我们走过人生某一个阶段的好朋友。让我们在老师的带领下，一起快乐地生活、学习吧。

点评

开启入学新篇章

当天真无邪的孩子升入小学时，老师该怎样开启他的求学之路呢？该给他留下怎样的印象呢？许老师的《老师，也是你的好朋友》使我们耳目一新，这堂主题教育课有以下特点：

首先是立意新。小学一年级，新学期开学，事务繁多，又正值教师节，简单说教或是流于形式走过场似乎都没有效果。许老师却独辟蹊径，精心设计了以师生关系为话题的主题教育课。小学生走进新学校，充满了好奇，怎样带他们适应新的生活，怎样为他们打开新的大门，老师需要费一番心思。许老师着力于主动构建新型的师生关系。通过亲切的对话、热情的诗朗诵、生动的故事、真情的儿歌，许老师让孩子们懂得了老师是和蔼的，老师是可亲的，老师是帮助他们解决困难、引导他们走向新生活的人。老师就是他们的好朋友，他们要在老师的带领下，开始新学校的学习。

其次是形式新。在开场的"我的老师我认识"环节中，从小朋友们的照片中导出老师孩提时的照片、老师今天的照片，给孩子们带来了许多的惊喜；接着，"我的孩子我认识"环节中，由班级科任老师热情地朗诵诗——"……你的名字将是我快乐的记忆／快快应答吧，亲爱的孩子／让我们做好准备，一起踏上新学期的路途"。融情于诗，老师情真意切的呼唤，将给孩子温暖和力量。而"我的老师我朋友"环节是本课的重点，在此环节许老师设计了"真心话对对碰"、观看动物寓言录像、讲述自己的成长故事三个部分。每个部分都寓教其中，每个部分也将给读者许多启发。"我的老师我尊敬"则巧妙地选取了生活中的问题——"我的学习成绩挺好的，上课表现也挺棒的，却一直没有得到小红花。小朋友们，你们说，是不是老师不喜欢我了呢？"，通过知心姐姐给予了解答，这是教孩子们要理解老师，尊敬老师；而聆听儿歌、送出自制贺卡，则是进一步指导孩子们该怎样尊敬老师。最后"总结全课"，言简意赅，要言不烦，简短有力地结束了全课。纵观全课，形式新颖，可操作性强。

新学期开始的班会课，总需要老师更多的用心。这一节课，给了我们许多有益的启发。当然我们不仅要设计好新学期的起始课，更要设计好每一节班会课，上好每一节班会课，从而让精彩的班会课引领孩子们的成长。

（※点评人：丁如许。下同。——编者注）

2 讲文明，懂礼仪

（礼仪教育话题）

山东省泰安东岳中学小学部　张　云

设计背景

　　荀子说："人无礼则不生，事无礼则不成，国无礼则不宁。"自古以来，礼仪教育就是弘扬传统美德的重要载体，而美德又是中华文化的重要组成部分。现代学校教育，也非常重视礼仪教育。但礼仪教育是养成教育，是需要不断强化的教育，因为只有注重养成和不断强化，懂礼仪才能成为习惯。

　　小学一年级是学生打好基础的起始阶段。本节主题教育课旨在通过文明礼仪的学习，让孩子们了解小学生应该遵守的文明礼仪，并且在日常生活中自觉规范自己的言行举止，培养学生从我做起、从小事做起的良好习惯，努力提高遵守文明礼仪的自觉性。

教育目标

　　·通过本次主题班会课，使学生对学校文明礼仪有基本的认识和了解，并能在日常生活中用以规范自己的行为。
　　·通过文明礼仪的学习，使学生懂得讲文明、懂礼仪的重要性，知道要从现在做起，从我做起，从一点一滴的小事做起，从而努力提高自身修养，做一个讲文明、懂礼仪的好孩子。

课前准备

　　·搜集视频、图片、儿歌等。
　　·制作课件。

一、故事导入

师：孩子们，你们好！今天老师给大家带来了一个小故事，请大家竖起耳朵仔细听，比一比谁听得认真。

（播放视频故事：《不讲文明的小孔雀》。故事梗概：有一只孔雀很美丽，但是它不讲文明礼貌，骄傲自大，整天在别的动物面前炫耀自己。别的动物有困难，它从不乐意帮助，有时候还讽刺别的动物，所以动物们都很讨厌它，也不和它一起玩。有一次，它迷路了，因为它不讲礼貌，语言粗鲁，所以在它向老水牛、绵羊、小狗问路时，大家都没有告诉它。最后在大象的帮助下，它认识到了自己的错误，成了一个有礼貌的好孩子。）

师：听了这个故事，你们有什么话想说吗？

（预设：学生回答，小孔雀没礼貌，不讲文明，所以别人不理它；但它改了以后，动物们就原谅了它；日常生活中要讲文明、懂礼貌；等等。）

师：小朋友们说得很好！在生活交往中，我们应该说文明话，做文明事。今天，我们班会的主题就是——"讲文明，懂礼仪"。

（出示课题，学生齐读。）

师：老师带来了一段视频，里面的小朋友很有礼貌，你们可要睁大眼睛仔细看哟！

（播放视频短片。短片的内容是小朋友在学校学习时，在日常生活中用到的问候、致谢、道歉、迎送等文明礼貌用语。）

师：现在请小朋友们说一说，你们看到了什么？

（预设：学生回答，见面时要打招呼；别人帮助你时要感谢；打扰了别人时要说对不起；观看比赛时要为参赛的队伍加油助威；等等。）

师：小朋友们说得很好。文明礼仪在我们的生活中是无时不有、无处不在的。今天老师想给你们讲一讲，在校园里我们要特别注意的礼仪，我们大家一起学一学。

二、文明礼仪我会做

1. 升国旗礼仪

师：孩子们，我们成了小学生，要参加学校的升旗仪式。参加升国旗时，大家应该注意升国旗时的礼仪。现在请小朋友们观看一段视频，请你们评一评：他们哪些方面做得好，哪些方面做得不好？为什么？

（播放学校升国旗时的录像。）

（预设：学生回答，有的同学很认真；有的同学站得不正；有的同学乱动；等等。）

师：我们也已经参加了几次学校的升旗仪式了，结合刚才的视频，谁来说一说在参加升旗仪式时我们要注意些什么？

（小朋友们自由回答。）

师：你们说得都不错，老师总结了一下，在参加升旗仪式时，我们要做到下面四点：

（1）参加升旗仪式，集队时我们要做到快、静、齐，不能说笑，不能打闹。

（2）按学校的要求穿校服。

（3）参加升旗仪式时要肃立，行注目礼，少先队员要行队礼。

（4）听国旗下讲话时要专注，讲话结束时我们要鼓掌。

孩子们，对照上述礼仪要求，说说你们都做到了哪些？还有哪些没做好？以后应该怎么做？

（学生自由回答，教师随机表扬。）

师：老师将升旗仪式的要求编了首儿歌，下面我们一起来读一读，背一背。

（课件出示儿歌。）

> 升国旗，庄重礼。整队伍，快静齐。
> 穿校服，身肃立。不乱言，相互比。
> 国旗升，行队礼。唱国歌，歌声齐。
> 听讲话，心专一。讲话毕，掌声起。

2. 课堂礼仪

师：小朋友们，我们成为小学生后，课堂学习是我们的主要任务。但在努力学习时，我们还要注意学习课堂礼仪。课堂礼仪是校园礼仪中的重要内容，也是我们的课堂学习可以顺利进行的有力保证。下面我们来学习一下课堂礼仪。

（1）师生问好礼仪。

师：当上课铃声响起时，同学们应安静地坐在教室里，等候老师来上课。当老师宣布上课时，全班同学应迅速起立，向老师问好，待老师答礼后，才能坐下。

下面我们请两个同学分别扮演老师和学生，来表演一下，其他的同学来评价。

（两位学生表演，其他同学评价。）

师：同学的表演和评价都很好。我想强调的是，师生问好前，大家要将学习用品准备好，不要边问好边整理学习用品；后排的同学也要一起起立；声音小的同学要大声地问好。

（2）课堂问答礼仪。

师：在课堂上，当老师提问时，小朋友们应该先举手，待老师请你们回答时才可以站起来回答。发言时，身体要站正，神态要落落大方，声音要响亮。我相信大家在以后回答问题时会做得更好。

（3）课堂听讲礼仪。

师：在课堂上认真听讲，是学好知识的前提。在课堂上，我们要认真听老师讲解，注意力要集中，不东张西望，不交头接耳，要独立思考。

3. 进出办公室礼仪

师：在课堂上，我们要有礼貌地跟老师问好，认真地听讲，积极地举手回答问题，但在课后，如果大家有事情去老师的办公室，你们知道应该怎么做吗？下面由老师来告诉你们。

在进老师办公室时，小朋友们要先敲门，征得老师的允许以后再进办公室，进去以后同学们要先跟老师问好，然后再说清来意。离开老师办公室时要跟老师说再见，然后帮老师轻轻地关上门。

在老师的办公室里，我们应该做到不大声喧哗，不乱跑乱跳，不乱动老师的东西。

4. 课间礼仪

师：同学们在学校的主要任务是学习，但也要注意课间休息，那课间有没有必须要遵守的礼仪呢？其实，课间的礼仪有很多，如不能在楼道里奔跑打闹；不玩剧烈的、危险的游戏；不小心碰到了同学，要说对不起；等等。

三、情景思辨

师：刚才同学们听得很认真。老师给大家带来了几个情景题，请大家看一看里面的小朋友做得对不对？第 1 题：

早上上学时，小明要迟到了，他赶紧跑着进了校门，看到一位老师也没来得及打招呼；跑向教室时，在楼梯上，他又一下子撞到了另外一位老师。

师：现在请三位同学模拟表演一下。

（学生模拟表演。）

师：对于小明的行为，大家有什么话要说？

（预设：学生回答，不要迟到；看到老师要打招呼；不能在楼梯上跑；等等。）

师：同学们回答得很好。作为一个小学生，我们要按时到校，要安静地走进校门，看到老师要学会跟老师打招呼，在楼梯上不能随便奔跑。即使迟到了，也要注意礼仪，注意安全。

师：下面我们再看第2题：

小刚的橡皮忘记带了，他想借同桌的用一下，于是小刚说："喂，把你的橡皮借我用用。"然后不等他同桌回答，他便自己拿起橡皮用了起来。

师：小刚的做法对不对？如果是你，你会怎么做？

（预设：学生回答，小刚做得不对，他应该用文明语；他应该等同桌允许，才能用同桌的东西；等等。）

师：同学们真是讲文明的好孩子。我们在借别人东西时，应该讲文明，有礼貌，比如可以用上"打扰一下，我可以用下你的……吗？"，等等，别人允许了，我们才能用别人的东西，而且用时要仔细，归还时要对别人表示感谢。下面我们再看看第3题：

老师叫数学课代表小华去办公室做点事，小明对小华说："你去了帮我查查我这次考试的成绩。"小华来到了办公室，老师叫他数试卷，然后就出去了。这时小华看到老师的成绩册就在办公桌上……

师：大家说，小华是看还是不看呢？如果你是小华，你会怎么做？

（预设：学生回答，不能看，在办公室里不能乱动老师的东西；可以看一看，好朋友交代的事情必须帮他做到；等等。）

师：在这件事情上，我们不能看。因为在办公室，不乱动老师的东西是对老师的尊重。分数是同学的隐私，小华在帮小明看分数时，也会看到其他同学的分数，这就窥探了其他同学的隐私，这是不礼貌的。同时，对于分数，老师有时会进行调整，不准确的分数还会带给同学麻烦。好朋友的事情是该帮着做，但是能做的做，不能做的坚决不做。

四、总结全课

师：文明是我们沟通彼此的桥梁，礼仪是我们和谐相处的金钥匙。我们共同努力，使文明礼仪的气息溢满生活的每个角落吧！

今天的课就上到这里。谢谢大家！下课！

点评

讲练结合

怎样上好小学的主题教育课，班主任探寻、总结的规律不少，其中一条就是讲练结合。要做到这条，有以下三个要求。

首先，该讲的要讲清。我曾看到一些小学班会课，一开场老师就让学生讨论。结果，教室里乱成一团，学生处于"放羊"状态。其实小学生年龄小，对许多问题还没有明确的认识。班主任在上班会课时，该讲的道理一定要讲清，该讲的要求一定要讲明白，要让孩子们知道该怎样做。比如在本课中，老师在讲升旗仪式要求时，从四个方面进行了说明：集队要求、服装要求、升旗要求、听讲要求。这四点要求具体细致，清楚明了。

其次，讲述应做到生动形象。小学生年龄小，班主任在讲述要求时，应力求生动形象。比如在本课中，老师在讲述了升旗仪式的要求后，又特意介绍了自编的儿歌：

> 升国旗，庄重礼。整队伍，快静齐。
> 穿校服，身肃立。不乱言，相互比。
> 国旗升，行队礼。唱国歌，歌声齐。
> 听讲话，心专一。讲话毕，掌声起。

这首儿歌朗朗上口，要点明确，有助于学生记忆，也有助于日后的自查和互查。而在本课，老师为了让孩子们明了道理，听清要求，还运用了讲故事、看视频等方法，收到了很好的效果。

最后，讲练要结合。没有"练"的"讲"，讲难以落到实处。"练"是落实，"练"是巩固，"练"也是提升。本课班主任在讲述要求后，非常注重"练"，且"练"的形式多样：学生的自我测评，学生的表演练习，学生的小组讨论，情景题的"专项训练"。

当然，"练"不局限于课堂，但练习将有助于学生在生活中的实践。

3 红领巾的光荣

（少先队教育话题）

江苏省常州市虹景小学　陈　芸

设计背景

　　近年来教育部、少工委下达文件，明确少先队活动是国家规定的义务教育阶段全体少先队员必修的活动课。小学班主任一般兼任中队辅导员，承担少先队员的教育与培养工作，应通过队日活动和班会课帮助每一名儿童初步了解少先队的知识，明确入队的意义，提高他们入队的积极性和主动性。

　　当前，一年级的小学生主要以"独二代"为主，他们活泼向上，性格比较独立。但是他们年龄小，自理能力弱，自律性较差，合作能力不强，因此班主任要使他们化入队为动力，帮助他们在入队前打下较好的基础，形成良好的意志品质，让他们在星星火炬的指引下成长。

教育目标

　　·帮助学生了解少先队的光荣历史，指导学生学习少先队的知识和礼仪。

　　·指导学生学会正确系红领巾，掌握行队礼、呼号等的要领。

　　·懂得入队前要严格要求自己，努力争当少先队员；入队后更要严格要求自己，用实际行动为红领巾增添光彩。

课前准备

　　·收集有关少先队队史、队知识等资料。

　　·准备录音机、《中国少年先锋队队歌》的磁带。

　　·制作多媒体课件。

　　·为每位学生准备一条红领巾。

一、导入

师：同学们，你们好！（出示红领巾）这是什么？
（预设：学生回答，红领巾。）
师：同学们戴上红领巾，就成为——
（预设：学生回答，少先队员。）
师：老师戴上红领巾，就成为——
（预设：学生可能不知道，让学生猜一猜。）
师：老师戴上红领巾，就成为你们的辅导员。今天，我们要来上一节班会课——
（学生齐读课题：红领巾的光荣。）

二、知道我们的队名

师：听说我们今天要上关于红领巾的班会课，两位新伙伴也想来参加，他们是欢欢和乐乐。（课件出示：欢欢、乐乐）欢欢、乐乐是四年级的大哥哥和大姐姐，他们已经是少先队员了，让我们跟他俩打打招呼吧！
（学生和欢欢、乐乐互动。）
师：你们知道少先队的全称吗？
（预设：学生回答，知道，中国少年先锋队；不知道。欢欢回答，中国少年先锋队。）
师：少先队的全名是中国少年先锋队。先锋就是走在前面的人。少先队是我们少年儿童的群众组织。少先队以先锋命名，就是相信我们每位小朋友都可以当先锋，就是要求我们每位加入了少先队的同学从小学先锋，长大当先锋。

三、了解队的光荣史

师：在创建新中国的历史征程中，许多少年儿童跟随他们的爸爸妈妈、爷爷奶奶一起参加了斗争。从那时起，小朋友也有了自己的组织。1924 年起，我们党先后建立了劳动童子团、共产儿童团、抗日儿童团等少年儿童组织。新中国成立后，我们党又于 1949 年 10 月 13 日建立了中国少年儿童队，并于 1953 年 6 月将其正式更名为中国少年先锋队。

少先队是个光荣的大集体，瞧，抗日小英雄王二小，小兵张嘎，为人民服务的标兵雷锋，草原小姐妹龙梅、玉荣，全国十佳少先队员等许许多多先进的人物都曾是其中的一员。（课件出示：小英雄的图像）许许多多的优秀人物在队旗下成长。

你们的爷爷奶奶、爸爸妈妈都曾经是一名光荣的少先队员呢！老师小时候也是一名光荣的少先队员！一代又一代的少年儿童在少先队组织的怀抱中成长起来。

（点击课件，乐乐：是的，我也是在队旗下迅速成长的。）

师：现在我给你们讲一个优秀少先队员的故事。

吴超是全国首届"十佳少先队员"中的一位，上世纪 80 年代末，她是浙江省东阳县吴宁镇第一小学的一名学生。她平时勤于思考，善于提出问题、思考问题，并想方设法找到答案。1986 年夏天，她在家里扫地时，发现地板上有许多香灰，于是就设想在蚊香下放个盘子。经过多次试验，她终于做成了"方便蚊香盘"，并申请到了专利，成了当时我国年龄最小的发明者。

在看妈妈烧菜时，她又产生了一个想法：一个锅同时烧几个菜，不是既避免前面的菜变凉又省火吗？于是她研究设计出了"W"形的"共热分隔锅"，又一次获得了专利。她的发明，得到了不少单位的重视；她的事迹，《浙江日报》《工人日报》《父母必读》及中央电视台等都作了报道。

欢欢、乐乐，你俩能给小朋友们说说，听了故事后有什么感想吗？

欢欢：我知道全国"十佳少先队员"可是当代中国少年儿童的崇高荣誉。

乐乐：吴超小小年纪就能动脑筋搞发明，可真了不起呀！小朋友们，欢迎你们早日成为少先队的一员！

四、知道队的标志

师：好，先让我们一起去参观队室吧！瞧，墙上有一面鲜艳的红旗，这是队旗！让我们一起来了解队旗吧！请看视频。

1. 认识"三旗"

（播放视频。视频主要介绍：五角星加火炬的红旗是我们的队旗，五角星象征中国共产党，火炬象征光明。视频中出示党旗、团旗、队旗，并点明党、团、队的关系。）

师：大家看得多认真啊！欢欢和乐乐也看到了这几面旗帜，我来考考你们还认识吗。

（课件出示：党旗、团旗、队旗。）

欢欢：这是党旗。镰刀和锤子是工人、农民的劳动工具，党旗象征着中国共产党是工人阶级的先锋队。

乐乐：这是团旗。五角星代表中国共产党，四周环绕的黄色圆圈象征着中国青年紧密团结在党周围。

师：你们说得真好。队旗上的五角星代表中国共产党的领导，火炬象征光明，红旗象征革命胜利。少先队的创立者和领导者是中国共产党，党委托共青团直接领导少先队。加入少先队，加入共青团，加入共产党，是许多人的追求，也是许多人的成长道路。

2. 认识队徽

师：五角星加火炬和写有"中国少先队"的红色绶带组成我们的队徽。队旗和队徽都是少先队的象征，我们要爱护队旗、队徽。

3. 认识队旗、红领巾

师：现在我们还看到一面队旗。瞧，这两面队旗上都有星星和火炬呢！仔细观察一下，你们发现它们有什么不同了吗？

（预设：学生交流，一面队旗大，一面队旗小，小的那面队旗少一角。）

师：大的这面旗是大队旗，小的那面、少了一个角的是中队旗。中队旗缺了的一角，去哪儿了呢？我们请欢欢说。

欢欢：缺的那一角就是我们的红领巾。

师：对。缺的那一角就是我们的红领巾。红领巾是队旗的一角，是少先队员的标志。

4. 学戴红领巾

师：同学们，你们想成为少先队员吗？

（预设：学生回答，想。）

师：想戴上红领巾吗？

（预设：学生回答，想。）

师：可是红领巾怎么戴呀？同学们，你们自己会戴红领巾吗？今天老师给每位同学准备了一条红领巾，我先给大家示范一下该怎样戴红领巾。

戴红领巾还有小窍门呢！老师编了一首儿歌。（出示儿歌）

红领巾，折两下，

披肩上，拉平角。

后背露出大三角，

胸前左巾压右巾，
右巾轻轻绕一圈，
小角圈里抽出尖，
两角拉紧系得牢。

（说明："折两下"是指学生根据个子大小调节折的多少。学生齐声诵读儿歌。老师示范，学生看。学生跟着老师边说边戴，同桌互助佩戴。）

师：红领巾是每个少先队员的标志，我们大家应该天天佩戴，同时要爱护她，给她增添新的荣誉。同学们，你们会戴红领巾了吗？今天因为时间关系，有些小朋友还没有戴好，但没有关系，下课后你们可以请教老师、同学，或回家请教爸爸妈妈，相信你们一定能学会自己戴红领巾的！

五、学习少先队队礼和呼号

师：你们瞧，戴上了红领巾，我们还要学习敬队礼。敬队礼时，右手五指要并拢，然后经过胸前，高举过头顶约一拳处，手与小臂呈直线，手心向着左下前方。我们的队礼表示人民的利益高于一切。礼毕时，手也要经过胸前轻轻放下。（老师示范敬队礼，动作要慢，指导要细致。学生跟着老师按分解动作学敬队礼。）

师：同学们，你们知道在什么场合下需要敬队礼吗？敬队礼时我们还要注意些什么呢？请乐乐来介绍一下。

乐乐：我们在参加升旗仪式、少先队活动及见到师长时，都要敬队礼以表示尊重。敬队礼时要面向队旗、面向受礼者。

师：除了敬队礼，少先队还有一种礼仪就是呼号。在参加少先队的集会时，队员们要在辅导员老师的带领下呼号。

（观看视频《队的呼号》。）

师：现在让我们一起来练习呼号吧！请同学们举起右手，紧握拳头，准备为共产主义事业而奋斗！

（预设：学生回答，时刻准备着！）

师：有的同学不明白"共产主义事业"是什么？其实共产主义事业是许多人心目中非常美好的理想。在今天，实现中国梦，让祖国变得更强大，就是我们实现这一理想的重要一步。我们要好好学习本领，准备着长大以后为美好理想的实现而奋斗。

六、为红领巾添光彩

师：少先队是个温暖的集体，加入少先队后，我们可以在队旗下开展许许多多丰富多彩的活动。（出示图片）

瞧，每周的升旗仪式上，有少先队员精彩的亮相；队日活动中，有少先队员活跃的身影；我们的红领巾假日小队还走进社区去关心身边有困难的人……让我们听听欢欢、乐乐的感受。

欢欢：戴上红领巾是一种光荣，更是一种责任。我们要关心帮助身边的人，为他人着想，主动为集体做事，积极参加各项活动，争取取得优异的成绩，为红领巾增光添彩！

乐乐：在队旗下，我得到了许多锻炼。可以说，星星火炬指引我前进。小伙伴们，让我们一起加油吧！

师：每一个队员在入队前都要为少先队做一件好事。入队以后，我们在家要关心父母，做个懂事的好孩子；在学校要努力学习，争取取得出色的成绩；走出学校，要严格要求自己的一言一行，做个合格的小公民。

七、唱响队歌

（播放歌曲《中国少年先锋队队歌》。）

师：听，多么好听的旋律！你们知道吗，这就是《中国少年先锋队队歌》。

嘹亮的队歌将激励我们前进，加入少先队是一件多么光荣和自豪的事啊！让我们行动起来，在星星火炬的指引下，为红领巾增添新的光彩！

点评

虚拟人物的作用

在本课中，有两个特殊的人物，欢欢和乐乐。

欢欢和乐乐其实是虚拟的人物，是班主任为了上好本节课特意设计的两个人物。实践证明，在小学的主题教育课中，班主任设计虚拟人物是有必要的，这样做有两个作用：

1. 活跃气氛的作用。本课开始，欢欢和乐乐出场，与同学之间的互动活跃了氛围，也勾起了小朋友们的好奇心。这两位四年级的哥哥姐姐为什么要参加我们今天的班会课呢？在课的推进过程中，他们多次参与，使互动形式多样了，交流角度不断变化，课堂也因此灵动起来。

2. 辅佐教育的作用。欢欢和乐乐还不仅是为了活跃气氛，他们还帮助老师解答了学生的困惑。比如要说少先队的全称时，小朋友如果说不出，欢欢就作了回答。再比如交流全国十佳少先队员吴超事迹的听后感时，欢欢、乐乐作为四年级的老队员，他们的感受就深刻些。又比如在谈到"三旗"时，欢欢、乐乐就懂得多一点。他们的讲解，解决了小朋友的困惑，提升了小朋友的认识，比较好地辅助了班主任的教育工作。

虚拟人物在主题班会课中的运用，已引起了许多班主任的关注。在本书中，《和时间精灵交朋友》一课中的"时间精灵"，《自信助我成长》一课中的"小博士"，都是老师们虚拟的人物。这些成功实践都启示我们虚拟人物在小学主题教育课中应有其一席之地。

4 让我们寻找美丽的春天

（热爱大自然话题）

河北省石家庄市红星小学 李静

设计背景

沙尘暴、雾霾频频出现的今天，大自然与人类之间关系的重要性越来越被人们重视。但是作为家长、老师，我们做得更多的却是让孩子们减少户外活动。

殊不知，这样反倒阻碍了孩子们与大自然之间的沟通。教育家陈鹤琴曾说："大自然、大社会都是活教材。"许多教育工作者也认识到，保存并丰富孩子的感受力，最好的方法莫过于让孩子置身于大自然中，让孩子关注自己周围的世界，让孩子冲破自己生活的狭小圈子，让孩子到大自然中去感受生命的蓬勃与快乐。

其实，孩子们对大自然的喜爱更是出于本性。尤其是小学一年级的孩子，他们看到什么都觉得新鲜，都会雀跃。可是现在我们却常常以保护之名，隔断了孩子与自然的交流。孩子们只是被简单地告知：春天是大自然充满生机的季节。

实际上作为班主任，我们应引导孩子在父母的带领下，睁大眼睛，迈开脚步，走进大自然，放飞心灵，寻找、发现美丽的春天，进而热爱春天，热爱美丽的大自然，并为春天的美丽、大自然的美丽作出自己的努力。

教育目标

· 让孩子们懂得春天是万物生长的季节，春天是美好的。
· 培养孩子们热爱春天、热爱大自然的美好情感。
· 培养学生对春天的观察力、感受力和欣赏力，懂得赏春活动中应有的文明行为，初步具有环保意识。

· 剪辑植树造林、治理荒漠、绿化城乡的视频。
· 制作课件。

教育过程

一、情境导入

师：孩子们，今天老师先来问你们几个问题。你们知道现在是什么季节吗？

（预设：学生回答，春天。）

师：你们喜欢春天吗？

（预设：学生回答，喜欢。）

师：为什么喜欢春天啊？

（预设：学生回答，春天花开了；春天暖和；春天可以放风筝；等等。）

师：看，春天来了！（放课件）冰雪融化了，春笋出土了，小鸭子在溪水中快活地游来游去，小燕子衔着明媚的春光快活地飞来了，布谷鸟也唱着播种的歌飞来了。绿油油的田野里，农民伯伯撒下了心中的希望，真是一年之计在于春啊！

看，种子生根发芽了，它快乐地生长着，逐渐长出两片嫩生生的叶子。绿茸茸的草地上，美丽的蝴蝶在翩翩起舞，花儿竞相开放，散发出淡淡的清香，在微风中摇曳。春天美不美？

（预设：学生回答，美！）

二、春天为什么美丽

1. 大自然的春天是美丽的

师：那就让我们一起来欣赏一下这美丽的春天吧。现在请看视频《春天里》。

（观看视频《春天里》。视频《春天里》简介：在《春暖花开》的背景音乐下，小溪流动，各种花争相绽放，绿绿的小草随风摇摆，柳条轻舞，燕子穿梭，许多昆虫萌态百出。阳光普照，公园里游人扶老携幼，其乐融融。）

师：现在我来问问小朋友，你们看到了什么？

（预设：学生回答，绿色的小草；黄色的迎春花；嫩绿的柳条；流动的小河；等等。）

师：听着同学们数说这些景色，老师仿佛置身画中了，大自然的春天真美啊！那你们还看到什么了？

（预设：学生回答，燕子飞回来了；草地上小虫子钻出来了；湖里能看到鱼在游；公园里的人也多了；天气暖和了；小区里出来玩的孩子也多了；等等。）

师：大家观察得真细致。春天里，好多怕冷躲起来的小动物都出来了。如小燕子从南方飞回来了；冬眠的青蛙、蛇、蚯蚓也从洞里钻出来了；河里的小鱼开始游来游去，引得贪玩的小鸭子也跳到河里玩水了。小朋友们更是高兴，脱下厚厚的棉衣，可以尽情地玩耍了。总之，春天是万物生长的季节，会给人无限力量，让人充满活力。

让我们一起来说一遍（课件出示，师生齐读）：大自然的春天真美啊！

2. 人类的破坏会使春天不美丽

师：可是，也有这样的故事：（出示楼兰古国复原图）这是楼兰古国，它本来是古代中国西部的一个小国。但在1600多年前，楼兰古国消失了，只留下了这样的古城遗址（出示楼兰的古城遗址图）。楼兰古国永远地被黄沙覆盖了，成为了人类的遗憾。

孩子们，你们知道楼兰古国为什么会消失吗？

（预设：学生回答，不知道。）

师：其中一种看法认为，楼兰本来就干旱缺水，再加上那里的人们滥砍滥伐，出现了严重的水土流失和土地沙化，绿色植被逐渐消失，生态也不断恶化，上游河水又被截流改道，这致使人们不得不离开了楼兰，这个古国就这样消失了。这个故事警示我们，如果人类肆意破坏环境，就会得到这样的悲惨结局。小朋友们，你们有什么想说的吗？

（预设：学生回答，我们不要砍树；要植树种花；要保护我们的家园，让我们的环境更美；等等。）

师：楼兰古国的故事离我们已经很远了，但这张图（出示青海湖上世纪60年代图）更值得我们深思。从上世纪60年代开始，青海湖地区陆续开垦了75万多亩优良牧场为农田，因为过度开垦，青海湖周边牧场多数成为荒漠。（出示青海湖周边沙漠化严重图）

这些地方曾经都非常漂亮，可是由于人类的过度开垦，破坏了它原有的植被，最终这些地方就这样被沙漠吞噬了。

（课件出示：大自然是美丽的，人类的破坏却让自然不再美丽。）

师：孩子们，要知道，因为我们人类的一些错误行为，我们已经得到了好多惨痛的教训。大自然的春天是美丽的，可人类的破坏却会让大自然不再美丽。乱砍滥伐、过度放牧会导致土地沙漠化，前两年的沙尘暴，让春天里的人们不得不围得严严实实，天空也变成了黄色。因为大气污染，去年持续至今的雾霾，让春天里的人们不敢出门，阳光成了稀有物品。孩子们，我们还能继续这样下去吗？

（预设：学生回答，不能，我们不要破坏大自然。）

3. 人类的努力使大自然的春天更美

师：幸运的是，随着人们生态意识的增强，"救救青海湖"的呼声日渐高涨。青海省加大了对青海湖流域生态环境的保护力度，他们开展人工增雨，使降水量增加，青海湖流域的生态环境因此得到了有效改善。根据青海省气象科学研究所遥感监测数据表明，2011年9月，青海湖面积为4353.72平方公里，增加了32.65平方公里，较2001年同期平均面积增加了76.31平方公里，与面积最小时的2004年相比，面积增加了109.22平方公里，达到近11年来的最大值，连续7年呈递增态势。2012年7月30日，据青海省气象科学研究所遥感监测结果显示，青海湖面积持续增大，面积为4354.28平方公里，比历年同期增加58.54平方公里，大约相当于10个杭州西湖。下面让我们来看看青海湖现在的美景。（播放《青海湖现在的美景》视频）

（预设：学生反映，哇，好美；鼓掌。）

师：青海湖的变化大不大？

（预设：学生回答，大。）

师：这说明人类的努力也能使大自然的春天更美。（课件出示，师生齐读。）

师：2013年湖南卫视大型亲子秀《爸爸去哪儿》第三期、第四期节目的外景拍摄地——沙坡头，原本是一片荒漠，毫无人烟。现在在人们的治理下，它成了热门的旅游景区，有机会你们可以让爸爸妈妈带你去看一看那里的美景。

三、怎样寻找美丽的春天

师：孩子们，我们都知道了春天是美丽的，在我们的努力下春天会更美。那本周就让我们去寻找我们身边的春天吧。但我们怎么寻找呢？

1. 美丽的春天在我们的眼中

师：春回大地时，我们要学会观察，要用你的眼睛、耳朵、鼻子、心去好好地看看、听听、闻闻、感受感受，你就会发现一个不一样的、特别美的春天。

2. 美丽的春天在诗人作家的笔下

师：其实，春天的美从古至今都一直在被人们歌颂。许多诗人、作家用他们手中的笔，把他们看到的、感受到的写成了一篇篇佳作，感动了一代又一代人。老师特意选了几段，我们一起来赏析。（课件出示）

不知细叶谁裁出，二月春风似剪刀。

——［唐］贺知章《咏柳》

天街小雨润如酥，草色遥看近却无。

——［唐］韩愈《早春呈水部张十八员外》

盼望着，盼望着，东风来了，春天的脚步近了。

一切都像刚睡醒的样子，欣欣然张开了眼。山朗润起来了，水涨起来了，太阳的脸红起来了。

小草偷偷地从土里钻出来，嫩嫩的，绿绿的。园子里，田野里，瞧去，一大片一大片满是的。坐着，躺着，打两个滚，踢几脚球，赛几趟跑，捉几回迷藏。风轻悄悄的，草软绵绵的。

——朱自清《春》

师：这些诗、文我们可能一时还读不懂，但它们反映了人们对春天的赞美。老师希望你们注意积累，学习用生动的语言、真挚的情感表达对春天的赞美。

3. 美丽的春天在画家、摄影家的手中

师：孩子们，美丽的春天不光藏在那优美的文字中，看，在这鲜丽的图画里、漂亮的照片里，也有春天的美丽。（出示图画、照片）

（预设：学生反映，哇，好漂亮！）

师：大家也可以拿起我们手中的笔、相机，把我们看到的和感受到的画下来、拍下来，让春天永远留在我们的身边。

四、在寻找春天时要注意什么

师：孩子们，春天就在我们的身边，只要你们想看到它，它就会出现在你们面前。那我们在找春天时，需要注意些什么呢？现在有一个小朋友是这样做的，他说，春天真美丽，他要把开有桃花的桃枝带回家，你们说可以吗？

（预设：学生回答，看到漂亮的花，只能用眼睛看，不能折下来；春天是大家的；等等。）

师：孩子们，你们说得真好。花枝是不能折的。绿绿的小草刚发芽，我们只能蹲在路边看，不能踩；柳条也不能折下来戴头上。我们在寻找春天时，一定要注意文明，要时刻保护我们的春天不受伤害，让春天因为我们而变得更美丽！

五、布置作业

师：在美丽的春天来临的日子里，我建议同学们和爸爸妈妈一起到公园里、绿地上寻找春天，把你们找到的春天拍下来或者画下来，待到下节班会课时，我们一起讲讲照片里、图画里的故事，展示春天的美好，好吗？

好，这节课就到这儿，下课！

点评

班会课的作业

越来越多的班主任认识到，班会课后应该给孩子们布置点作业。这节课结束时老师布置的作业给了我们较多的启发。

1. 作业的形式应是多样的。说起班会课的作业，我们见得最多的是写文章——听后感、读后感、实践纪实。后来有了改进，作业又包括制作书签、抄摘名言、活动体验。这节课的作业比较特别，那就是让学生到公园里、绿地上寻找春天，把他们找到的春天拍下来或者画下来。这样的作业一定能激发学生的兴趣，调动学生的积极性。

2. 作业具有可操作性。说作业具有可操作性，其实应和这节课的教育内容联系起来。在导入后，老师就"春天为什么美丽"和"怎样寻找美丽的春天"作了讲解。这就为完成作业做了必要的铺垫，打下了较好的基础。同时作业具有选择性，学生可以根据自己的观察点来完成作业。

所谓可操作性，还包含了它的可检测性。我听过不少班会课，最后布置的作业大而且难以检测。比如有的老师要求学生做一学期的零花钱记录，有的老师要求学生记录自己每天的新发现。这些作业往往虎头蛇尾，不了了之，而本课作业的可检测性是明确的。

3.作业调动了家长的力量。曾有一段时间，家长对学校过多的检查式签字任务相当反感，而本课的作业是走进春天、寻找春天的亲子游戏。一起走进大自然，一起观察生活，一起寻找春天的"美丽"，也是许多家长打算做的事。这次家庭作业巧妙地将班级教育融入家庭生活，将学校教育同家长资源相结合。这样的作业没有给家长增加负担，而是和家庭教育形成合力，因此它一定会得到家长的支持，其效果是可期待的。

非常可喜的是，本书设计的许多作业都可以给我们有益的启发。

5 班级岗位学服务
（小干部话题）

杭州市拱宸桥小学　徐　霞　陈旭丽

设计背景

　　服务型社会是当代社会的发展形态，社会里的每一个人都应该具有较强的服务意识，因此从小培养孩子的服务意识、增强孩子的服务能力就显得尤为重要。

　　如今大部分孩子是独生子女，他们过着衣来伸手，饭来张口的生活，不懂得何为服务。孩子当班干部也受到了社会不良习气的影响，有的孩子认为当班干部很威风，有的孩子认为当班干部，老师会给予比较多的照顾；当然有些岗位他们可能并不感兴趣，比如劳动委员、生活委员。其实，我们可在班级设置比较多的工作岗位，通过班级岗位上的锻炼和学习，培养全班孩子的责任意识和服务精神。而要培养孩子为他人、为集体服务的意识，我们就得从小学低年级抓起。本次主题教育课拟在小学二年级第一学期进行，课后开展小干部自我推荐、班级民主选举、评比"岗位服务标兵"等活动，力求在班级日常事务中不断增强学生的服务意识。

教育目标

　　·指导学生认识到班级工作中有不同的岗位，职责都是服务他人，服务集体。

　　·让学生懂得要做好班级小干部工作，既需要以身作则，又需要团结合作，更要有责任心、公平心和助人心。

　　·指导学生在服务他人、服务班级的过程中逐步提升自己的能力。

课前准备

·准备展板（一块画有班级岗位招聘要求及职责表的展板，一块大的红色爱心展板，其中有三块小的黄色爱心展板）。

·打印"以身作则、团结合作、责任、公平、助人"五个词，并做成纸板。

·准备几十张彩色小卡片（根据班级人数而定，每人一张）。

·制作课件。

教育过程

一、看图片，明白"服务"的含义

师：小朋友们，今天老师给大家带来了一些图片，想看吗？看完得说一说，他们在干什么。（出示图片：环卫工人在打扫马路，交警叔叔在指挥交通，老师在教室里上课，保安叔叔在门口站岗，西湖边的志愿者们在为游客讲解、指路。）

（学生观看图片。）

师：谁来说一说，他们在干什么？

（预设：学生回答，环卫工人在打扫马路；交警叔叔在指挥交通；老师在教室里上课；保安叔叔在门口站岗；西湖边的志愿者们在为游客讲解、指路。）

师：小朋友们观察得很仔细。环卫工人不怕风吹日晒打扫马路，为的是让城市的环境更美好；交警叔叔兢兢业业地指挥交通，为的是让城市交通更通畅；老师不辞辛劳讲课，为的是给同学们播撒知识的种子；保安叔叔那挺拔的站姿为的是保卫人们的安全；那一位位志愿者从早到晚给来来往往的游客指引方向，为的是给游客们带来更多的方便。他们都在自己的岗位上默默地奉献着，这就是服务。

这节课，老师要和小朋友们谈谈怎样在班级岗位上学会服务。

二、介绍班级的工作岗位

师：现在我们一起来看看我们班的岗位设置吧！

一是班委会。这是我们班的"大脑"，包括班长、副班长、学习委员、卫生委员、文体委员、纪律委员、宣传委员各1名，共7人。

二是小组长。全班分成 6 个小组，每个小组设组长 1 名，共 6 人。

三是课代表。语文、数学、体育、音乐、美术、品德与生活、地方课程 7 门学科，每学科各设 1 名课代表，共 7 人。

四是特设岗位。领队员 2 名，电管员、图书管理员、钥匙保管员、灯光调节师、礼仪小管家各 1 名，共 7 人。将来可能根据需要，班级还要增加一些特设岗位，如植物养护员。

三、依据自身特点选择岗位

师：小朋友们，这是我们班的班级岗位设置，虽然每个岗位的职责是不一样的，但是每个岗位都很重要，如果班级缺少哪一个岗位或者哪个岗位工作做得不到位，那么班级可就要乱套了。因此老师要在班里公开招聘各个岗位的小干部。下面让我们来看看招聘要求吧。（课件出示：岗位招聘表）

师：好，我们先看看图书管理员的招聘要求和岗位职责吧。

图书管理员招聘条件：
责任心强，并且热爱阅读，有一定阅读量的"小书虫"优先。
岗位职责：
1. 每天及时整理书柜，做好图书借阅的登记工作。
2. 提醒同学爱护图书，不撕破、不折皱，如有损坏，及时赔偿。
3. 经常向同学们推荐好书。

师：有同学觉得自己特别适合这个岗位吗？
（预设：学生举手，介绍自己的特点。如果没有学生举手，老师可鼓励学生尝试挑战一下这个岗位。）

师：每个同学都有各自的特点，发扬你的优点来选择岗位能更好地为同学服务。这张招聘要求表将贴在教室里，同学们可以根据自己的特点来选择岗位。明天开始报名，下次班会课我们就开展竞聘活动。如果同一个岗位有两个以上的同学报名，我们就投票选举，票数多者当选。好不好？
（预设：学生回答，好！）

四、指导学生做好服务工作

1. 以身作则
师：同学们，怎样在班级岗位中做好服务工作呢？我们来听一个故事。

明明是班级的纪律委员，他学习优异，每次做作业做得都很快。可是做好作业的明明好像是猴子的屁股——坐不住。一会儿转到后面和同学说说话，一会儿歪着屁股在翻抽屉。

有一次自修课，老师不在，明明就当起了小老师，管起纪律来。只听见明明不停地喊着："不要讲话了，安静点。不要讲话了，安静点。"

可是教室里还是乱糟糟的，很多同学都不听明明的指挥。

小朋友们，你们能不能给明明出出主意啊？

（预设：学生回答，因为明明平时不能严格要求自己，他说话没有威信；明明得先管好自己，同学们才会听他的；明明要改正自己的坏习惯；等等。）

师：想要别人做到，就得自己先做到，这就是以身作则，班级小干部要以自己的行动做出榜样。身为班级小干部，想要更好地服务班级、服务同学，就得学会第一大法宝：以身作则（老师边说边把"以身作则"的纸板贴在黑板上）。

2. 团结合作

师：但光"以身作则"还不够，我们还要有第二大法宝。下面我们再来听一个故事。（播放故事录音）

五根手指的争吵

一天，五根手指闲着没事，就"谁是最优秀的"话题争吵起来。

大拇指说："我是最棒的，你们看，我是最粗最壮的，无论赞美谁、夸奖谁都把我竖起来，所以我是最棒的。"

食指站了出来说："我是最厉害的，谁有不对的地方，我都会把他指出来。"

中指拍拍胸脯，骄傲地说："看你们矮的矮，小的小，哪一根像我这样？我才是顶天立地的英雄。"

无名指不服气地说："你们都别说了，人们最信任的就是我了。当情侣喜结良缘时，都把那颗代表真爱的钻戒戴在我身上！"

轮到小指，别看它矮矮的，但最有精神，它说："你们都别说了，看我长得小吗？当每个人虔诚拜佛、祈祷的时候，不都把我放在最前面吗？"

其实每个人都有自己的长处和短处。既然每个人都有缺点，又必须聚在一起共事，就必须取长补短，相互合作才是完美的！

师：在这个故事里面，每根手指头都说自己最重要，你们的看法呢？

（预设：学生回答，其实它们都很重要；它们各有各的作用；等等。）

师：我们不妨来做一个游戏，请小朋友们用一根手指拿起桌上的铅笔袋。

（学生做游戏，用一根手指不能拿起铅笔袋。）

师：那么请用中指和食指拿起桌上的铅笔袋。

（学生做游戏，有的可以拿起，但是拿不稳，有的还是不行。）

师：两根手指合作或许可以让我们拿起铅笔袋，但是我们拿不稳，现在请小朋友们用五根手指头拿起铅笔袋。

（学生做游戏，这回他们都拿得稳稳的。）

师：现在请小朋友们说说用五根手指拿铅笔袋的感受。

（预设：学生回答，五根手指头拿，可稳了；五根手指头一下子就拿起来啦；等等。）

师：小朋友们，其实在我们班级岗位的服务中也是这样，光靠一个人能做好班级工作吗？靠两个人呢？

（预设：学生回答，不能。）

师：班级岗位工作服务得好需要靠每一个岗位上同学的共同努力，每一个岗位上的同学又需要其他同学的支持，只有全班同学一起努力，才能使班级各项工作有序进行。这就是第二大法宝：团结合作（教师边说边把"团结合作"的纸板贴在黑板上）。

师：小朋友们，有了这两大法宝——"以身作则""团结合作"，我们做好服务工作就有了基本的保证。

五、问题讨论：怎样提高服务本领

1. 责任心

师：小朋友们，为了提高服务班级的本领，下面老师出几道题目来考考你们。现在请看第 1 题：

兰兰是班级的钥匙保管员，可是这天夜里她突发高烧，第二天只能请假在家。她便委托妈妈一早去教室开门。这样的小干部，你喜欢吗？

（预设：学生回答，兰兰在病中还能想到自己的工作，真有责任心；她以集体利益为重，一定会获得同学们的信任；等等。）

师：是啊，责任心是作为小干部必须具备的品质（老师边说边把"责任"二字贴到黄色爱心展板上）。

2. 公平心

师：现在请看第 2 题：

明明是卫生委员，有一天共有三个同学在放学后值日，其他两名同学打扫得很认真，明明最要好的朋友江江却挥舞着扫把在教室玩闹。江江就像吃了兴奋剂，明明几次劝说都无效。但扫完地后，明明给三个同学都加了一分。你怎样看待明明的做法？

（预设：学生回答，明明做得不对，江江根本不够资格加分，明明包庇了好朋友；这样做不公平，以后谁还会再听从明明的管理呢？等等。）

师：同学们说得很有道理，班级小干部拥有一颗公平心才能让人佩服。作为小干部，他们更应该公平地对待他人，这样才能更好地服务他人（老师边说边把"公平"二字贴到黄色爱心展板上）。

3. 助人心

师：再看第3题：

小红今天忘戴红领巾，作为礼仪小管家的可可十分生气，她气冲冲地对小红说："谁让你丢三落四的！不戴红领巾会给班级扣分的，我一定告诉老师去。"小红羞愧地哭了。另一位礼仪小管家妍妍说："别哭了，小红！我先借你一条红领巾。我告诉你一个好办法，每次将红领巾拿下时不要随手乱放，一定放到书包里，这样上学时无论你怎样匆忙也不会忘戴了。"

你更喜欢谁的做法？

（预设：学生回答，可可是为了班级荣誉，但她一味地指责，改变不了小红的失误；妍妍不仅帮助了小红，还教给她改错的方法，这样的小干部才能赢得同学的喜欢；等等。）

师：为他人着想，懂得考虑他人的感受，这才是真正的帮助别人，这样的小干部最可爱。（老师边说边把"助人"二字贴到黄色爱心展板上）

师：（指展板）如果我们能拥有责任心、公平心、助人心，同学们就能感受到你为大家服务的真心。

不过还有这样一道难题。老师收到了一个同学的短信，内容是这样的："老师，我爸爸妈妈不支持我做班级小干部，我该怎么办？"

同学们，你们能不能帮这位同学想想办法呢？

（预设：学生回答，好好和爸爸妈妈说说；问爸爸妈妈为什么不让做小干部；等等。）

师：同学们可真有办法！爸爸妈妈不支持，无非是担心影响学习，影响身体。其实我们到学校学习，不仅要学习文化知识，还要学会做事，提高能力，增长才干。只要我们严格要求自己，合理安排时间，好好学习，多多锻炼，我想爸爸妈妈一定会支持的。

六、创作班级服务格言

师：学到这里，老师感受到了同学们那颗为班级服务的热心，那么我们不妨一起为班级创作班级服务格言吧！老师先来一句，"帮助他人，快乐自己"。请同学们拿出彩色卡纸，开始创作吧！

（学生创作格言，老师巡视，适当点拨。）

师：请几名同学读一读自己创作的服务格言。

（预设：学生读自己创作的服务格言。如：帮助别人，快乐自己；为班级服务，再小的事我都要积极去做；等等。）

师：同学们真了不起，创作了这么多精彩的班级服务格言，下课后，我们将格言张贴在教室里，让这些格言激励着我们一起去努力，好吗？

（预设：学生回答，好！）

七、总结全课，布置作业

师：小朋友们，通过这节课的学习，我们知道了只要我们在班级岗位中以身作则、团结合作、尽责任、讲公平、多助人，我们一定可以更好地为班级、为同学服务，也一定能在为班级服务的过程中得到更多的锻炼。

小朋友们，今天回家还有一个作业，就是请同学们根据自己的特长申报班级岗位，要说清楚自己为什么要申请这个岗位，在这个岗位上你将如何开展工作。祝愿我们每位同学都能够在自己的岗位上学会更好地为班级、为他人服务。

点评

着眼于学生明天发展的需要

《班级岗位学服务》，我很喜欢这一选题的立意。正如作者在设计背景中提到的，服务型社会是当代社会的发展形态，社会里的每一个人都应该具有较强的服务意识，而从小培养孩子的服务意识、增强孩子的服务能力就显得尤为重要。

着眼于学生明天的发展，是本课的显著特点。从班级管理岗位的设立到具体的方法指导，徐老师、陈老师动了很多脑筋。

就班级管理岗位来说，两位老师根据班级工作的需要，设计了班委会、小组长、课代表、特设岗位等不同的工作岗位，覆盖班级管理的方方面面。这种因需设岗，多方位给学生提供学习、锻炼机会的做法，值得我们班主任学习。

但提供岗位只是提供了平台。徐老师、陈老师还对怎样做好管理工作作了具体指导，那就是两大法宝"以身作则"（律己）、"团结合作"（团队）和三个秘诀"责任心""公平心""助人心"，这些指导简洁明了、具体形象地阐述了班级管理之道。

每一步设计都着眼于孩子明天的发展。经历这样锻炼的学生在未来社会的发展适应性将胜出一筹，这是我们所期待的。

6 听讲与完成作业
（学习方法话题）

上海市实验学校东校　周茵华　戴　怡

设计背景

　　《小学生日常行为规范》中明确指出小学生在上课时要专心听讲，积极思考，大胆提问，回答问题声音要清楚，不随意打断他人发言。课后认真复习，按时完成作业，书写工整，卷面整洁。

　　小学低年级是基础教育的起始阶段，也是良好学习习惯养成的起始时期。听讲是学生学习知识的基本方式，但要想学得好，就要提高听课效率。对于小学低年级的学生来说，要提高听课效率，当务之急就是要学会听讲。同时，作业的完成也是学习过程中一个重要的环节，完成作业是学生在教师的指导下，独立运用自己掌握的知识和技能进行学习的过程。本次主题教育课要让学生了解认真听讲与完成作业的重要性，学习有关方法，从小养成良好的学习习惯。

教育目标

·指导学生了解听讲的重要性并学习课堂认真听讲的方法。
·指导学生了解完成作业的重要性并学习认真完成作业的方法。
·使学生懂得认真听讲与完成作业的关系，从而养成良好的学习习惯。

课前准备

·收集不同类型的学生作业。
·制作课堂实录视频。
·制作课件。

一、导入

师：上课之前，我们先来做一个小游戏。小朋友们要认真听老师的口令，做出相应的动作。老师先请四位小朋友来参与。

（四位小朋友做游戏。老师发出口令：立正；请坐；起立；睁眼；闭眼。）

师：大家看明白了吗？现在我们一起来做游戏，做错的小朋友请坐下。（立正；请坐；起立；睁眼；闭眼）许多小朋友可真棒，竖起耳朵认真听，积极动脑跟着做，所以获得了游戏的胜利。今天我们的主题班会课，就是要来谈谈听讲与完成作业。

师：小朋友们请看，这是太阳老师班级几位小朋友的作业，请你们仔细观察，你们觉得这些作业做得怎么样？（展示三四份不同类型的学生作业）

（预设：学生回答，这份作业字迹清晰；这份作业全都是正确的；这份作业卷面很脏；这份作业出现了很多的错误；等等。）

师：那为什么有些小朋友的作业能得五角星，而有些小朋友的作业却存在一些问题呢？

（预设：学生回答，有的同学会做作业；他们上课认真听讲；他们做作业的时候很认真；他们回去很努力；有些同学没有听清要求，所以不会做；有些同学没有认真做，态度不好；等等。）

师：是呀，小朋友说得都对。学习方法、学习习惯和学习态度很重要，而上课认真听讲是完成好作业的基础。（课件出示）

二、讲述事例，使学生明白上课认真听讲的重要性

师：最近，老师在杂志上看到这样一篇文章，现在和你们一起分享。请一位小朋友来读。（学生读文章）

向日葵是最认真的学生。他每天早早地起床，静静地等太阳老师来上课。老师的课上得真好，向日葵竖起他的小耳朵，仔细听，认真记。一节课，一整天，每日每天，都是这样。放假前，太阳老师进行了一次作业展示。大家发现，向日葵的作业不仅全都正确而且非常整洁，不禁好奇：他是怎么样做到的呢？

师：现在老师想知道同学们听了这篇文章以后的感想。

（预设：学生回答，向日葵认真听讲，作业好一点都不奇怪；向日葵真是好样的，我们要向他学习；跟向日葵比起来，我们差远了；等等。）

师：是呀，向日葵上课认真听讲，而且积极开动脑筋，所以完成了一份份优秀的作业。如果，我们连最基本的听都不能做到，可是要闹笑话的。老师这儿还有一个小笑话说给大家听。

向日葵非常喜欢画画，他参加了学校里的绘画兴趣班。一次上课的时候，太阳老师让同学们展开自己的想象，画一幅《夜空中的星星》，画中要突出星星的闪亮和美丽。

小朋友们听完老师的要求都开始画画了，只有小百合不知所措。她刚从无限的幻想中回过神来，没有听清楚老师的要求。她想问问旁边的同学，可是看到别人都在认真画画，她也不好打扰人家，也怕问出口会丢脸，只好硬着头皮仔细回忆刚才老师说的要求。突然，她的脑海里闪过"猩猩"这个词。"老师应该是让我们画猩猩吧。"小百合想，"也管不了那么多了，赶紧画好吧，我可不想最后一个完成。"于是，她拿起画笔，画了一只大猩猩。

过了一段时间，同学们都画好了，老师请同学们互相展示自己的作品。小百合得意地拿着"猩猩"到向日葵面前说："你看，我的猩猩画得多好呀！它多强壮呀！"向日葵看后先愣了一秒，然后大笑说道："哈哈，小百合，你听错了。老师让我们画的是夜空中的星星，不是动物园的猩猩啦！"

师：同学们，小百合怎么会画错呀？

（预设：学生回答，小百合没有认真听太阳老师讲；太自以为是了，总以为自己是对的；等等。）

师：学会听讲能让我们少走弯路，提高作业效率。不少名人对此深有体会。（出示名言）严济慈爷爷是我国著名的科学家、教育家，他曾经说："要想学得好，首先就要提高听课的效率。"关于这条名言还有一个小小的故事呢。现在请小朋友们听录音：

有一次严济慈爷爷上课时，手中捧着一摞厚厚的纸。他对学生说："这堂课你们不要忙着记笔记，凡是认真听讲的人，课后我都会发一份笔记。你们一定要认真听讲，这堂课很有价值！"学生们听到这番话，都专心听讲。但没过多久，就有人自作聪明——反正课后老师要发笔记，又何必浪费时间去听讲呢？于是开起了小差。

临近下课时，有些学生觉得这节课并没听到什么至理名言，不禁怀疑起来：这不过是一堂普通的课，老师为什么说它很有价值呢？

课讲完了，严济慈爷爷将那摞纸一一发给学生。领到纸后，许多学生都惊叫起来："怎么是几张白纸呀！"严济慈爷爷笑着说："是的，我的确说过要发笔记，但我还说过请大家一定要认真听讲。如果你们刚才认真听讲了，那么请将在课堂上所听到的内容写在纸上，这不就等于我送你们笔记了吗？至于那些没有认真听讲的人，只能送白纸！"

师：同学们，现在你们觉得上课认真听讲重要吗？

（预设：学生回答，当然重要，不然只能得到一张白纸。）

师：是呀，严济慈爷爷在学生时代，就是一位认真听讲的好学生呢，所以他才能获得后来的巨大成就。他在光谱学、地球物理学等方面都取得了卓越的成就，是我国现代物理学研究工作的创始人之一。他的话我们要牢牢记住。（出示相关图文）

三、观看视频，使学生懂得上课还要认真听同学的发言

师：小朋友们知道了课堂上听老师讲课的重要性，其实聆听小伙伴的发言也很重要。让我们一起来观看一个视频。

（播放视频《请听我说》。内容简介：上课的时候，老师请几位小朋友做小老师，提醒同学们今天的作业该注意些什么。但是，有同学认为这不是老师在说，无所谓，干脆做起自己的事情来。但是由于那几位小朋友说得很清楚，老师没有再重复。结果在完成作业时，没有听讲的同学傻了眼。）

师：这些小朋友为什么不能完成作业？作业之前，老师为什么要先请几位小朋友说清要求呢？

（预设：学生回答，因为没有认真听同学讲要求；先明确要求，才能做好事情；不管是老师还是小朋友的发言，我们都要认真听；小朋友就是小老师，也会有精彩的发言；等等。）

师：其实不仅要听同学讲清作业要求，上课的时候同学回答老师问题时，也会有许多精彩的发言，我们也要认真听。就是同学说错了，错在哪里，怎样说才对，我们也要学会分析，学会思考，这样也才有利于我们提高听课效率。

我们要学习认真听别人的发言。我们身边到处都是小老师，认真听讲，才能提高学习效率，包括很好地完成老师布置的作业。

四、做小游戏，使学生懂得不仅要认真听，还要积极说

师：今天小朋友都竖起耳朵认真听老师上课，现在老师要和大家一起做个听讲小游戏。

（课件出示游戏规则：老师发给每个小组的第一位同学一张字条。老师宣布活动开始时，每组第一位同学看完字条后，把字条藏好，小声告诉后面的同学字条上的内容，然后依次往后传话，传到最后一位同学为止，请最后一位同学将听到的内容写在纸上，并贴到黑板上。传得正确、用时最少的小组获胜。在游戏的过程中，组内其他小朋友不能提醒。如果犯规，该组被取消游戏资格。）

（传话内容可设计为"十四个人吃了四十个柿子""花花种了一盆大红花""华华种了一根大黄瓜"等。学生分组进行传话比赛，教师作评判。）

师：好，现在我们请同学们谈谈参加游戏的感受。

（预设：学生回答，要集中注意力；要听清楚前面同学说的话；每个同学都要认真；等等。）

师：这个游戏可以帮助我们练习集中注意力，不仅要认真听，同时还要把听到的内容准确地传达给其他小朋友。

五、情景思辨，使学生思考如何解决不认真听讲的难题

师：上课认真听讲的重要性我们已经知道了，但实际生活中的情况又是复杂的。我们一起来看看以下情景，如果你处于以下情景中，你该如何应对呢？首先我们看情景思辨题1：

昨天晚上因为有自己最喜欢看的动画片，所以小明看到很晚。第二天早上他一直睡到八点才硬撑着起床，匆匆洗漱后，连早饭也没有吃，就直奔学校。结果这一天上课，他什么也没听进去，更不用说做好当天的作业了。他这样做对吗？

（预设：学生回答，小明晚上应该早点睡觉；应该保证充分的休息；第二天早上应该吃早饭；应合理安排时间；等等。）

师：是呀，应合理安排时间，规律作息，保持良好的精神状态，这样才能提高听课效率。现在我们看情景思辨题2：

小明上课时常常走神，他说他也想认真听老师讲课，但就是管不住自

己。你能给他支招吗？

（预设：学生回答，应该努力集中思想；应该首先把眼神集中到老师那儿，耳朵自然就能跟着听了；翻开作业本，老师说到哪里手就指到哪里，不给自己开小差的机会；等等。）

师：你们的方法都不错。上课时保持注意力的有效的方法还有：（1）跟着老师思路走，和老师保持眼神的交流。你看着老师，老师也看着你，我们一起动脑筋。（2）争取主动发言。在老师提问的时候，积极举手发言；在同学回答或老师总结后，如果你们有补充的内容或新的想法，还可以举手和大家一起分享。当然老师也应该关心容易走神的同学，给他发言的机会，或提醒他不要开小差。现在我们看情景思辨题3：

下课前五分钟，老师开始布置作业并规定了要求，小杰隔着玻璃看见了走廊上自己的好朋友，想到约好放学后要一起做游戏，就开起了小差。你能给他想想办法吗？（看小动画）

（预设：学生回答，提醒自己要坚持；提醒自己这段时间很重要；等等。）

师：下课前的五分钟是你们最容易分心的时候，而这时恰恰也是一节课最重要的时候。老师常会在这五分钟内总结全课，布置作业。不少同学喜欢看足球比赛，与下课前的五分钟相似，在足球比赛中有"黑色的三分钟"的说法，意思就是在比赛结束前的三分钟，由于疲劳、前期过度紧张，运动员也会出现松懈的情况，这时就会被对方灌进球，甚至被连灌几个球，从而发生大逆转的情形。

我们上课进行了30多分钟，临下课前，人也比较疲劳。但心理学研究证明，在一节课结束前进行总结，效果是最好的。而且这时老师又将布置作业，因此千万不能在这个时候开小差。

六、问题讨论，使学生思考如何认真完成作业

师：认真听讲是完成作业的首要条件，那怎样才能完成一份出色的作业呢？在学习生活中，我们还会碰到哪些难题呢？现在我们来讨论。

1. 如何认真完成老师布置的课堂作业？

（预设：学生回答，听清要求；在规定时间内完成；作业本要干净整洁；不会做的题目首先要独立思考；等等）

师：老师布置课堂作业时，大家首先要听清要求并且在规定时间内完

成。课堂作业是对这节课听课效率最及时的反馈，所以小朋友们不要把课堂作业带回家。

2. 如何完成课外学习作业呢？

师：现在许多学校在努力减轻学生负担，小朋友回家一般没有书面作业。但有时老师、家长会给小朋友布置一点课外学习作业。课外学习作业的形式多样，其中看书就是一种很好的课外学习作业。你们喜欢看什么书？（出示书本图片）

（预设：学生回答，童话类的；科技类的；等等。）

师：从书中，我们能获取很多知识，但课外学习作业还包括看电影、看儿童剧。老师要告诉你们的是，在课堂上我们要认真听，而在看电影、看儿童剧的时候，我们也要认真听演员怎样说，思考他们说得怎么样，有哪些值得我们学习的地方。

3. 如何参加拓展活动？

师：其实啊，参加参观、考察等拓展活动也是一种学习。（出示照片）瞧，这是我们参观消防博物馆时，小朋友们认真听消防员叔叔讲解消防知识的照片；这是小朋友们去参观家居馆时，听馆内工作人员介绍未来家居的照片。这些作业虽然不用写，但都需要我们认真听，积极动脑。小朋友们，你们说对不对？还有什么要补充的吗？

（预设：学生回答，对；还有英语儿歌、英文录像片；生活就是课堂；等等。）

师：养成良好的学习习惯可不是一天两天的事情，老师这里有一首听讲和完成作业的儿歌。请小朋友一起来读一读。（同学齐读）

上课认真仔细听，积极发言举手勤。
课堂作业用心做，加深理解思路清。
作业完成须检查，迅速及时有干劲，
老师讲评注意听，良好习惯伴我行。

七、总结全课

师：同学们，通过今天的学习，我们知道了上课听讲的重要性，也知道了该如何完成一份优秀的作业。科学的方法、良好的习惯将使我们茁壮成长，让我们不断努力向前！

关注学生的文化学习

学生在校学习时，班主任不仅要关心他的精神成长，也要关心他的文化学习。但班主任关心学生成长，不能靠压作业、比分数的方式，还应该对学生进行具体的指导，使他们爱学习，会学习，成为学习的小主人。

因此，以学习为选题的班会课，班主任应认真研究。我曾经做过一些以学习为选题的班会课的研究，发现班主任指导比较少，只是一味地叫孩子说。因为孩子比较小，许多老师"想要的话"说不出来，于是整堂课在那里转圈子，老师"急死"，学生"难死"。

本书重点选择了"听讲和完成作业""复习和考试"四个话题，老师们进行了深入的研究。老师们通过做游戏、比作业、讲故事、看视频、情景思辨、问题讨论等形式，指导孩子要认真听讲，认真完成作业。特别是情景思辨和问题讨论，有一定的深度，覆盖的东西比较多，这既联系了学生当下的学习，又做了必要的拓展。班主任的指导也具体切实，可以落到实处。

这节课也启示我们班主任：主题教育课教者的思考要细、实，要从学生成长的需要出发。

同时我还建议在上这一类的学习方法指导课时，科任老师也应该参加。科任老师应和班主任一起共同思考——如何通过班会课切实抓好学生的文化学习，以促进学生的健康成长。

7 猜猜我有多爱你

（敬老话题）

常州市局前街小学　陈　旻

设计背景

孟子云"老吾老，以及人之老"。这句话告诉我们，我们不仅要尊重自己的父母，更要尊重所有的老人。全社会形成爱老、敬老的良好社会风尚，天下才能太平。尊敬老人意味着感恩，意味着传承。尊敬老人是中华民族的传统美德，有助于促进家庭和睦，社会和谐；敬老也是现代中国人的基本修养，我们必须一代一代地传承下去。

当代社会由于父母工作繁忙，孩子的生活起居甚至学习，基本上都由爷爷奶奶或外公外婆负责。老人们对第三代的关怀可谓无微不至。孩子们虽然知道他们很辛苦，但有时不能理解长辈的爱，会做出不尊重老人的举动。当孩子不高兴时，他们会和老人顶嘴，甚至把老人当作发泄的对象，对老人指手画脚。因此，在小学低年段开展敬老教育，培养学生尊重长辈的言行是十分有必要的。

教育目标

· 通过调查交流，引导学生感受身边长辈在生活中给予自己的爱，激发学生的感激之情。

· 通过感受分享，引导学生反思自己在与长辈交往中的表现，从而进一步理解长辈的良苦用心，学会与长辈愉快相处。

· 通过绘本讲述，引导学生在童话情境中，学习用童话的方式，表达对长辈的爱，回报长辈。

- 家长会，请家长们提供学生爷爷奶奶、外公外婆的照片。
- 引导学生观察并记录长辈们一天忙碌的生活。
- 制作课件。

教育过程

一、热身活动：看手指，猜动物

师：（伸出一根手指）这像什么动物？
（预设：学生回答，蛇、蚯蚓、毛毛虫。）
师：（伸出三根手指）这像什么动物？
（预设：学生回答，小花猫。）
师：（伸出四根手指）这像什么动物？
（预设：学生回答，小鸟、鱼。）
师：（伸出二根手指）这像什么动物？
（预设：学生回答，兔子。）

二、爱的讲述：小兔子和大兔子

师：你们是一群可爱的小兔子，那老师就是一只——？
（预设：学生回答，兔子、大兔子。）
师：小兔子和大兔子，让老师想到我们曾经读过的一个绘本故事——？
（预设：学生回答，《猜猜我有多爱你》。老师随机出示课题。）
师：故事中的小兔子和大兔子让我们深深地感动着。（课件出示绘本故事）我们一起再来读一读。
（全班同学跟着老师一起表演《猜猜我有多爱你》的主要故事情节。）
师：如果爸爸妈妈是故事中的大兔子，那你们是——？
（预设：学生回答，小兔子。）

三、爱的感知：老兔子爱小兔子

师：今天，老师将带着大家走进另一则小兔子的故事。故事中的主角依然是你们这群可爱的小兔子。不过，故事的另一个主角却变了，他们是谁呢？

（课件出示爷爷奶奶、外公外婆的照片。）

师：在刚才的照片中，你们看到谁了？

（预设：学生回答，看到了爷爷奶奶，看到了外婆外公。）

师：对，他们就是我们亲爱的爷爷奶奶、外公外婆，他们每天都和我们生活在一起。在今天的童话故事里，他们有了一个新名字——可爱的老兔子。（在课题下贴出老兔子的图）

师：前一阵，我请一个大兔子用摄像机记录了老兔子们的生活，让我们一起来看一看。

（观看视频《老兔子的早生活》。视频简介：早上，小兔子还在睡梦中时，老兔子就忙开了——为全家准备丰盛的早餐；七点多叫小兔子起床，帮着小兔子洗脸、梳头、整理内务；小兔子吃完早饭后，老兔子送小兔子去上学。）

师：小兔子们背着书包上学去，老兔子们可没闲着，他们都在做些什么呢？现在我们来看看同学们创作的漫画。

（课件出示学生创作的漫画。学生的漫画描绘了老兔子们买菜、做饭、打扫卫生、操持家务等辛劳的场景。）

师：终于放学了，老兔子们见到小兔子们可兴奋啦，他们有许多的话要对小兔子说。现在请小兔子们模仿老兔子，说一句老兔子最常对自己说的话。

（预设：学生回答，今天在学校表现好不好；多吃点才长个；等等。）

师：夜幕降临，小兔子们都进入了甜甜的梦乡，老兔子们却还在忙碌着，你们猜猜老兔子在忙什么？

（预设：学生回答，整理家务；和爸爸妈妈说话；看看电视；等等。）

师：从刚才小朋友的回忆中，我们发现老兔子们从早忙到晚，一天又一天，一年又一年。老师想到了我们学过的一篇课文《奶奶的白发》。老兔子的白发一半是大兔子给的，一半是小兔子给的。在忙忙碌碌中，老兔子一天比一天老了。可小兔子有时会嫌老兔子走得慢，有时会嫌老兔子说话唠叨，这让老兔子心里有点难过。今天，老兔子给大家捎来了一封信，我们一起来听一听。（播放《老兔子给小兔子的一封信》的录音）

亲爱的小兔子：

　　你好！

　　在我的一生中有两个特别重要的人，一个就是你的爸爸（妈妈），我看着他（她）从小兔子长成了大兔子。如今他有了自己的事业，变得很忙很忙。虽然我也一天一天地变老，但是为了帮助他（她），我又遇到了我生命中更重要的人，那就是你啊——小兔子。

　　在我的眼里你就像当年的大兔子一样可爱。还记得你第一次背书包上学校时，我非常开心，因为我的小兔子真的长大了。

　　我知道我总喜欢把一句话说上好几遍，有时我一重复，你就扭过头嘀咕，"真啰唆！烦死了！"我也想一句话只说一遍，但我记不清什么话说过，什么话没说过，看来我真的老了。

　　你一扭头，我就知道，我又说错话了，我真的好懊恼！但我还会说，你厌烦了，我也要说。因为我总想把我知道的都告诉你，我怕以后我就没有机会对你说了，因为我爱你。

　　我知道我动作慢，有时去学校给你送东西，你等得不耐烦，就怪我怎么这么慢啊。大兔子工作忙，匆匆忙忙就告诉我要给你送东西，我连送什么都没听清楚，他就把电话挂了。

　　于是我就猜啊，想啊，把可能的东西都带上，我想跑又跑不动，只能尽量走得快些。虽然给你送东西时，我很着急、很累、很辛苦，但是我心甘情愿，因为我爱你。

　　我逼着你吃饭，因为我爱你；我催着你做功课，因为我爱你；我不许你看电视，因为我爱你。大兔子把你交给我，我觉得自己责任很大——最重要的原因是，我很爱你。

　　小兔子，我不知道自己能不能像看着大兔子长大一样看着你长大。我的眼睛有点花了，看不清书上的字词了；我的记性不好了，忘记了很多重要的事情；我的身体也不像以前那样结实了。但是不管我以后能不能一直陪着你，我永远都牵挂你。

　　小兔子啊，如果我有做得不好的地方，你不要生我的气，好吗？因为我爱你，真的很爱很爱你。

　　无论我说什么，做什么，那都是对你的爱。

永远永远爱你的老兔子

　　师：老师看到有的小兔子眼睛里闪着泪花，你们有话想要告诉大家吗？

　　（预设：学生回答，要听老兔子的话，不随便发脾气；要关心老兔子，自己的事情自己做；等等。）

四、爱的表达：小兔子爱老兔子

师：同学们说得非常好！但生活中有些事究竟该怎样做呢？我们一起来看看情景思辨题1（课件出示）：

放学时，老兔子一把抢过小兔子的书包，如果你是这只小兔子，你会怎么做？

（预设：学生回答，我们自己背。）

师：非常好。自己的事要学着做。现在我们来看看情景思辨题2（课件出示）：

老兔子烧了满满一桌菜，盛了满满一碗饭，可是小兔子却挑三拣四，嫌这嫌那。你想对这只小兔子说什么？

（预设：学生回答，要谢谢老兔子；吃不下好好说；不喜欢吃的菜事先告诉老兔子；等等。）

师：同学们的小脑袋分析得挺好！要说到做到。现在我们来看看情景思辨题3（课件出示）：

老兔子督促小兔子认真练本领，可小兔子却嘲笑老兔子不会用电脑，普通话说得不标准。小兔子做得对不对？

（预设：学生回答，不对，老兔子不会我们教他；不能嘲笑老兔子，将来我们也可能掉队的；等等。）

师：从刚才的交流中老师听出了你们对老兔子的爱。繁体字的"爱"是这样写的（课件出示："愛"），中间有个"心"，老兔子用心爱着小兔子，而你们也应该用心爱着老兔子。接下来的这个故事是老师从大兔子的微信中读到的。（课件出示）

祖孙三代一起散步，奶奶和爷爷走在前面谈事。小孙子一个箭步冲到两人中间，拽住奶奶的胳膊，紧紧挽着："奶奶，你儿子没挽你，你别不高兴。你孙子挽你，你会更开心的。"我听到了奶奶的笑声，那是一种幸福的声音。是啊，幸福其实很简单，儿子，今天你得到了百善孝为先的正解！

师：小兔子们，（课件出示：百善孝为先）这句话是什么意思？

（预设：学生回答，在所有好的行为中，"孝"是最重要的。）

师：古时候的"孝"是这样写的（课件出示： ）：子背老。它告诉我们，孝是大善，是至善，是最为重要的，让我们一起来记住这句古训。

（学生齐读：百善孝为先。）

五、爱的创造：小兔子和老兔子

师：《猜猜我有多爱你》的第二篇就这样诞生啦！（课件出示）

《猜猜我有多爱你》（续写版）

有一天，一只老兔子和一只小兔子坐在一起。

老兔子说："小兔子，猜猜我有多爱你？我的爱就藏在我背上的小小的书包里。"

小兔子说："老兔子，猜猜我有多爱你？我的爱就是告诉你我长大了，能照顾你了，我可以把小小的书包背在自己的肩膀上。"

老兔子端出一碗香喷喷的米饭："小兔子，我对你的爱就是这碗特意为你烧的米饭。"

小兔子大口地吃着米饭，沾着米粒的小脸一抬："老兔子，我对你的爱就是把这碗香喷喷的米饭全吃完。"

老兔子笑了，忍不住唠叨起来："小兔子，我对你的爱就是唠叨……"

小兔子一本正经地说："老兔子，别难过，我对你的爱就是听着唠叨一点也不烦，因为那都是你对我的爱。"

老兔子笑得更厉害了，她弯下腰说："小兔子啊，我对你的爱就是夜晚爬起来给你盖被子。"

小兔子有点困了，她揉了揉眼睛说："啊，那我对你的爱就是变成一床小被子，永远围着你！"

（预设：学生跟着一边读一边表演。）

师：（再次播放爷爷奶奶的照片）让我们记住老兔子们的笑容，记住他们给予我们的每一份爱和感动。带着爱和感动，让我们将这则故事一直写下去，直到永远。

导入要精彩

记得是在常州举办的第三届全国中小学班会课专题研讨现场会上我看到的这节课。这节课可圈可点之处很多，但我个人特别喜欢这节课的开头。

这节课的开头，陈老师开展了热身活动"看手指，猜动物"。老师伸出一根手指进行比划："这像什么动物？"孩子们争先恐后地回答："蛇，蚯蚓，毛毛虫！"老师又伸出三根手指，伸出四根手指问："这像什么动物？""小花猫。""鱼。"孩子们纷纷抢答。这时老师伸出两根手指，竖在头上，并问："这像什么动物？"学生齐声回答："兔子！"

这个热身活动一下子点燃了学生们参与活动的激情。这个活动不仅活跃了上课气氛，同时也巧妙地导入了本课的话题——小兔子和老兔子的故事。

班会课的导入就像电影的开头，设计得好，就能够紧紧扣住学生的心弦，调动起学生参与班会课的积极性。

实践证明，视频导入法、歌曲导入法、故事导入法、漫画导入法、小品导入法、回顾导入法、游戏导入法、案例导入法、悬念导入法、问题导入法、新闻导入法、实验导入法、诗歌导入法、任务导入法等都是有效的导入法，班主任可以根据不同的主题选择恰当的导入法。

班会课的导入没有固定的模式，理想的境界应该是让学生"意想不到"。班主任应通过巧妙的构思，使主题教育课一开始就吸引学生，从而引导学生逐步深入其中。

8 让班级因我而美丽
（个人和集体话题）

山东省博兴县博奥学校　宋任华

设计背景

　　雷锋同志说过："一滴水只有放进大海里才永远不会干涸；一个人只有当他把自己和事业融合在一起的时候，才能最有力量。"一个人素质的培养、个性的发展、潜力的挖掘都离不开集体，一个优秀的集体会促进个人的健康成长。"让班级因我而美丽"，传递了积极、上进、阳光的美好愿望，着力于培养学生的主人翁意识和责任意识。

　　现在的孩子大多是独生子女，缺乏与人分享、合作的意识，以自我为中心，集体荣誉感淡薄。因此，在小学一年级行为习惯初步形成后，在小学二年级开展有关个人和集体的主题教育课程非常有必要。班主任应培养孩子们热爱集体、勤学守纪、团结互助、负责担当之心，使学生心往一处想、劲往一处使，从而使班级具有凝聚力和竞争力，让学生拥有作为班级小主人的荣耀。

教育目标

　　·引导学生通过对事例的观察、思辨、评判，正确辨析个人和集体的关系。
　　·引导学生通过课堂活动体验，了解个人与集体的密切关系，激发学生为维护班集体荣誉而努力付出"正能量"的热情，增强他们的责任心，引导他们学会对他人和集体负责。
　　·让学生体验"班级因我而美丽"的成就感，帮助学生增强集体荣誉感。

课前准备

　　·剪辑《大雁南飞》。
　　·制作课件。

一、导入课题

师：同学们，今天老师给大家带来了一段视频《大雁南飞》。请同学们观看后谈谈自己的感想。

（观看《大雁南飞》。《大雁南飞》视频简介：春去秋来，大雁排出特殊的队形开始了长距离的迁徙，大雁每一次挥舞翅膀，都为身后的同伴送去上升的动力。组队前行，让它们飞行的距离是自己飞行的 1.7 倍。集体南飞，让它们飞得更远。它们热情的叫声会给同伴巨大的鼓舞，鼓励同伴保持集体前进的信心。一旦有同伴受伤或者生病，便会有其他同伴照顾它飞行，一起追赶前面的队伍。当辛苦的头雁体力不支时，同伴便会接替它继续引导飞行。雁群休息的时候，值班的大雁们为了集体的安全可以不吃不喝，在危险来临时，它们会发出警报以保证集体的安全。一群大雁，为了生存，历时 80 多个日夜，1900 多个小时，3200 多公里，其间越过高山，跨过海洋，迎着狂风、大雨、暴雪，最终到达梦想的彼岸。）

师：同学们，看完这段视频后你们想说什么呢？

（预设：学生回答，我知道了大雁为什么要南飞；我知道了大雁为什么要排成"人"字形或"一"字形；我知道了大雁为什么时不时地变换队形；等等。）

师：那么，大雁为什么要聚集在一起南飞呢？是为了排遣旅途中的孤单寂寞，还是有别的原因呢？通过刚才的视频，我们知道大雁聚集南飞是为了飞行时更省力，这样飞不仅飞得既高又远，又能较好地应对突发情况，以便顺利到达目的地。现在老师想问的是，如果一只大雁离开了雁群，它会出现怎样的情况呢？

（预设：学生回答，它离开了雁群，没有了相互之间的帮助，自己飞行会很吃力；可能会遭遇到很多意想不到的事情，它会飞不到南方；等等。）

师：一只一只的大雁组成了雁群，而我们的班级也像一个雁群。一个一个的同学组成了我们的班级，在这个集体中，每一个同学都是其中一员，因此我们要像大雁一样相互帮助，相互扶持，手牵手，肩并肩，朝着同一个的目标前进。

二、谈自身进步，感受集体给予个人的帮助

师：今天的社会是一个合作才能共赢的社会。社会需要我们形成雁群式的集体，需要我们每一个人积极行动起来为集体增光添彩，同时一个优秀的集体也会帮助我们个人快速地成长。

我们的学校环境优美，楼房错落有致，健身娱乐设施齐全，花园里百花依季节绽放；我们的老师和蔼可亲，他们有着广博的知识，待我们如家人。同学们，从一年级到现在近一年半的时间里，在这样一个优秀的集体中生活和学习，你们发现自身的变化了吗？

（预设：学生回答，我变得坚强了，刚来学校时，我每天都在想妈妈，想着想着就会哭，在老师、同学的安慰下，现在我再也不哭了，而且放假在家，我就想来上学，想老师和同学们；在宿舍老师的帮助下，我学会了叠被子、铺床单；在大家的帮助下，我的学习成绩有了很大的进步；在老师的鼓励和几个好朋友的帮助下，我学会了跳绳，现在一分钟能跳九十多个呢，谢谢大家；爸爸妈妈说我长大懂事了，说我们的学校、我们的班级、我们的老师真好；等等。）

师：同学们，你们仔细想一想，其实你们点滴的进步或成长，都离不开集体对你们的帮助，离不开学校这个大集体给我们创造的良好环境，离不开班级这个小集体给予你们的激励和帮助。看，（出示图片）运动会上，同学们的呐喊加油声为参赛运动员增添了力量，他们加快了前进的脚步；劳动课上，师生的共同努力让我们的教室窗明几净；老师循循善诱的教导，使同学们端正了学习态度，明确了努力的方向；学习小组的讨论，让同学们从其他同学的发言中得到了启发。所以我们每个人都要爱护我们的学校，爱护我们的班级，爱我们的集体。

三、夸赞同学，强调好的集体需要每个人来建设

师：孩子们，一个优秀的集体需要大家来共同建设，我们班级里每天都有爱护班级、维护集体荣誉的事情，你们看到了哪些？听到了哪些？说出来，让我们一起感受同学们的优秀，感受班集体的温暖。

（预设：学生回答或老师提示，我发现每天都是我们的生活委员负责教室门窗的开关，他非常负责任，从来没有迟到过一次，从来没有忘记过关门窗，我们应该感谢他。）

师：让我们大家一起感谢生活委员，谢谢他让我们的班级更安全。

（预设：学生回答或老师提示，学习委员除了自己学习成绩优秀，还经常帮助其他同学，有同学问他题，他都会耐心地给别人讲解，我为有这样的同学感到高兴。）

师：是呀，正因为我们班级里有很多像学习委员这样帮助别人学习的同学，我们班级的学习成绩才会这么优秀，科任老师才更乐意在我们班上课，老师们才会更喜欢你们。

（预设：学生回答或老师提示，我要感谢我们的班长。每天早晨，他总带领着同学们打扫卫生，督促同学们背诵古诗；中午他又到教室督促我们练字，正是因为他，我们班级在学校的各项评比中才名列榜首，我们班级获得的流动红旗才最多。我为有这样的班长而骄傲，为自己在这个班级而自豪。）

师：是呀，感谢我们的班长，他处处以身作则，使同学们学有榜样。感谢每一位同学，正因为你们都是班级的小主人，都有着强烈的责任心和班级荣誉感，我们的班级才这样的优秀，谢谢同学们，老师因为有你们这样的学生而感到骄傲和自豪！

四、情景思辨，形成对集体荣誉的正确认识

师：同学们，我们每一个人都有为班级增光添彩的强烈愿望，但怎样做才是正确的呢？我们来看看下面的情景思辨题 1（课件出示）：

在一次 4×100 米接力赛中，领先的第一棒在交接时，第二棒突然跌倒在地，那时班上的同学都惊呼起来，但他艰难地爬起来，继续向第三棒跑去。由于他的跌倒，第三棒明显地处于劣势，虽然第三棒仍以最快的速度向前冲去，第四棒也竭尽全力，最终只获得了第 4 名。比赛结束后，有同学埋怨第二棒没跑好。同学们，你们怎么看？

（预设：学生回答，由于第二棒的跌倒，影响了班级的成绩，他是有责任的；尽管他们的成绩落到后面，但同学们也不应该埋怨第二棒，他又不是故意跌倒的；我很敬佩第二棒，因为他在跌倒后仍然顽强地爬起来，继续尽力跑完全程，我觉得他仍为班级增添了光彩；等等。）

师：同学们，接力比赛是团体项目，每个队员都必须尽力。现在"第二棒"同学突然跌倒，但他继续参加比赛是好样的。第三棒和第四棒也没有气馁、失望，而是继续努力，应该说他们都是好样的。体育比赛总有输赢，我们不能只盯着名次，尽了力，就是好样的。这样的接力队值得我们为他们喝彩。下面我们再看情景思辨题 2（课件出示）：

小静是学校礼仪部卫生检查员，在一次例行检查自己班级同学的个人卫生时，发现好朋友小敏手指甲比较长，指甲里面还有污垢。于是小静按照规章制度给班级扣了分，并要求小敏剪短指甲，洗去污垢。有的同学责怪小静，认为是一个班的，和小敏又是好朋友，这样处理有损班级荣誉，有伤同学感情。同学们，如果你是小静，你会怎样去做？

（预设：学生回答，为了好朋友，更为了自己的班级不被扣分，可以装作没看到；小静可以悄悄地提醒小敏快去剪指甲，把手洗干净，为了自己的班级，就不要扣分了；小静的做法是对的，应该给班级扣分，也应该要求小敏剪指甲，把手洗干净；作为检查员，就必须公平公正，不能因为小敏是自己的好朋友，这是自己的班级，就是非不分了；等等。）

师：同学们，小静的做法是对的。作为学校的卫生检查员，一定要按照规章制度办事，做到公平公正，不管是自己的好朋友，还是班上的同学，抑或其他班级的同学，都应该同样对待，这样才能称得上是学校的检查员，班级也会因为有这样的学生而增添光荣。如果小静碍于朋友脸面，又考虑到这是自己的班级，小敏有了过错，却不及时地指出来，那么小静就不是真正的朋友，也不是一名称职的检查员，同时这还有损班级形象，损害集体荣誉。

同学们，当我们做任何事情时，都要想一想，这样做是不是正确，是不是真的为班级增光。

五、提要求，处理好个人与集体的关系

师：每个同学都希望我们的家温馨、美丽、充满快乐，这就需要我们每一个人都把自己融入到班集体中，为我们的班级贡献自己的力量。为了让我们的班级更美丽，我对同学们再提三点要求。

（1）当我们的个人利益与集体利益发生冲突时，个人利益要服从集体利益。比如双休日时，学校要组织集体活动，这可能和你的安排有冲突。我们应服从学校的安排，积极参加到集体活动中。

（2）集体的事情抢着做。班级的事情就是我们每一个人的事情，这个集体，不是只属于班长、文娱委员、体育委员、学习委员，而是属于我们每一个人。我们每一个人都是班级的小主人，所以，集体的事情我们都要积极地、主动地去参与，尽心尽力地去做好。

（3）在做事时，我们一定要问问自己，为了集体，我尽力了吗？我做到最好了吗？唯有大家都尽心尽力，都做到最好，我们的集体才会更优秀，我

们的个人才会更出色。

六、总结全课

师：同学们，通过看视频、谈感受、交流汇报、情境思辨等活动，我们了解了个人与集体之间的关系。集体的荣誉和成功凝聚着每一个成员的努力，个人的进步和成长离不开集体对他的帮助与培育。今天，班级因我而美丽；明天，社会因我而美好。让我们不断努力，不断前进！

点评

用好视频

在这节课的课前准备工作中，我注意到一个词："剪辑"。

现在许多班主任都喜欢在主题教育课上组织学生看视频。他们都意识到视频信息量大、生动形象，能迅速调动课堂氛围，激发学生兴趣与情感，从而把学生带入与教育内容相适应的理想境界，避免了单调、乏味的说教，可以收到意想不到的效果。

老师们喜欢到网上下载视频或自拍视频。对于网上下载的视频，我们要注意两点要求：一要剪辑。即与本课内容不相关的东西我们要做必要的删减，以突出重点，从而有效利用时间。如今伴随着剪辑软件水平的不断提高，剪辑视频会变得更加方便。但剪辑比较耗费时间，这时就更需要我们的耐心、细心。二要确保视频的观看效果。即由于网上不少视频文件是压缩的、不清晰的，我们应尽量选择 avi 格式的视频，这样的视频清晰度相对较好。

自拍视频时应注意拍摄特写镜头，力求影像清晰；人物说话可加旁白；同时要将摄影机端稳，避免画面的晃动。自拍的内容如果是学生表演的节目，如"家长"与孩子的情景剧，建议参演者化妆表演（扮演"家长"的学生不要也穿校服）。

小小的"剪辑"二字，反映出老师的细心。关注细节，是提高主题教育课课堂质量的有效举措之一，值得大家分享学习。

9 小小雏鹰学自护
（校园安全、居家安全、灾害避险话题）

上海市晋元高级中学附属学校　归颖婕

设计背景

《中小学公共安全教育指导纲要》指出：要培养学生的安全责任感，使学生逐步形成安全意识，掌握必要的安全行为知识和技能，了解相关的法律法规常识，养成在日常生活和突发安全事件中正确应对的习惯，最大限度地预防安全事故发生和减少安全事件对中小学生造成的伤害，保障中小学生健康成长。这一纲要还明确了各年级的教育内容重点。

现在的孩子大都是独生子女，生活在父母的保护下，他们对学校中、生活中存在的安全隐患缺少认知。当灾难来临时，他们也缺乏紧急避险意识。所以本节课拟通过主题教育课让学生学习有关校园、居家及灾难避险的知识，排查身边的安全隐患，提高学生的自救自护能力，增强学生的安全意识。

教育目标

· 学习和掌握校园安全知识、居家安全知识、灾害避险安全知识，增强学生安全意识。

· 让学生学习排查学校、家庭的安全隐患，提高学生的自护、自救能力。

课前准备

· 观察、分析班级存在的安全隐患，拍摄学生课间活动时的视频。

· 和体育老师交流，拍摄相关视频。

· 准备口哨；请学生准备小毛巾。

· 制作课件。

一、提问导入

师：同学们，我们生活在美丽的校园里，课间十分钟让我们在学习之余得到了放松，给我们带来快乐，但同时也可能给我们带来安全隐患。你听，下课铃响了。我们来看看短片《课间十分钟》吧！在观看时，我想请同学们找出短片里存在哪些安全隐患。

（观看视频《课间十分钟》。《课间十分钟》记录了学生在课间活动的情况，有的同学在追逐，有的同学在打闹，等等。）

师：同学们，课间的十分钟给我们带来了快乐，但是不文明的课间休息，也给我们带来了安全隐患。现在我们一起寻找刚才观看的短片中存在的安全隐患。

（同学们找寻片中的安全隐患。预设：学生回答，有的同学在打闹，有的同学在追逐，有的同学在互相推搡，等等。）

二、讲析校园安全

1. 课间安全

师：同学们找得很准。刚才的短片告诉我们，安全隐患其实就在我们身边，我们必须增强安全意识。从刚才的短片看，我们不应在楼梯、走廊上打闹、挤搡，上下楼梯时要靠右行，不拥挤，不抢行。

同学们，想一想有什么金点子能改变课间休息时奔跑打闹的情况呢？

（预设：学生回答，设立安全监督岗；报告老师；讲故事；做游戏；等等。）

2. 摆放物品安全

师：同学们说得很好。我们懂得了课间不文明的举止，会给我们带来很多安全隐患。现在我们再来看看这张照片（出示照片：一盆花放在教室围栏上），你们觉得有安全隐患吗？大家来找找"碴"。

（预设：学生回答，花放在围栏上，掉下来会砸到人。）

师：同学们找得很好。围栏上是不能放置东西的。

3. 体育课安全

师：老师想问问同学们，你们最喜欢的课是什么？

（预设：学生回答，语文；数学；体育；科技；音乐；等等。）

师：很多同学都说到了体育课。体育课确实是同学们最喜欢的课。但体育课上如果我们不注意，也会出现伤害事故。下面我们听听体育老师是怎样说的。

（观看《体育老师说安全》。《体育老师说安全》简介：体育课要做好准备。课前换好运动服；衣袋内不放钥匙、指甲剪；不随意投掷器材；准备活动要做好；等等。）

师：体育老师的要点讲得很清楚，我们要牢牢记住，切实做到。学校是我们学习、生活的场所，作为学校的小主人，我们不仅要增强安全意识，如果发现身边有安全隐患，比如插座松动、玻璃窗坏了等，还要及时报告老师。

三、讲析居家安全

师：同学们生活在幸福、温暖的家庭里，受到父母和家人的关心、爱护，生活中似乎并不存在什么危险。但是，家庭生活中仍然有些事需要我们注意，否则很容易发生危险，酿成事故。

1. 用电安全

师：随着生活水平的不断提高，生活中用电的地方越来越多了。因此，我们有必要掌握一些基本的用电常识。如我们要懂得如何关闭家庭电源总开关，学会在紧急情况下拉下电闸，切断电源。现在许多家庭还装了电源保护器，一旦有危险电闸便会自动跳闸以确保安全，我们应知道这个电源保护器在家里的什么地方，方便跳闸以后请有经验的人及时过去处理。

现在我们来看看这两幅图上（出示图片：两个同学在用湿布擦拭电视机），孩子在使用电器时有什么错误的地方？

（预设：学生回答，用湿布擦拭电视机。）

师：打扫卫生是好事，但是要注意安全。我们不能用湿布擦拭电器，不能用湿手触摸电器。

2. "有陌生人敲门怎么办"

师：我们刚才讲的是用电安全。但是一个人在家时，碰到陌生人敲门怎么办呢？能不能把门打开呢？如果遇到这样的情况你会怎么做呢？

（课件出示：动脑筋，遇到这样的情况你怎么办？）

师：现在我们来模拟训练。

（模拟训练场景 1："请开门！我是你爸爸的好朋友，请开门。"老师结合训练情况讲评。）

（模拟训练场景 2："我是你的亲戚，来找你爸爸妈妈，请开门。"老师结合训练情况讲评。）

师：是啊，同学们都懂得了遇到陌生人敲门时，首先要给爸爸妈妈打电话，以确认要不要给来者开门；如果一时联系不上，一定不要开门；可给老师、其他家人打电话，以确保安全。

四、讲析灾害避险安全

师：不仅要有安全的意识，在家或外出时，有时也会出现突如其来的灾害，因此我们还要掌握一些避灾自救的小常识。

1. 发生火灾怎么办？

师：天气干燥时，很容易引发火灾。发生火灾怎么办？现在我们听一段音频《着火了》。

（播放音频《着火了》。《着火了》内容简介：有一户人家着火了，主人惊恐地打火警电话。但接线员问他地点在哪时，他只是一个劲地说："在我家！在我家！快来！快来！"）

师：遇到火灾时，我们要打火警电话，报警时要向接警部门讲清着火的地点，还要讲清什么物品着火了，火势怎么样，以便接警员迅速安排出警。现在我们来模拟 119 报警。

（师生对话，模拟拨打 119。课件出示：如何正确拨打 119。）

师：一旦受到火灾的威胁，千万不要惊慌，逃生时，尽量弯下身体，并用湿毛巾捂住口鼻、用湿衣物包裹身体。现在我们请两个小组同学演练一下，其他同学作评判。

（小组代表演练。老师和同学作评判。）

师：万一身上着火怎么办？请同学回答。

（预设：学生回答，不知道；赶紧跑；就地打滚；等等。）

师：千万不要奔跑，可就地打滚或用厚重衣物扑灭火苗。

2. 地震来临如何避险？

师：近年来，地震较以前增多。将来我们外出旅游、出差，遇到地震的可能性也越来越大。万一遇到地震大家该怎么办呢？（出示地震图片）

居家躲避：在家往卫生间跑，卫生间一般空间小，支撑牢，不易一下子倒塌，而且被困时还可能有水。

教室躲避：地震来袭时，我们来得及跑时要抓紧时间往外跑；地震晃动强烈时，可先躲到桌子下，等稍缓时抓紧时间跑出去。现在我们来演练一下。

（拉响警报，学生模拟躲在桌子下。）

公共场所躲避：在百货公司、购物中心遇到地震时，要保持镇静。此时，应躲在近处的大柱子下，或往没有障碍的通道躲避，然后屈身蹲下，等待地震稍平息后尽快跑出。

大街躲避：大街上行走时如何避震？地震发生时，最好将身边的书包或物品顶在头上，没有物品时也可用手护在头上，尽可能作好自我防御的准备。应该迅速远离电线杆和围墙，跑向比较开阔的地区躲避。

为了便于同学们记忆，我们来学习一首儿歌。请同学们一起来读：

> 遇地震，先躲避，桌边床边找空隙。
> 靠在墙角曲身体，抓住机会逃出去。
> 远离所有建筑物，余震蹲在开阔地。

3. 台风来临应注意什么？

师：同学们，在上海发生地震的情况可能性较小，但是台风却经常来袭，2012 年夏天，台风"海葵"来袭，造成了重大财产损失。台风来袭时，我们要注意：

（1）家里的门窗紧闭。

（2）尽量不要出门。

（3）在户外的尽量不要在树下、广告牌下、霓虹灯下避险，以免被砸伤。

五、防灾自救知识小竞赛

师：今天，我们学了这么多防灾自救的知识。现在我们来测试一下，看看同学们有没有掌握。下面有的是选择题，有的是判断题，请同学们选择正确的答案。

1. 万一不幸被困在因地震造成倒塌的建筑物废墟下，如何想方设法坚持等待外界救援？下面可采取的求生方法，哪个是正确的？（　　　）

A. 持续大声呼唤　B. 用明火照明

C. 敲击水管等响物，以引起外界注意

2. 我国通用火警电话是：（　　　）

A. 110　　B. 119　C. 120

3. 在旷野遇到雷电时的正确做法是：（　　　）

A. 躲到大树底下　B. 躲到高压线铁塔下

C. 钻到汽车里　　　D. 双脚并拢蹲下，头伏在膝盖上

4. 高楼发生火灾，下列处理措施正确的是（　　　）

A. 乘坐普通电梯逃生　　　B. 向上逃跑

C. 躲避到防烟楼梯间、避难层等地等待救援

5. 发现自己家里着火，_____措施是不当的？

A. 积极进行扑救　B. 组织家庭成员及时疏散　　　C. 先抢救财物

6. 当身上衣物着火时，_____是不正确的处置方法。

A. 就地卧倒，用手覆盖住脸部并翻滚压熄火焰

B. 跳入就近的水池 C. 迅速地奔跑

7. 烹饪时油锅起火_____措施是错误的。

A. 用水来灭火　　　B. 用灭火器灭火

C. 盖上锅盖后再用湿毛巾覆盖

8. 平时可以打火警电话119，看看电话是不是通。（　　　）

9. 台风来的时候可以去海边看风景。（　　　）

（学生回答，老师逐条讲评。）

师：最后，我还想补充一点，童话大王郑渊洁先生曾经提到口哨应是日常生活随身带的小物品。同学们，你们知道为什么吗？

（预设：学生回答，不知道。）

师：老师告诉你们，在遇到危险，比如地震了被困在废墟下，吹哨子比呼喊节省体力。哨子的声音也响亮，容易让人听见，从而有利于其他人实施有效救援。

六、总结全课

师：同学们，我们是小雏鹰，是祖国的未来，我们平时要注意安全，掌握自救、自护的知识，提高自护、自救的能力，要平安健康地成长，从而为祖国的明天作出我们的贡献。

点评

班会课的时间长度

班会课需要用多长时间？很多老师都很清楚，应该用足课时。但不少老

师在处理了班级日常事务后，常感到剩下的时间难以安排，于是"补课""自修""劳动"种种怪相不断出现，甚至有班主任干脆提早放学。

我对班主任的苦衷深表同情，但对班会课的时间被挪作他用，绝不赞成。但是从班主任的角度思考，为什么会出现"补课""自修""劳动"等种种怪相？我想其中一个原因，就是有些班主任不清楚班会课有时是可以"化整为零""互为组合"的。

这节课在面向全国各地的班主任开课时，用足了35分钟（上海许多学校低年级都是35分钟一节课）。我和老师们交流时指出，这节课我们可以在35分钟内一次上完，也可以分3次来上。具体建议是在处理了班级具体事务（我称之为"班级例会"）后，我们可以安排三次话题，一次话题为"校内安全"，一次话题为"居家安全"，一次话题为"避险安全"，每次10分钟左右。这样班级例会与主题教育课相结合，不仅时间得到有效利用，而且可以增强针对性和实效性。

10 珍惜粮食，从我做起

（爱惜粮食话题）

上海市晋元高级中学附属学校 王笠春

设计背景

　　爱惜粮食，是中华民族的传统美德。从"谁知盘中餐，粒粒皆辛苦"的诗句到"一粥一饭，当思来之不易；半丝半缕，恒念物力维艰"的古训，都表现出中国人民对粮食有着深厚的情感，对爱惜粮食有着清醒的认识。《小学生日常行为规范》就明确规定：要爱惜粮食和学习、生活用品。

　　但是，在生活条件不断改善的今天，孩子们中普遍存在着就餐时不爱惜粮食、浪费较多食物，平时喜欢大手大脚地买零食、买饮料的现象。为了进一步提高学生"爱粮、节粮"意识，自觉养成"爱粮、节粮"的习惯，学校应开展爱惜粮食的主题教育，让学生们懂得粮食的来之不易，明白"节俭光荣，浪费可耻"的道理，使学生在日常生活中做到不浪费粮食，学会珍惜粮食。

教育目标

　　·初步了解粮食的生产过程，体会粮食的来之不易，培养学生尊重劳动人民和珍惜农民的劳动成果的情感。
　　·引导学生对日常饮食习惯进行思考，指导学生养成爱惜粮食的良好习惯。

课前准备

　　·学生收集有关"爱惜粮食"的资料。
　　·制作课件。
　　·准备一些长毛毽子（让学生模仿农民插秧用）。

一、"食"字开花，导入课题

师：同学们，上课前我们先来做一个小调查，你们最爱吃什么？

（预设：学生回答，喜欢吃麦当劳；喜欢吃小笼包；喜欢吃面包；等等。）

师：现在我们的生活水平提高了，同学们吃过许多好吃的东西，那你们有没有挨过饿呢？

（预设：学生回答，饿过，感到胃很疼；从没有感受过饿；等等。）

师：俗话说：人是铁、饭是钢，一顿不吃饿得慌。现在生活条件好了，许多同学没有体会过饿的感受，而与饿最相关的便是"食"。生活离不开"衣食住行"，今天我们先来聊一聊"食"吧。谁能用"食"来组词？

（预设：同学们纷纷举手发言，老师有选择地把词语写在黑板上，例如粮食、食堂、饮食、食品、美食、甜食、食物，等等。）

二、了解粮食作物

师：我们先选择"粮食"这个词语来聊一聊生活中的"食"。用"粮食"做成的食品，你们吃过哪些呢？

（预设：学生回答，米饭；馒头；面条；年糕；等等。）

师：大家看这些图片（出示两组图片），有的展示的是粮食还没有成熟，长在农田里的样子，有的展示的是粮食制成的食品，谁能给这两边的图片连连线，找一找它们之间的关系？

（请同学上来连线。）

师：这位同学连线连得很好。它们之间的关系为：

水稻可以做成——米饭、饭团；

小麦可以做成——面粉、面条、馒头；

玉米可以做成——玉米烙、玉米饼；

糯米可以做成——汤圆、年糕、粽子。

三、了解粮食作物的生长和加工过程

师：这些粮食是怎样从农作物慢慢变成可以端上餐桌的食品的呢？我们

来看一个短片了解一下。请同学们边看边数一数，水稻变成我们吃的米饭要经过多少道工序。

（播放短片《小小一粒米》。《小小一粒米》简介：春天是播种的季节，农民把优良的稻种撒播在田里。不久，田里便长出了绿油油的小秧苗，这时，农民又忙着把秧苗插到水田里。在炎热的夏天里，农民们忙着在田间管理，忙着抗灾增产。收获的季节到了，田野里一片金黄。农民们忙着收割、脱粒，白白的米粒诞生了。）

师：接下来我们再来听听一粒米的录音。（播放录音）

小小一粒米呀，来得不容易。农民伯伯早起又晚睡，每天种田地。

小小一粒米嘿，别把它看不起，一天三餐没有你，我们可都要饿肚皮。

可是，同学们，你们知道它是怎么来的吗？

春天里，撒下种子在田里，发了芽，要浇水，要施肥，过了十天半月，还要打药水。

除杂草，勤施肥，每天都要精心来护理，一直到了六月底，金黄黄的稻子挺立在田里。

农民伯伯心里美，不怕太阳晒，不怕大雨淋，起早摸黑抢收成，你看那，挑的挑，晒的晒，大伙的动作实在快。

只要稻谷脱了皮，它就是白花花的米。

小小一粒米呀，来得不容易，农民伯伯早起又晚睡，每天种田地。

小小一粒米嘿，别把它看不起，你可知道这里有多少农民勤劳的汗水。

一粒米呀，一粒米，绝对不能没有你。

白米饭，白又香，同学们，吃了它，要长个，要学习。

一粒米呀，一粒米，你的用处大无比，人类生存要靠你，同学们一定要爱惜，要爱惜！

（全班同学可以跟读。）

师：我们知道了，没有农民的辛苦种粮，哪有米饭白又香？现在我们请同学来回答，水稻变成我们吃的米饭要经过多少道工序？

（预设：学生回答，要经过播种、育秧、插秧、除虫、施肥、收割、挑晒、碾磨八道工序。）

师：同学们说得非常好。要经过播种、育秧、插秧、除虫、施肥、收割、挑晒、碾磨八道工序，我们才有这白花花的米。这些白花花的大米里有多少农民伯伯的辛勤汗水呀！我们看到农民伯伯在水田里插秧，动作非常娴熟，插出来的秧苗一行行、一列列非常整齐，你们想不想也来体验一下？现在先看一张图片（课件出示），你们说一下，农民伯伯是怎样插秧的？

（预设：学生回答，弯着腰，分开腿，边退边插。）

师：我们也来体验一下弯腰插秧的过程。请各组派出代表。

（用长毛毽子代替秧苗让学生来体验插秧的辛苦。学生代表在课桌之间的过道里边退边弯腰"插秧"，体验农民插秧的不易。）

师：刚才三位同学模拟了插秧的动作，我们来看看他们插的秧苗是否整齐。某某同学用两分钟插了30棵秧苗，我们请她来谈谈"插秧"的感觉。

（预设：学生回答，很辛苦。）

师：只有两分钟，她已经觉得弯着腰劳动挺累的，但农民要顶着烈日，弯着腰在水田里连续工作几个小时，那就更加累了。如今虽然科技发达了，插秧机也被广泛应用了，但是在田里开着插秧机劳动也是挺辛苦的。这样的场景让老师想起了一首古诗：《悯农》。我们一起来读一遍。（出示古诗《悯农》，学生齐读）

《悯农》
李绅

锄禾日当午，汗滴禾下土。

谁知盘中餐，粒粒皆辛苦。

师：这首诗描写了农民在烈日下艰辛锄地、种粮食的状态，这告诉我们每一粒粮食都凝结着劳动人民的汗水，我们应该爱惜每一粒粮食。

刚才古诗中有一句"谁知盘中餐"，老师现在来改一个字"谁的盘中餐"。（老师出示午餐盒）这一盒剩饭剩菜很多，这一盒同学吃得很干净，我们应向吃得很干净的同学学习。老师最近进行了观察，也作了记录，有几位同学一直吃得很干净。现在老师给他们颁发"节粮小标兵"的奖状，希望同学们向他们学习。（给节粮小标兵颁发奖状）

四、讲述名人爱惜粮食的故事

师：我们敬爱的周恩来总理不仅勤俭节约，更是爱惜粮食的典范，他每次吃饭总是把碗里的饭吃得干干净净，一粒不剩。有一次，他到朋友家吃饭时，不小心掉了两粒饭在餐桌上，便用手粘起来吃掉，可见周总理是多么爱惜粮食的啊！

其实不仅在中国，在世界许多地方，人们都是推崇爱惜粮食、不奢靡、不浪费的。比如比尔·盖茨，他是全球首富，又是微软公司董事会主席。胡锦涛访美期间，比尔·盖茨就以"三菜"招待他。所谓的"三菜"，就是鸡肉、牛肉或虾鱼（两选一）。比尔·盖茨用"三菜"宴请胡锦涛以及政、商界精英，应该说是极简朴的，但是，饭菜简朴不代表"情不重"。其实在西方发达国家，招待贵宾时，他们特别注重的是礼仪，功夫往往在饭菜之外。在西方国家，主人用一杯葡萄酒、一块面包，外加几块牛排、水果招待客人是司空见惯的事。应该说，吃饭崇尚简约，是西方发达国家的一种习惯，也是一种文明。

五、做算题，爱惜每一粒粮食

《左传》中有句话："侈，恶之大也。"毛泽东主席告诫人们："贪污和浪费是极大的犯罪。"现在，党和政府也一直倡导建设节约型社会。吃饭讲节约不是不要人们吃好喝好，而是提倡合理消费，文明消费。2013 年以来，习近平总书记倡导的"光盘"行动得到了许多人的热烈响应。

现在，我们的生活过得很幸福，不会再饿肚子，但世界上还有很多地方的儿童因为饥饿而死。在发展中国家，每 5 个人中就有 1 个长期营养不良；在 20% 的发展中国家中，人口粮食无保障。饥荒已成为地球人的第 1 号杀手，它平均每年夺去 1000 万人的生命。而由于直接或间接的营养不良，全球每 4 秒钟大约有 1 人死亡。想一想，在世界的某个角落，我们的同龄人、我们的小伙伴正在遭受饥饿的煎熬，而我们有些同学却把香喷喷的白米饭随意倒掉，这样实在是太不应该了！

曾有人打过这样一个比方，13 亿人口的嘴加在一起，比世界上最大的城市中心广场——天安门广场还要大，这真是一张大嘴！每年新增加的 1500 万人就要吃 50 亿公斤的粮食！我国有 13 亿人口，如果每人每月节约 1 斤粮食，全国每月就可节粮 13 亿斤，这是一个多大的数目啊。如果每一户 4 口人，每年吃 1000 斤粮食，这 13 亿斤够解决多少户用粮呢？

（学生们计算后回答，130 万户。）

师：不算不知道，一算吓一跳，我们千万不要身在福中不知福，一定要珍惜现在的幸福生活，爱惜每一粒粮食。

六、看食谱，了解每天的食谱安排

师：同学们，我们每天的午餐都是由专门的营养师调配好的，以便让我们的同学能吸收各种营养，长得健康又结实。看，（课件出示）这就是人一天必需的营养：蛋白质；碳水化合物；脂类；无机盐；维生素；食物纤维。

师:（出示学校一周食谱）这是我们学校一周的食谱，我们来研究一下，它是否都包含了这些营养呢?

星 期	荤 菜	荤 菜	素 菜	汤
一	鱼香肉丝	虾仁豆腐	青 菜	番茄蛋汤
二	法式牛排	烂糊肉丝	炒菠菜	黄豆小排汤
三	酱汁肉排	芹菜鱿鱼卷	咖喱土豆	黄芽菜香菇肉丝汤
四	五香鸭腿	黄瓜黑木耳肉片	油焖茄子	萝卜枸杞小排汤
五	干煎带鱼	卷心菜炒培根	韭菜银芽	酸辣汤

（学生讨论。预设:学生回答，营养都有了;小小菜谱里有着大学问;等等。）

师:学校食堂的营养师为我们设计的营养菜谱很棒。当然，同学们也可以向食堂提出你们的合理化建议。一个人的饭量是有大小的，如果你实在吃不下，可以先告诉老师，我们事先少盛一点饭菜，或者转给饭量大的同学。总之我们不能随便浪费。

七、学唱儿童歌曲:《我是一粒米》

师:最后我们一起来学那首儿童歌曲:《我是一粒米》。

我是一粒米，别把我看不起，一粒一粒米呀，来得不容易，农民伯伯早起晚睡，每天种田地，一粒一粒米呀，来得不容易。

小小一粒米，别把我看不起，一粒一粒米呀，才能做成饭，小朋友呀要爱惜，吃饭要注意，一粒一粒米呀，我们要爱惜。

（全班齐唱。）

八、总结全课

今天我们围绕"食"字，讨论了粮食、食品，交流了许多关于饮食的小故事，研究了学校的食谱，了解了食物的营养价值，知道了粮食的来之不易，希望通过这节课，我们班更多的同学成为"节粮小标兵"。

同学们，联合国把每年的 10 月 16 日定为"世界粮食日"，我们的党和政府决定把世界粮食日的那一周定为节粮周。"历览前贤国与家，成由节俭败由奢"。只要我们从我做起，从现在做起，从一点一滴的小事做起，我们就会为社会、国家作出实实在在的贡献。

今天老师给你们布置一道作业：你们想一想，爱惜粮食，懂得节约，我们还能从哪些事做起？每个同学要结合自己的实际情况，做好这道作业题，我们下周再进行交流。

点评

借鉴与创新

如果老师们看过我主编的《魅力班会课》（小学卷），会发现这节课与书中所载的陈永勉老师的课《争做爱粮节粮的小标兵》有几分相像，但又有许多不同。我认为王老师非常好地进行了借鉴与创新。

怎样上好班会课，是我工作室研究的一个重要课题。

要上好班会课，我们首先应加强学习，收集、学习成功的班会课教案。"他山之石，可以攻玉。"陈老师的快板诗"我是一粒米"、故事"周总理捡拾饭粒"，王老师信手拈来。借鉴优秀班主任的成功经验，可以助我们走得更快，飞得更高。

要上好班会课，我们更需要创新。我喜欢本课的导入——"食"字开花游戏，学生也非常喜欢。他们争先恐后，课堂气氛十分活跃，学生迅速进入了话题。王老师设计的课堂模拟插秧，生动形象，让学生有所体验；而一周食堂菜谱，讲究营养搭配，颇有现代学校特色，这都是王老师的创新。

因为创新，文章有特色，有个性，所以《少先队活动》发表了王老师这节课的教案。本次将该教案收入书中时，王老师又作了修改。这样，在借鉴与创新中，本篇教案更具活力。

11 学会合作力量大
（合作话题）

天津市北辰区瑞景小学　姜　霞

设计背景

"学会学习，学会创造，学会合作，学会生存"已成为 21 世纪教育的主题。合作精神是学生进行良好的人际交往所必须具备的心理品质，也是学生在学校和步入社会后应具有的精神状态。

现在的学生多数是独生子女，容易以自我为中心，缺少互帮互助、以大局为重的意识，在家庭、学校生活中暴露出不合群、不善于与人合作的弱点，这对学生良好品德的形成和发展是不利的。在班级里，同学之间也容易出现因互不相让而起争执的情况。要想使班级具有凝聚力，同学之间相处融洽，班主任就必须注意培养学生相互理解、相互支持、团结协作的意识。

教育目标

· 指导学生认识到学习、生活中的许多事情需要合作才能完成，了解合作的重要性和必要性。

· 引导学生感受和体验合作活动带来的快乐，学习合作的有关技巧。

课前准备

· 收集有关团队合作的游戏、故事、名言等资料。

· 制作课件。

一、听寓言故事，感悟合作

师：老师先给大家讲个俄国寓言故事——《天鹅、大虾和梭鱼》。（幻灯片出示画面）

天气暖和了，天鹅准备出去晒晒太阳。它东走走，西看看。

忽然它看见一辆小车。天鹅很好奇："这是什么东西呢？"它想："不如去找大虾问问吧，它可是我们班上的科学天才。"

天鹅就到大虾那里去了。天鹅说："虾哥，我今天发现了一样稀奇的东西，你过不过去看一下？"大虾说："好吧。"

路上，他们又碰到了梭鱼。天鹅说："梭鱼，你要不要跟我们一起去看一样东西？"梭鱼说："好吧。"

它们到了小车那里。大虾说："就是这个东西呀，你们也太没见识了吧，这是人类用的小车，可以拉着走的。我们来试一试吧。"

天鹅和梭鱼异口同声地说："好的，我们试一试。"

他们都给自己戴上了套子，拼命地拉呀拉，可小车却一动不动。

天鹅带着怀疑的语气说："大虾，梭鱼，你们是不是在偷懒啊？"大虾说："我没有偷懒！"天鹅说："那一定是梭鱼偷懒。"梭鱼说："我也没有偷懒！"天鹅说："那怎么拉不动小车呀？"

它们想呀想，想不出结果。小鸟在一旁哈哈大笑。

师：故事先讲到这里，老师有个问题考考大家：天鹅、大虾、梭鱼一起拉车，而且谁都没有偷懒，为什么车拉不动呢？

（预设：学生回答，它们劲儿太小；车太沉；等等。）

师：到底是不是这个原因呢？我们一起来看看故事的后半部分。（出示动画）

天鹅伸着脖子要往云里钻，大虾弓着腰儿使劲往后靠，梭鱼一心想往水里跳。小车虽说不重，却未动分毫。

师：故事讲完了，我看大家听得很认真，若有所思的样子，那谁来跟大家分享一下，你听完这个故事后有什么想说的？

（预设：学生回答，它们各顾各的，不是朝着一个方向拉的，有往天上拉的，有往后拉的，有往水里拉的，这样就分散了力量；它们的劲儿没有往一处使；他们不会合作；等等。)

师：我和大家的感受一样，当一个人的力量不够时，就需要大家的合作。天鹅、梭鱼、大虾虽然在一起用力，但那不叫合作，只有心往一块想，劲儿往一处使，朝着共同的目标一起努力，那才叫合作，才能取得成功。(板书：合作)

二、交流合作事例，感悟合作的重要性

师：合作无处不在。在自然界中，人们常发现合作的身影。比如蚂蚁家族中，有着复杂而又严格的分工。有的工蚁负责探路和寻找食物，还有的工蚁哺养后代，兵蚁肩负蚁巢的安全保障工作，蚁后则负责生育后代。蚂蚁家族正是凭借每一个成员之间的合作，才能生存下去的。

你们还知道自然界中类似这样合作的例子吗？不同物种间的也可以。

(预设：学生回答，燕千鸟和鳄鱼；犀鸟与犀牛；小丑鱼与海葵；清洁虾帮助鱼类清洁口腔内的寄生虫和食物残留；狼群捕猎；雁队飞行；等等。)

师：自然界的动植物尚能知道合作生存的重要性，那人类合作的例子就更是举不胜举了。就拿我们每天在校所吃的午餐来说，这也都是许多人合作的结果——有人洗菜切菜，有人炒菜，有人蒸米饭。还有你们喜欢看的电影、电视剧，在拍摄时也是有人负责灯光，有人负责音响，有人负责服装，有人负责化妆……你们还知道哪些事情是人们合作完成的？

(预设：学生回答，流水线上生产的产品；划龙舟；舞狮子；春节晚会的演出；等等。)

师：看来，一个人的力量是有限的，世界上有许多事情需要大家一起合作、齐心协力才能完成。

三、做拼图游戏，体验合作

师：刚才我们说了很多关于合作的事例，大家对合作可能有了更深的理解。"合作"两个字说起来容易，但做起来可就不那么容易了，接下来我们以四人为一小组来做一个游戏——益智拼图。

(幻灯片出示游戏规则：将自己组的拼图完成后依次贴在黑板上，哪个组最先将拼图准确拼成，哪个组就获胜。)

师：请各组做好准备。预备，开始——

（小组进行比赛。）

师：好，各小组都已经完成拼图，下面我们按照完成顺序来看看拼图是否正确。（教师检查、评判各组完成的拼图）

师：我想采访一下获胜组的组长，你能跟大家分享一下你们组取胜的原因吗？

（获胜组组长发言。预设：学生回答，我们是这样分工的，我们俩负责从这边往中间拼，我负责拼，她负责找图片；他们俩负责从那边往中间拼，他负责找，她负责拼。我们一边拼一边检查有没有错误，最后他负责把拼好的图贴到黑板上。）

师：看来，在合作中明确分工，做好自己分内的事是很重要的，就像冠军组组员所做的这样。

（教师在比赛过程中仔细观察，发现某组在做时出现了不少问题。）

师：你们组是怎么分工的呢？

（预设：学生回答，我想往一起拼，他们俩非得跟我抢；我们都照着图找图片，谁找到谁就拼；等等。）

师：这一组的同学因为没有达成一致意见，分工不明确，才导致成绩不够理想。那谁来给他们出出主意，制订一个合理的分工方案呢？

（大家积极发言。预设：学生回答，有同学负责找图片，有同学负责拼；根据学生的特长分配任务；等等。）

师：原来合作时不但要分工明确，而且在分工时还要考虑到每个人的具体情况，也就是说，还要发挥自己的优势，做自己比较擅长的工作。

当然，在刚才的游戏中，动作迅速也是取得成功的因素之一。

四、模拟逃生，体验特殊情景下的合作

师：合作时除了齐心协力、分工明确、扬己所长、动作迅速外（逐一板书），还需要哪些合作技巧呢？现在我们再来做一个游戏。

（幻灯片出示活动要求：每个小组的桌子上都有一个瓶子，这个瓶子代表一栋房子，瓶子里的四个彩球代表你们小组的四名同学，房子失火了，只有在规定的时间内逃出来才有可能生存。）

师：怎样才能尽快地逃生呢？现在每个小组先来商量你们的逃生方案。

（四人小组商量方案，教师巡视。）

师：请各组做好准备，开始！

（学生做游戏，教师观察活动情况。）

师：5，4，3，2，1，停！非常好，在规定时间内，各组的同学都安全撤离了。现在我来采访一下这个组的同学，你们能否分享一下你们的逃生方案？

（预设：学生回答，我们小组进行了分工，每人拉住一根彩球上的线，老师一喊开始，我们就按照1、2、3、4号的顺序把自己负责的那颗彩球拉出瓶口。）

师：你们说得非常好，做得也非常好。你们知道吗，这个游戏是一个经典游戏。以前在其他学校的实践中，曾出现老师一喊开始，同学就一起往外拉彩球的情况。结果瓶口太小，彩球就卡住了，谁也出不来。

假如这不是一个游戏，而是一场真正的火灾，那问题就大了。他们很可能因为拥堵，一起堵在逃生门那里。大家回想一下，我们在逃生演练时是怎么做的？

（预设：学生回答，离门口近的同学先走，后面的同学跟上，快速地离开。）

师：是啊，这位同学说得非常好！当遇到这类突发情况时，合作的难度就更大了，我们既不能拥挤，还要"心有他人"（板书），要根据实际情况灵活处理。

五、辨析合作

师：让我们把镜头从"危险的火灾现场"拉回到我们身边，说说你们在学习生活中合作完成的那些事情吧。

（预设：学生讲述自己与家人、同学合作的事例，比如与家人合作大扫除，与同组的同学研讨问题，小组合作汇报，等等。）

师：大家说得都很好，我这儿也有两个关于合作的例子，咱们来看看。（课件出示）情景思辨题1：

学校要召开运动会，我们应该怎样做才能在运动会入场式上展示我们班的风采呢？

（预设：学生回答，体育委员声音特别洪亮，可以让他走在队伍的中间，这样他喊口令时前后的同学都能听到；我们以四人小组为单位设计入场式口号，哪个小组的最合适就用哪个小组的；入场的时候，我们要服从口令，前后对齐，左右对齐，不能只顾自己；咱们体育课上多练几遍，请体育老师给我们指导指导；关键是要合作，心要往一处想，劲儿要往一处使；等等。）

师：大家说得真好，只有合作才能让我们走向成功。现在我们再看第2题：

你最好的好朋友打碎了教室的玻璃，老师调查此事时，他向你使眼色，暗示你帮他隐瞒，你会为了你们之间的友谊而跟他"合作"吗？为什么？

（预设：学生回答，不能，因为他做错了。）

师：没错，我们与人合作时，还应当坚持原则。

六、学习合作名言

师：老师这里有几句话要送给大家。（课件出示）

人心齐，泰山移。

——谚语

单丝不成线，独木不成林。

——俗语

单个的人是软弱无力的，就像漂流的鲁滨逊一样，只有同别人在一起，他才能完成许多事业。

——叔本华

师：我们一起来朗读。（全班齐声诵读）

七、回顾全课，布置作业

师：通过今天的学习，大家知道了什么是合作，也学会了一些合作的方法。大家不难发现这样一个道理：现代社会是一个讲求合作的时代，一个人只有具备了团队精神，学会了（板书：学会）与他人合作，才能把事情办得更好，才能拥有更大的力量（板书：力量大）。

课后请前后四人为一组合作编一份《学会合作力量大》的小报。怎样才能做得好？我想大家应该清楚了。大家需要合作，需要各尽所能。下节班会课，我们再一起来分享吧！

这节课我们就上到这儿，下课。

设计精彩的课堂活动

许多班主任在实践中认识到，在主题教育课上也可以开展一些课堂活动。这类课堂活动的特点是简便易行，不需要学生事先做准备。比如猜书名、找朋友、动作模拟等课堂活动，均寓教育于活动之中。

姜老师这节课中的"益智拼图"和"模拟逃生"，就是简便易行、行之有效的活动。"益智拼图"是以四人小组为单位开展的游戏。在这个游戏中，学生商量、行动、评比、交流分享，老师点评。应该说，这个活动可以让学生知道齐心协力、分工明确、扬己所长、动作迅速等的深层含义。姜老师还设计了"模拟逃生"这一活动，这是一个经典游戏，但姜老师把它引申为"火场逃生"，赋予了它新的寓意，让大家进一步感悟了"心有他人"的道理。

小游戏，大道理。这样的课堂活动简便易行，取得了学生人人参与，个个有感悟的效果。体验促进认识的提高，活动胜过空洞的说教。班主任平时要注意收集，注意学习，巧妙运用。

精彩的课堂活动一定会得到学生的欢迎，也有助于教育目标的达成。

12 小眼睛看大世界
（好奇心话题）

上海市嘉定区怀少学校　陈丽珠　张文洁

设计背景

陈献章说："学贵有疑，小疑则小进，大疑则大进。"苏霍姆林斯基说："在儿童的心灵深处，都有一种根深蒂固的需要，就是希望自己是一个发现者、探索者和成功者。"孩子好奇心强，必然对不懂的新事物产生怀疑，进而发问或从实践中去探索，从而有可能会有发明创造。而一个人如果没有好奇心，对什么事物都没有兴趣，那他就不可能会有发明创造，更不可能干出一番事业。

然而，由于应试教育的桎梏和浮躁风气的影响，我们的学校教育、家庭教育、社会教育，正在使青少年好奇心缺失，这不得不引起我们每一位教育工作者的警醒。小学阶段正是孩子们成长的关键时期，是孩子们的好奇心、求知欲表现最突出的时期，可以说小学生活将会影响他们未来的生活。好奇是探索科学的动力，是启迪智慧的火花。因此对于孩子的好奇心，我们要因势利导，循循善诱，培养孩子"打破砂锅问到底"的坚韧毅力。

教育目标

· 引导学生认识好奇心，知道好奇心是发明创造的驱动力。
· 激发学生的好奇心，培养学生对自然现象和生活中的问题进行探究的兴趣。

课前准备

· 准备水果刀、苹果。
· 收集有关好奇心的名人名言。
· 收集少年发明家的故事，录音并制作课件。

一、游戏导入，认识好奇心

师：同学们，你们喜欢吃苹果吗？

（预设：学生回答，喜欢。）

师：你们知道这个苹果里藏着什么奥秘吗？（拿起一个苹果）

（预设：学生回答，苹果里面藏着核；好像没有什么奥秘；等等。）

师：同学们想知道这个苹果里究竟藏着什么奥秘吗？现在，老师想先和同学们一起来做个"切苹果"的游戏。老师带来了苹果和刀，现在请一个小朋友上来把苹果一切为二，看看切开来的苹果里有没有什么秘密。

（预设：学生一般竖着切苹果，这样没有什么秘密。）

师：我们都习惯竖着切苹果，那么我们现在请另一个同学横着切苹果，看看会有什么不同呢？仔细观察后，说说你们的发现。

（预设：学生回答，像一朵梅花；苹果的中间有一个五角星；等等。）

师：你们知道吗，第一个发现苹果里的五角星的是一个美国小男孩。他的发现打破了我们对切开后的苹果的一般印象，让我们换了一个角度，看到了事物的另一个方面。他为什么能发现这个看似简单却从不被人所知的秘密呢？

（预设：学生回答：小男孩无意间发现的；这个小男孩聪明，他打破了常规，横着切苹果；因为小男孩有好奇心，想看看横着切与竖着切一样吗；等等。）

师：小朋友们说得很好，关键是小男孩有着宝贵的好奇心。（板书：好奇心）许多发明家、科学家因为有了好奇心，才为人类作出了许多创造发明。

二、问题对对碰，感受好奇心

师：接下来我们进入问题对对碰。我们以小组为单位合作讨论，请组长把答案写在答题纸上，在两分钟内完成。看看哪组同学做得又快又准确。

下面的问题是哪位科学家或发明家提出来的？

鸟能在天空中飞，人类可以飞上天吗？（后来发明了飞机。）　（　　）

看见母鸡下蛋，好奇地想母鸡是怎样孵出小鸡的？（后来成了发明大王。）　　　　　　　　　　　　　　　　　　　　　（　　）

树上的苹果为什么会掉下来？（于是发现了万有引力。）　　（　　　　）

水烧开后，冒出的蒸汽有什么作用？（最后改良了蒸汽机。）　（　　　　）

茅草为什么会割破手指呢？（后来发明了锯。）　　　　　（　　　　）

（老师收好答题纸，并把答题纸展示在黑板上。老师随机点评。答案依次为莱特兄弟、爱迪生、牛顿、瓦特、鲁班。）

师：同学们，发明家、科学家们就是对这些寻常事物产生了强烈的好奇心，然后善于思考，勇于探究，于是迈开了发明创造的第一步。

三、分享故事，知道好奇心的重要

师：法国作家法朗士曾说过：好奇心造就科学家和诗人。下面，就让我们一起去认识一位当年与我们年龄相仿的小发明家。（播放录音故事）

在河北省石家庄有一个了不起的女孩——刘晓梦。小小年纪的她就申请了15项国家专利。也许你会问：她是一个天才吗？

其实，刘晓梦跟普通的女孩并没什么两样。所不同的是她对于生活中的各种事物有好奇心，善于观察，特别喜欢刨根究底。

记得晓梦8岁时的一天，她打开电脑，准备上网"冲浪"。这时，奶奶在旁边说："晓梦啊，书上说电脑害怕灰尘，现在正在刮沙尘暴，把电脑关了吧。"晓梦关了电脑，但自己的脑子却翻腾开了。

她想，电脑怕尘土，可沙尘暴却越来越厉害，自己不上网没什么，那银行、商场怎么办呢？它们不能因为电脑防尘就关门呀……

晓梦正在苦想，在药厂工作的高爷爷串门来了。

看到高爷爷，晓梦心里一亮："高爷爷，药厂里肯定特干净吧？"

"那当然。"

"做药的房间不能有尘土吧？"

"绝对不能有尘土。"高爷爷肯定地说。

"那车间怎么防尘呢？"晓梦追问。

高爷爷详细地把药厂防尘的措施讲给晓梦听。

"高爷爷，能不能把药厂防尘的办法用到电脑上呢？"晓梦眨着大眼睛，若有所思地问。

"我看不难。"高爷爷就喜欢晓梦的钻研精神，一个劲儿地鼓励她。

晓梦顺着自己的思路，借鉴药厂的防尘方法，反复思考。渐渐地，一个方案在脑海里清晰起来。在电脑主机箱的散热窗口外安装一个滤尘罩，然后将小风扇换个方向安装，这样，主机箱内气压比外界大，空气就会通过电脑的缝隙向外溢，从而保持机箱内的清洁。

终于，刘晓梦在家人和高爷爷的帮助下，把这"防尘电脑"的发明方案，报送到了国家专利局。

国家专利局很快就受理了，并发给了刘晓梦专利证书。

师：小朋友们，听了这个故事后你们有什么的感想？

（预设：学生讨论后回答，刘晓梦善于观察生活中的小事，能发现问题；刘晓梦是个爱动脑筋、爱思考问题的女孩；刘晓梦对生活琐事有强烈的好奇心，她坚持不懈地努力解决问题，最后才有了发明创造；刘晓梦是个勇于实践的女孩；等等。）

师：是呀，这则故事告诉我们，善于留意生活中一些不起眼的小事，多提问，勤思考，爱钻研，敢于实践，就会增长智慧，甚至有所发明和创造。

四、学习中外名人谈好奇心的格言

师：课前老师准备了有关好奇心的名人名言，我们一起来诵读。

知识是一种快乐，而好奇则是知识的萌芽。

——培根

好奇心是科学工作者产生无穷的毅力和耐心的源泉。

——爱因斯坦

如果没有好奇心和纯粹的求知欲为动力，就不可能产生那些对人类和社会具有巨大价值的发明创造。

——陆登庭

好奇心很重要，有了好奇心才能敢提出问题。

——李政道

学贵有疑，小疑则小进，大疑则大进。

——陈献章

好奇心是学者的第一美德。

——居里夫人

（学生诵读名人名言，老师随机穿插作简要解释。）

师：老师请大家课后也去收集一两句有关好奇心的名人名言，下次的班会时，我们来交流。

五、情景思辨

师：通过刚才的学习，你们知道什么是好奇心了吗？

（预设：学生回答，好奇心就是爱问问题，喜欢探究；好奇心就是爱问为什么；好奇心就是对没有听过、见过的事物有浓厚的兴趣；好奇心就是希望能知道或了解更多的原来不知道的事物；等等。）

师：说得真好！可有的同学也很困惑，说，"其实我原来对有些事情很好奇，我去问过老师、家长、同学，结果被笑话了一通"。遇到这样的情况，该怎么办吗？请听这样一个故事：

一次，小欣在家预习《小蝌蚪找妈妈》这篇文章。读着读着，小欣皱起了眉头，她来到厨房，疑惑地问正在做饭的妈妈："妈妈，蝌蚪的尾巴怎么会变短呢？后来又怎么变没了呢？"

妈妈听了，回答说："蝌蚪就是那样的呀。"

小欣还是一脸迷茫："妈妈，那小蝌蚪后来先长出两条后腿，过了几天又长出两条前腿，它为什么不一起长出来呢？"

妈妈显得有点不耐烦了："你怎么有这么多问题？我在做饭，你去问爸爸。"

于是，小欣又来到书房问爸爸，可爸爸正在写文章，头也没抬，说："这与你的考试无关！你提的问题现在就是跟你说了，你也不会明白的，快点去完成今天的作业。"

"哦——"小欣边回答，边低下头默默地走出了书房……

师：听了这个故事，大家想说什么？

（预设：学生回答，爸爸妈妈应该耐心地解答小欣的问题；爸爸妈妈那样的回答会打击小欣的好奇心；小欣很爱问问题，是个爱动脑筋的女孩；小欣很有好奇心，我们要学习小欣的探究精神；等等。）

师：大家说得很好，好奇心是启迪我们智慧的火花。所以我们要不怕困难，不怕别人的取笑，要培养好奇心，呵护好奇心，学会多问几个为什么。

六、建立我的问题卡

师：好奇心是探索科学知识的动力。生活中我们要保持并发展好奇心。我在上课用黑板刷时，也发现了一些问题（课件出示）：

1.擦黑板时，黑板刷能否将粉尘吸进去呢？

2. 黑板刷经常掉到地上，能不能设计出粘在黑板上的黑板刷呢？

3. 经常拿粉笔写字，手感觉很干燥，能否设计出像自动铅笔那样的粉笔呢？

现在我非常高兴地发现，以上问题其他老师也注意到了。通过大家的努力，这几个问题基本都解决了。那么，请同学也回忆一下，你们曾经对哪些事物产生过好奇心呢？把自己的疑问记下来，现在我们交流吧。

（预设：学生回答，兔子的眼睛为什么是红的？天上的云为什么不掉下来？虾活的时候壳是青绿色的，为什么烧熟后却变成了红色的？切洋葱为什么会流泪？小猫为什么从高处摔下来会安然无恙？……）

师：我请大家经常将感兴趣的问题及时写在小卡片上，制作成问题卡，作为我们这个学期的一个重要活动，学期结束时进行展示评比。希望大家不断培养自己的好奇心，不断地去探索，相信在不久的将来，我们中间一定也会出现发明家、科学家。

七、总结全课

师：同学们，今天这节课你们有哪些收获？我们来交流一下。

（预设：学生回答，这节课我认识了好奇心；知道了好奇心是探索科学知识的动力，是创造发明的关键；我们要善于观察身边的事物，有好奇心；对未知的事物要勇于探究；等等。）

师：大家说得真好，通过今天这节课的学习，相信大家会留意生活中的一些小事，并多提问，勤思考，肯钻研，爱实践，对自然现象和生活中的问题进行探究。这里有一首儿歌《小问号》，我们一起来诵读。（全班一起诵读）

我班有个李苗苗，大家叫他小问号。
白天他问太阳为啥亮？晚上他问星星有多少？
飞机为啥能在天上飞？汽车为啥能在地上跑？
海中究竟有多少鱼？山中究竟有多少宝？
老师见了微微笑，夸奖苗苗肯动脑，
只要大家爱学习，将来一定会知道。

师：小朋友，让我们像李苗苗一样，用我们的小眼睛看大世界，做一个有强烈好奇心，遇事肯动脑，爱探究的好孩子吧！

点评

要写好教案

要上好主题教育课，班主任不但要认真备课，而且要写好教案。陈老师的这节课给我们做了一个很好的示范。

一般来说，写教案应注意以下几点：

第一，思考设计背景。为什么要上这节班会课，班主任一定要认真思考。我将设计背景的思考要点概括为"大处着眼，小处着手"。所谓"大处着眼"，就是班主任应认真学习党和国家、教育行政部门的有关文件或专家学者的论述，思考社会发展对人才培养的需要；所谓"小处着手"，就是班主任应认真研究班情，思考本班学生的特点，思考怎样做才能解决班级存在的问题，满足学生发展的需要，使班会课具有针对性和实效性。

第二，拟定响亮的课题。为了上好主题教育课，班主任应给该课拟一个响亮的课题，让学生一听到课题就产生好奇、向往之心。在拟课题时，应力求表达准确、新颖生动、上口易记。本课的"小眼睛看大世界（好奇心话题）"，便给学生以深刻的印象。

第三，做到教育目标集中、明确。班会课应有明确的目标，而且目标要小、具体、可达成，不要过多，用好动词。本课教育目标具体、明确。

第四，课前准备要周全。课前准备是教案的重要环节，要做哪些事，应一一列出。

第五，课的过程详略要适宜，亮点要突出。对于主题教育课如何推进，主要的步骤要写清楚，做到条理清楚，胸有成竹，以便自己把握。同时因为是教案，还要加强预设。

陈老师的这一教案还附有插图、测试题等，均可资借鉴。

13 我有一双勤劳的手
（家务劳动话题）

上海市晋元高级中学附属学校　曹　莉

设计背景

《上海市中小学劳动教育实施纲要》指出，中小学中年级在巩固低年级劳动教育成果的基础上，适量增加家务劳动和一定的公益劳动，初步培养学生"自己的事情自己做"的好习惯，掌握一些基本的生活自理本领和简单的家务劳动及公益劳动的技能。

现在的小学生基本上都是独生子女，家长溺爱，从小过着衣来伸手、饭来张口的生活，劳动意识薄弱。而小学阶段是学校教育的基础阶段，对人生习惯的养成有着重要的影响。小学三年级的学生正步入小学的中年级，这是他们成长的重要阶段。这时教育孩子学会劳动、热爱劳动，做一些力所能及的家务事，培养自理能力，为拥有一双勤劳的小手而自豪非常必要。开展这样的主题教育课有助于学生培养勤劳的品质，为人生的幸福奠定基础。

教育目标

·知识目标：知道手能做很多事情，鼓励学生热爱劳动，养成良好的生活习惯。

·情感目标：认识和感悟到人人都有一双勤劳的手，能为父母、为他人送去温暖。

·行为目标：学会整理书包，学会泡方便面，用勤劳的双手提高生活自理能力。

课前准备

·拍摄视频《猜猜这是谁的手》，收集关于手的图片。

· 准备音乐。
· 准备方便面、热水瓶。
· 准备抹布、脸盆、水。
· 制作课件。

教育过程

一、观看视频导入

师：今天，老师请大家来观看一段视频，同时请大家猜猜：这是谁的手？这双手能干什么？

（学生观看视频《猜猜这是谁的手》。视频简介：视频拍摄了班级任课老师用手写字的不同情景。）

（预设：学生回答，这是美术老师的手，她能画画；这是数学老师的手，他能写算式；这是语文老师的手，她能写字；等等。）

师：猜对了。这些的确是我们班科任老师们的手，那你们还知道哪些手？它们又分别能干什么？

（预设：学生回答，外婆的手能洗碗；妈妈的手能整理房间；爸爸的手能开车；奶奶的手能烧菜；等等。）

师：大家说得好极了，手的用处的确很大，除了大家说到的以外，还有许多不同行业的人，他们的手也很能干，如警察叔叔的手会指挥交通，工人叔叔的手会维修机械，厨师的手会做出美味佳肴，外科医生的手会为病人开刀治疗，钢琴家的手会带来优美的曲调，舞蹈家的手会舞出动人的姿态，魔术师的手会在瞬间变换出许多令人瞠目结舌的东西。

二、做小调查，了解生活自理的情况

师：接下来我们来做一个小调查：

（1）会自己叠被子的同学请举手！

（老师快速统计，并随机简评。）

（2）会洗碗筷的同学请举手！

（老师快速统计，并随机简评。）

（3）会自己洗手帕、袜子的同学请举手！

（老师快速统计，并随机简评。）

（4）会自己钉纽扣的同学请举手！

（老师快速统计，并随机简评。）

师：好，看来我们班不少同学都有一双勤劳的手。

三、小组比赛，学习整理书包

师：下面我们来进行一场比赛，比一比谁的本领强，谁的手儿巧，大家说好不好？

（预设：学生说，好——）

请各小组选派一名代表，请某某同学上来做裁判。

1. 比一比

师：我们先来比一比，请各位代表从书包里拿出数学书，看谁的动作最快。

（四位代表从书包里拿出数学书，裁判评判，老师随机点评。）

2. 看一看

师：大家来看一看为什么他们有的能迅速地拿出数学书，有的却比较慢呢？

（预设：学生回答，有的同学平时理得比较好，有的同学则比较乱。）

3. 评一评

师：大家评一评谁的书包整理得井井有条？

（预设：学生回答，某某同学的书包整理得好。）

4. 练一练

师：某某同学的书包整理得好，是因为他将书、练习本分类排列。那我们也学着练一练，把书包整理得井井有条，要拿书本时能迅速地拿取。请全班同学都来比赛，看谁将书包理得最整整齐齐。

（全班同学进行理书包的练习，老师随机点评。）

师：我们同学的手都很勤劳，希望大家以后能养成每天自己理书包的习惯，做到"自己的事情自己做"（课件出示，师生齐读）。

四、交流做家务活的经历

师：现代社会生活节奏比较快，爸爸妈妈工作都比较忙，有没有同学帮着家长做家务的呢？我想大家一定不会忘记第一次做家务活的经历吧，谁来讲给大家听听？

（预设：学生讲"我第一次做家务活"的经历，如第一次倒垃圾，第一次铺床，第一次洗碗，第一次扫地，等等。）

师：刚才同学们的交流内容很丰富，我想告诉同学们，"家里的事情帮着做"（课件出示，师生齐读）。

五、学做家务

师：有时双休日，特别是寒暑假，爸爸妈妈会因为各种原因不在家，好多同学独自一个人在家，中午吃饭成了难题。有时爸爸妈妈会请爷爷奶奶、外婆外公来照顾，有时则是爸爸妈妈上班前抓紧时间弄好，或者有时帮我们叫外卖。今天老师要教大家一项生活本领——泡方便面。

方便面，大家都很熟悉。在学泡方便面之前，老师想先给大家说说有关方便面的知识。

方便面是日本的安藤百福发明的。1958 年，安藤百福 48 岁时发明了世界上第一包方便面。安藤百福设想的方便面是一种加入热水立刻就能食用的速食面，他设了五个目标：味道好且吃不厌；可以成为家庭厨房常备品且具有很好的保存性；简便且不需要烹饪；价格便宜；安全、卫生。

对制面，最初安藤百福完全是一个外行，但他反复试验。后来，安藤夫人做的油炸菜肴启发了他。油炸食品的面衣上有无数的洞眼，就像海绵一样，这是因为面衣是用水调和的，水分在油炸过程中会发散掉，形成"洞眼"，加入开水后很快就会变软。这样，安藤百福将面条浸在汤汁中使之着味，然后油炸使之干燥，解决了保存和烹调的问题。这种"瞬间热油干燥法"成为了方便面制法的专利。

很快因为方便，方便面迅速地走向了世界，成为居家、旅行的首选快餐食品。

方便面发展到今天又有了很大的改进，随着人们需求的增加，方便米饭、方便粉丝、方便粥等产品应运而生，成了大家日常生活的必需品。

当然，长期食用方便面会有副作用，但我们偶尔用之应急是无害的。再说方便面也在不断改进中，我们的李克强总理在连续工作的时候，常常喜欢泡方便面吃，是方便面一族。

了解了方便面的有关情况，下面请看我的演示，我们来学习如何泡方便面（取出桶装的方便面）。

第一步，拆开外包装。轻轻地揭开桶上的纸盖。纸盖不能全部揭开，留有少许，以便冲水后插上叉子，让面焖开。

第二步，撕配料包。撕配料要从锯齿处入手。

第三步，将配料倒入面中。配料根据自己的需要取用。

第四步，加热水至桶内刻度处。

第五步，将纸盖覆上，插上叉子，等待 3 分钟，揭盖就可以吃了。

现在我们请四位同学上来尝试。

（学生上场学习泡方便面，老师随机指点。在等待泡面的过程中可穿插教学生擦桌子。因为泡面中可能会将水洒在桌子上，老师请泡面的同学擦桌子，并随机点评。）

师：同学们做得很好，相信其他同学在这堂课上也学会了如何泡方便面，以后再碰到爸妈不在家的时候，同学们完全可以自己来泡方便面，有机会老师还会教大家更多的生活技能，做到"不会的事情学着做"（课件出示，师生齐读）。

六、争做集体事

师：那么，我们勤劳的小手又能为班级做哪些事情呢？谁来说说？

（预设：学生回答，搬桌椅；擦黑板；发本子；开关窗户；美化教室环境；扫地；抹桌椅；擦小班橱；掸积灰；等等。）

师：对呀，"集体的事情抢着做"（课件出示，师生齐读）。

七、总结全课

师：同学们，你们真棒！相信通过今天的学习大家都能拥有一双勤劳的手。但是我们是否能坚持呢？坚持养成习惯是最重要的，学期结束时，我们要评选出我们班最勤劳的同学，你们说好不好？

（预设：学生回答，好！）

师：最后，让我们跟着音乐，全班齐唱《我有一双勤劳的手》。老师祝愿同学们用自己勤劳的双手去创造幸福美好的生活！

（音乐声起，全班同学合唱《我有一双勤劳的手》。在欢快的歌唱声中，本课结束。）

点评

课的容量要大

有些班主任跟我说，班会课有时感到无事可做，我对此不敢苟同。我认为班会课有许多值得我们做的事，同时我还认为一堂课的容量要大。

《我有一双勤劳的手》这节课的容量就比较大。细读全文后，我感到这节课不仅教给了学生一些具体的劳动本领，比如整理书包、泡方便面、擦桌子，而且提高了学生对劳动的认识，引导着孩子做到"自己的事情自己做""家里的事情帮着做""不会的事情学着做""集体的事情抢着做"。

课的容量大，不是随意地铺开，而是要紧扣中心作比较深入的展开。围绕"勤劳的手"，曹老师的许多设计颇有深意。比如课的导入，通过对不同行业勤劳的手的介绍，渗透着热爱祖国建设者的教育；再如方便面大王安藤百福的故事，蕴含着勤劳使生活更美好的道理；又如结尾处进行班级"最勤劳的同学"评比的动员，体现出勤劳是美德的价值导向。可以说，精心设计的这节课，对学生的启迪是多方面的。

因此我建议班主任在上主题教育课时，对一个话题要考虑得多一点、细一点、深一点、实一点，努力开掘，从而使主题教育课的内容丰富、充实。

14 友情树
（友情话题）

上海市浦东新区北蔡镇中心小学　孙丽萍

设计背景

　　交往需求是每个人心理发展方面的需求，其中友情贯穿于情感需求的始终。正如马克思所说："人生离不开友谊，但要得到真正的友谊很是不容易；友谊总需要忠诚去播种，用热情去灌溉，用原则去培养，用谅解去护理。"只有理解友情的真正含义，才能拥有真正的朋友。

　　友情是学生的重要情感之一。现在很多学生都是独生子女，一方面由于缺少兄弟姐妹，他们很孤独，更渴望友情；另一方面由于养成了以自我为中心，不愿付出和分享的习惯，影响了与朋友的交往。小学三年级是学生身心成长的关键时刻，学生的交往观也从低年级的玩伴阶段逐渐走向亲密共享的阶段。在这个阶段，我们应着力培养学生正确积极的友情观，让学生明白友情的真正意义，明白什么才是真正的朋友，从而营造健康向上的交往氛围。

教育目标

　　·通过破冰游戏，让学生体会友情是每一个人的情感需要，初步感受友情和"缘分"的关系，引导学生珍惜友情。

　　·通过情景讨论，教会学生懂得朋友之间要互相关心、互相帮助、互相信任，进一步理解友情的意义；讲述自己和朋友的故事，表达对朋友的感激。

　　·师生合作完成绘本故事《我有两个朋友》，懂得友情需要朋友双方共同维护，引导学生树立积极向上的友情观。

课前准备

　　·制作课件。

·合作游戏使用的眼罩一副；合作游戏中用以设置障碍的物体若干（也可以用塑料凳代替）。

·原创绘本的绘画工作，请美术老师协助完成。

·根据班级人数准备绘本创作的纸张。

·请学生回忆和朋友之间的故事。（可结合小练笔《我的好朋友》开展）

教育过程

（课前播放：歌曲《我们是快乐的朋友》。）

一、破冰游戏，导入课题

师：同学们，今天老师带来了一首小时候的儿歌《马兰花》。大家先跟着我念一念。（老师带领全班同学边拍手，边念儿歌）

马兰花

马兰花，马兰花，风吹雨打都不怕；

勤劳的人们在说话，请你马上就开花。

开了几瓣花？开了（　　）瓣花。

师：这首儿歌其实是一个非常有趣的游戏。我们先来看看这个游戏怎么玩。（课件出示）

游戏规则

1. 大家围成圈，跟着《马兰花》儿歌转圈。

2. 当念到"开了几瓣花"后，根据老师所说的开了（　　）瓣花，相应的人数抱在一起。如"开了两瓣花"，就两个人抱在一起；"开了三瓣花"，就三个人抱在一起。

师：现在我来邀请9位同学来做这个游戏，谁愿意来？

（老师随机邀请9位同学上场。被选中的同学上场做好准备。）

师：其他同学也很重要，我们一起来念儿歌。准备好了吗？开始！

（预设：学生开展第一次活动，老师引领儿歌的节奏，"开了三瓣花"，没有人落单。）

师：哇！瞧你们可爱的笑脸，被朋友拥抱的感觉一定很好吧！现在再来一次。

（预设：学生开展第二次活动，老师引领儿歌的节奏，"开了两瓣花"，设计有人落单。）

师：（向落单学生提问）两次活动，你的感受一样吗？第一次是什么感受？第二次的感受呢？为什么？

（预设：学生回答，没有人和我抱在一起，我很难受；我本来和他们抱在一起的，结果被别人挤了出来，我很不开心；等等。）

师：因为时间的原因，所以只能做到这里，下课后，我们还可以玩这个游戏。

在刚才的游戏中，我们发现，孤独的滋味可不好受啊！这也让我们深深地感受到人不能没有朋友，不能没有友情，否则就会感到寂寞、悲伤。友情对每个人而言是多么重要！今天，我们就来聊聊友情。（板书：友情）

二、介绍朋友，感悟"缘分"

师：谁愿意给大家介绍一下自己的好朋友？你们是怎么认识的？

（预设：学生回答，我的好朋友是×××，我们从幼儿园到小学都是同学，特别要好；我的好朋友是×××，我们都喜欢玩遥控赛车；等等。）

师：在同学们的介绍中，我们知道了有的是因为从幼儿园起就是同学成了好朋友，有的是因为共同的爱好成为了好朋友，还有的是因为同一天生日成为了好朋友……这就叫作——缘分！

比如三年前，如果你和朋友没有踏入同一所小学，同一个班级，也许就没有这段友情。可见，缘分是多么难得，每一段友情都值得我们好好珍惜。来，我们为朋友之间的缘分鼓鼓掌吧！

（学生热情鼓掌。）

三、情景讨论，理解友情

师：友情是需要我们好好经营的。有几位朋友在相处过程中遇到了一些困惑，想请你们来帮忙，他们是谁呢？我们一起来认识一下。（课件出示：马小跳和他的伙伴们唐飞、张达、毛超）

1. 当朋友需要帮助时

（课件出示：唐飞生病，一连几天没有来上学。）

师：如果你是马小跳，你会怎么做？

（预设：学生回答，如果我是马小跳，我会打个电话问候唐飞；我会帮唐飞补课；等等。）

师：如果你是唐飞，你会怎么想？

（预设：学生回答，马小跳来探望我，那我病好得也会快点的；我觉得心里很温暖；等等。）

师：朋友的关心（板书：关心）就像一股暖流，会让生活变得温暖美好，这就是友情的意义。

2. 当朋友犯错时

（课件出示：默写的时候，张达偷看语文书。）

师：如果你是马小跳，看到这一幕，你会怎么做？

（预设：学生回答，如果我是马小跳，我告诉老师；我会提醒他，不能偷看；等等。）

师：可是张达会想，我们是好朋友，你连这点忙也不帮我吗？你会怎么劝张达？

（预设：学生回答，张达，这个是假成绩，是你偷看来的，你不能这样做，我是为了你好；张达，我是为了帮助你，虽然这次没有默出，但你好好复习，下次就会了；等等。）

师：是啊，朋友之间需要帮助，但只有帮助朋友改掉缺点，使他进步，这才是真正的帮助。（板书：帮助）

3. 当朋友间有误会时

师：马小跳和毛超准备一起参加校运动会，约定共同冲向终点，当并列冠军。为了实现这个目标，他俩约好早上一起训练。为此，马小跳穿上了重重的狗熊外套，增加跑步的负重量。可约好的毛超却不来训练了，该事被班干部告诉了老师。这不，毛超来了。请看视频——

（观看视频。视频简介：毛超误认为是马小跳向班主任告密，两人产生了误会，马小跳生气地说，不想和毛超做朋友了。）

师：马小跳和毛超为什么会吵架啊？如果是我们，我们该怎么办？

（预设：学生回答，如果我是马小跳，我会好好问毛超，了解究竟发生了什么事；我不会随便对毛超说"你不是我朋友"这样的话；等等。）

师：后来又发生了什么？我们一起来看一看。

（观看视频。视频简介：在马小跳爸爸的点拨下，马小跳发现毛超是为了照顾流浪的小狗才没来训练，原来这是一场误会。）

师：如果你是马小跳，现在你会怎么做？同桌之间交流。

（同桌交流。）

师：正像马小跳爸爸说的："一个人最大的幸运，就是能有个特别要好的朋友。你们要是能当一辈子好朋友，那你们就是世界上最厉害的并列冠军。"朋友之间要互相信任。（板书：信任）如果因为一个小小的误会就失去一段珍贵的友情，那多可惜啊！

四、合作游戏，体会信任

师：现在我们一起来做个小游戏，感受信任的力量。请一位同学蒙上眼睛，在全班同学的指引下，绕过障碍物，抵达终点。我们来看看游戏规则。（课件出示）

游戏规则

1. 一位同学蒙住眼睛，在全班同学的指引下，绕过障碍物，走向终点。

2. 全班同学不能说话，只能用声音提醒。连续的脚步声表示前进，一步一步的脚步声表示后退，拍桌子的声音表示向左，拍手的声音表示向右。

师：开始游戏，请全班同学发指令。

（预设：全班同学发指令，你一言，我一语，声音嘈杂，意见不一，活动失败。老师请被蒙眼的同学指定一位好朋友来引导。好朋友指挥全班发指令。动令一致，指向明确，活动获得成功。说明：第一次获得成功，不需要再进行第二次的活动。）

师：信任，会帮助彼此走向胜利，走向成功，也会使友情变得更加牢固，更加美好·

友情如同一棵树（板书：树），关心、帮助、信任就如同有力的枝干（板书：当场绘画，把关键词连成一棵树的形状），撑起了这棵茂盛的友情树。

五、分享故事，感恩友情

师：每个人都需要友情。当我们遇到困难时，是朋友给了我们关心和帮助；当我们和朋友争吵时，一声真诚的道歉，会让误会烟消云散……你们有什么心里话要对你们的朋友说吗？

（预设：学生回答，生病的时候，是好朋友每天帮自己抄记事本；不开心的时候，是好朋友安慰自己；摔跤了，是好朋友扶起自己去了医务室；等等。）

师：友情给予了我们温暖、信心、力量和勇气，这让我们无比感激。

六、完成绘本，提升感悟

师：今天，我还带来了一个绘本故事《我有两个朋友》，但还没有完成，想请大家一起来帮忙。（课件出示）

我有两个朋友，我很爱和他们玩。可是一个朋友不会关心我今天是否来上学了，一个朋友会向老师询问我为什么没有来上学。

师：你们喜欢哪一个朋友？
（预设：学生回答，后面的朋友，因为他关心我；我们要关心同学；等等。）
师：很好。关心同学很重要。现在再看（课件出示）：

一个朋友想让我放下没有完成的作业陪他玩，一个朋友会耐心等我完成作业后陪我玩。

师：你们喜欢哪一个朋友？
（预设：学生回答，后面的朋友，因为他能等我；我们要学会从朋友的角度思考；等等。）
师：真棒。要学会从他人角度考虑事情，不能只顾自己的感受。现在再看（课件出示）：

一个朋友会借给我作业抄，一个朋友看到我抄作业就说不能抄……

师：你们喜欢哪一个朋友？
（预设：学生回答，后面的朋友，因为他真帮助我；前面的朋友没有帮我解决我的困难；等等。）
师：同学们，也许有同学认为，前面的一位同学讲义气、够朋友。但老师要说，抄作业是不对的。我们要把题目真正地弄懂弄明白，就应该自己完成作业。如果不懂，可以讨论，可以请教老师、同学，但不能抄作业。现在我们请同学们来续写这个故事，看看还有哪些事需要我们关注，需要我们学习。一会儿我们进行交流。
（学生创作。）
师：现在我们进行交流。
（预设：学生回答，一个朋友看到我摔倒了只是大叫了一声，一个朋友连忙把我扶起；一个朋友从来不知道我的生日，一个朋友会在生日那天送我一张贺卡；等等。）

师：原来，一个朋友其实是普通的朋友，一个朋友才是真正的朋友。朋友啊，不仅仅只是一起玩……

孩子们，老师祝福你们拥有真正的朋友，也希望你们做别人真正的朋友！愿你们彼此用真诚浇灌出根深叶茂的友情树！

点评

重视情景思辨题的设计

班主任上好主题教育课，应重视情景思辨题的设计。情景思辨题，也叫情境思辨题，它是班主任采用文字题、图片题、图文结合题、视频等形式，巧设情景，通过对特定情景的判断、处理，甚至辩论，来检测、提升学生的认知水准的题目。

这节课的第三部分是"情景讨论，理解友情"，这是一道综合的情景思辨题。孙老师以马小跳和他的伙伴们唐飞、张达、毛超之间的故事为特定情境，组织学生讨论。

这道题的设计有三个特点：

一是情景思辨题的主角为故事人物。故事人物的选择有一定的假设性，便于同学们充分发表意见，但这一故事又来自生活，有很大的"似曾相识性"，从故事人物身上，学生可以看到自己的影子。这种题目具有明确的教育意义。现在还有老师将情景思辨题的主角设计为动漫人物，这也是可取的。这一设计启发我们，情景思辨题的主角应该贴近学生生活。

二是孙老师以这一故事，设计了三道具体的题目，分别为"当朋友需要帮助时""当朋友犯错时"和"当朋友间有误会时"。围绕这三个题目组织学生逐一讨论，让学生明确了"关心""帮助""信任"如同有力的枝干，撑起了茂盛的友情树。这一设计启发我们，每一题都要有一个重点，而且各有侧重，这样可以对话题进行比较深入的讨论。

三是孙老师在组织情景思辨题的讨论时，运用了图片、视频等多种表现手法来讲述故事，引起学生关注，从而提高他们参加话题讨论的积极性。这一设计启示我们，情境思辨题的表现形式应做到多样，避免单一，从而不断调动学生参与的积极性。

如何巧妙设置特定情景来检验、促进学生认知的提升，孙老师设计的情景思辨题给我们提供了很好的借鉴。

15 从小学理财

（理财话题）

上海市长征中心小学　侯红梅

设计背景

　　说到理财，绝大多数人都会认为那是成年人的事情，跟小孩子无关。其实，理财不仅仅是赚钱，更是一个人一生的功课，理财能力是现代社会每一个人都应该具备的基本能力。著名理财专家刘彦斌说："一个人一生中离不开三件事：健康、法律和财务。"当今许多国家对理财教育非常重视，将其作为一项重要的教育内容付诸实施。美国更是从孩子踏进幼儿园起，就让他们接受有关理财的知识。

　　而我们在日常生活中，常常认为孩子们只要好好学习就行了，赚钱是大人们的事。大部分家长宁愿自己省吃俭用也要尽量满足孩子的要求，放任孩子消费。因此，造成了孩子对劳动创造财富理解不足。更有调查表明，小学生的零花钱、压岁钱来得容易，也使得他们花钱没有计划，乱花钱的现象十分严重。因此，在小学阶段开展理财教育，根据小学生对钱的认识水平，及时引导、帮助他们树立正确的理财观念，掌握基本的理财技能和方法，从而树立正确的消费观、价值观和人生观是十分必要的。

教育目标

・指导学生学习理财的基本知识。
・培养学生正确的消费观念，学习有计划地做事。
・帮助学生学习和体验简单的理财方法，培养学生理财的能力。

课前准备

・收集谜语，下载视频《压岁钱该怎样花》等资料。

·制作课件。

一、猜谜导入

师：今天我们来猜一个谜语：金加一戈（打一个字），这个谜底是——

（预设：学生回答，钱。）

师：很好，这是用的"会意法"，金加一戈，组成了"钱"字。

那你们了解"钱"吗？下面老师先讲一讲有关钱的知识。钱又称"货币"，是一种支付工具。古时候，人们用海边的贝壳作为交换日常用品及价值计算的标准。后来，容易碎裂的贝壳演化成了钱币，再后来，人们又发明了纸质的"钞票"，这样携带、使用起来更加方便。现在，我们的生活中除了直接能用钱来购买想要的东西以外，还可以用什么来买东西？

（预设：学生回答，银行卡、信用卡、购物卡等等。）

师：这些我们称之为"塑胶货币"，有了它们，我们不用带一大堆钱出门了，安全又方便。钱有什么用呢？

（预设：学生回答，买东西吃；交过路费；买衣服；买文具；等等。）

师：生活中，我们的衣食住行离不开钱，我们的休闲娱乐离不开钱，我们的学习离不开钱，我们健身看病离不开钱，甚至有时候帮助他人献爱心也离不开钱。随着生活水平的提高，我们的同学手中也有了钱，那么怎样才能用好钱，管理好钱呢？

这节课我们就一起来聊聊理财的话题。（课件出示：理财）

二、讲述双胞胎兄弟的消费故事并讨论

师：有一位三年级的小朋友啊，最近心里总觉得有点烦。要问为什么呢，那还得扯上他的双胞胎哥哥。事情是这样的：这学期开始，妈妈每月给兄弟两人每人十元钱的零花钱，让他们自己安排买些学习用品什么的。可是总是没几天弟弟的钱就花光了，而哥哥还有。

这是怎么回事呢？我们来看看他们买的东西（课件出示）：

弟弟：饮料 2.3 元　薯片 3.7 元　游戏卡 4 元　　结余 0 元

哥哥：饮料 2.3 元　活动铅笔 5.7 元　　结余 2 元

师：同学们，请你们说一说，你们对这兄弟俩使用零用钱购买的东西有什么看法？

（预设：学生发表自己的意见，略。）

师：花钱要有打算，不该买的东西不买，要理性消费。（课件出示：理性消费）消费时你们够理性吗？比如超市里搞活动"买一送一"时，你会去购买吗？

（预设：学生回答，略。）

师：看来同学们消费时都懂得要理性。让我们再来看看，双胞胎弟弟和哥哥第二个月的零用钱使用情况（课件出示）：

弟弟：铅笔 3.2 元　卷笔刀 6.8 元　　结余 0 元

哥哥：活动铅芯 2 元　书 6 元　　结余 2 元

师：弟弟这回没有乱花钱，可是他也没有钱买他也喜欢的书了，只能羡慕地看着哥哥，这又是怎么回事？

（预设：学生小组交流，略。）

师：不是做到不乱花钱就是会理财了，理财要学会精打细算。（课件出示：精打细算）你们有哪些省钱的妙招呢？

（预设：学生交流省钱的妙招，如网购、团购、拼客族、废物利用等等。老师相随机指导。）

师：省钱即是赚钱，精打细算是理财的重要一步。故事还没有结束，小区里发起了爱心捐款活动，兄弟俩知道了，都很想表达一下自己的爱心。哥哥马上拿出了自己攒着的 4 元零花钱，可是弟弟只能是心有余而"钱"不足了。从中你们又学到了什么？

（预设：学生回答，平时要有一定的钱，留着备用，以便有急需时用。）

师：是啊，有点储蓄，一来可以应急，二来也可以用省下来的钱来买自己更需要的大件的东西啊。（课件出示：学会储蓄）一个小小的储蓄罐就能帮你养成储蓄的好习惯，当然攒的多了，还可以委托爸爸妈妈存到银行里去呢！让钱来生钱。

从刚才兄弟俩的故事里，我们学到了些什么？

（预设：学生回答，理性消费；精打细算；学会储蓄；等等。）

师：真好，这就是我们今天要学的：从小学理财。（课件出示：从小学理财）

三、观看视频《压岁钱该怎么花》并讨论

师：我们学生手头最多的钱可能就是压岁钱了，如何用好压岁钱呢？请看视频《压岁钱该怎么花》，同时思考自己会怎样选择。

（观看视频《压岁钱该怎么花》。视频简介：春节期间孩子们收到了压岁钱，但有些孩子花钱大手大脚，视频就这一问题提出家长、学校应关注孩子压岁钱的使用情况，从而进行必要的指导。）

（预设：学生讨论，略）

师：同学们谈了不少自己的看法。这里我想向同学们介绍网络上最推崇的压岁钱使用方法。（课件出示）

交学费。这样既可减轻家长的经济负担，也能培养自立精神和家庭责任感。

订购报刊、学习资料。这样可以开阔眼界、增长知识，养成爱读书的好习惯，还可以与小伙伴交换阅读的书报，增进彼此的情谊和知识。

购买学习用品及益智玩具。这样不仅能帮助自己学好功课，也有助于启迪思维，增长智慧。

献爱心、捐给希望工程。为贫困落后地区的小朋友奉献爱心，帮助失学少年儿童上学，开展一帮一活动等。

给长辈或孤寡老人赠送小礼物。在长辈或孤寡老人生日时或者有意义的节日里，送点经济而有意义的小礼物。

购买大件物品。用压岁钱购买一些耐用的大额消费品，比如电脑啊、乐器啊、运动器材啊。这样，会相当的有成就感哦！

四、讨论：这样挣零花钱可以吗？

师：通过刚才的学习，相信大家对如何花钱有了一些新的认识。但我们不仅要会花钱，还要会挣钱。因为花钱首先得有钱，我想问问，你们的钱从哪里来的呢？

（预设：学生回答，压岁钱是攒出来的；零花钱父母定时给的；过生日时爷爷奶奶给的；卖废报纸书本攒的；学习成绩好时爸爸妈妈奖励的；等等。）

师：美国许多家庭的父母支持孩子独立，鼓励孩子从小尝试打工，让他们享受劳动成果。在美国，家庭不论贫富，家长总是让孩子在不同阶段的生活中学习独立，养成"用劳力换取所得"的观念。因此，大多数的美国孩子

们很习惯打工，小至在家洗碗、扫地或帮邻居做临时保姆，大到给其他学生做家教等等，只要是可以赚钱的活儿，他们都会鼓励孩子去做。美国的家长们要让孩子从小明白一个道理，那就是——劳动创造财富。（课件出示：劳动创造财富）

师：钱不是凭空就有的，都是辛苦挣来的，所以我们从小就要树立劳动创造财富的观念，通过自己的劳动来创造财富。那么是不是在家里做所有的事，都要向爸爸妈妈要钱呢？不给钱就不做，这样对不对？

（预设：学生回答，不对。）

师：老师这里还有个故事。有个学生名叫小菲，是班里的学习委员，平时学习成绩好，做功课速度快，正确率高，所以经常有很多同学问她功课，有时几个人一起问，她都不知道先帮助谁好。这时有个同学就提出给她 2 元钱，让她先教自己，她犹豫了一下，见不好推却，就收下了。你们觉得她这样做，好吗？

（预设：学生回答，不好，因为帮助同学不能收费；可以，因为求助的同学是自愿的；等等。）

五、故事分享:《妈妈的账单》

师：金钱是生活中必不可少的，但是钱并不是万能的，有很多的东西，比如亲情和友谊，都是无价的，不能用金钱来衡量。现在我们来学习一个故事——《妈妈的账单》。

小彼得是一个商人的儿子。有时他会到他父亲做生意的商店里瞧瞧。商店里每天都有一些收款和付款的账单要经办。彼得经常被派去把这些账单送往邮局并寄走。他渐渐觉得自己似乎已成了一个小商人。

有一次，他忽然想出了一个主意：开一张收款账单给他妈妈，索取他每天帮妈妈做事的报酬。

一天，妈妈发现她的餐盘旁边放着一份账单，上面写着：

母亲欠她儿子彼得如下款项：
取回生活用品 20 芬尼 ①
把挂号件送往邮局 10 芬尼
在花园帮助大人干活 20 芬尼

———————————

① 注：芬尼为德国老旧的铺币或纸钞单位，1 马克 =100 芬尼。

彼得一直是个听话的好孩子 10 芬尼
共计：60 芬尼

彼得的母亲仔细地读了一遍，然后收下了这份账单，什么话也没有说。

晚上，小彼得在他的餐盘旁边找到了他想要的报酬。正当小彼得如愿以偿，要把这笔钱收进自己的口袋里时，突然发现餐盘旁边还放着一份给他的账单。他把账单展开读了起来。

彼得欠他的母亲如下款项：
在她家里过的十年幸福生活 0 芬尼
他十年中的吃喝 0 芬尼
他生病时的护理 0 芬尼
他一直有一个慈爱的母亲 0 芬尼
共计：0 芬尼

小彼得读着读着，感到羞愧万分。过了一会儿，他怀着一颗怦怦直跳的心，蹑手蹑脚地走近母亲，将小脸蛋藏进了妈妈的怀里，小心翼翼地把那 60 芬尼塞进了她的上衣口袋。

师：这则故事告诉我们，亲情是难以用金钱来计算的。在我们成长的路上，父母给予了我们许多爱。我们要感谢父母，用自己的努力来回报父母。钱是重要的，但不是万能的。亲情、友谊、团结、理想等都不是用钱就能买到的。

六、学习理财名言

师：我们在学习理财时，对金钱要有一个正确的认识，让我们再来学习几句理财名言吧！（学生一起诵读）

（1）省一分钱等于挣一分钱。

（2）致富的奥秘在"节俭"二字。

（3）不浪费，不会穷。

（4）智慧生财。

七、总结全课

师：是啊，"理财"包括两个方面：一个是赚钱，另一个是花钱。我们从小要树立正确的消费观念，学习理财本领，为将来做好准备。如果我们是一个有头脑、有准备的聪明人，将来的成功离我们还会远吗？让我们从小就开始——学理财。

八、布置作业

师：老师这里有一张"我的消费记录"，请大家根据自己今天所学的知识，有计划地合理使用自己的零花钱并做好记录。一个月以后的班会课我们再作一次交流，好吗？

好！下课！

点评

研究新话题

生活中，有些话题是新话题，比如理财问题、手机话题、网络话题、中国梦话题，等等。对于新话题，有些老师有意回避，认为比较难。我认为，加强研究新话题，可以帮助我们解决新问题，迎接新挑战，同时也有利于提高自己的能力，享受研究的乐趣。

要解决好新话题，老师要给出切实的指导意见。本课侯老师通过讲故事，引导孩子们认识到要"理性消费""精打细算"，学会储蓄，学会"节流"，同时又用"劳动创造财富"，帮学生树立"开源"的意识。

要解决好新话题，老师要思考新问题的复杂性。对帮家长做家务，侯老师估计到可能产生"事事计较"的问题，因此特意介绍了故事《妈妈的账单》，以便说明父母的爱不能简单地用金钱来计算，我们帮家长做事不能斤斤计较，同时根据今天社会上过于看重金钱的现象，强调"没有钱是不行的，但钱不是万能的"。以此为出发点，侯老师组织学生讨论生活中有哪些东西是金钱买不到的。

要解决好新话题，老师要敢于实践，乐于研究。当时我的工作室对外开课时，侯老师借班上了这节课。这一话题引起了许多老师的兴趣，大家的建议、意见、质疑，也促进、丰富了我们的思考。在研讨中大家对这一话题的认识也不断提高。我认为，这就是研究新话题的价值所在。

16 复习与考试

（学习方法话题）

广东省珠海市香洲区第十五小学　王秀菊

设计背景

子曰："温故而知新，可以为师矣。""学而时习之，不亦说乎？"这都说明了复习的重要性。复习是学生对学习内容进行归纳整理、吸收提高的过程，可以查漏补缺，可以融会贯通，使知识系统化。而考试则是对学生所学知识的检测，有利于知识的巩固和能力的提高。指导孩子学会考试，有利于培养学生的自信心，提高学生的学习兴趣，也有利于学生快乐地学习。

小学四年级开始，学生的学习任务逐渐加重，指导孩子学会复习、学会考试，对学生的成长有着积极的作用。这节主题教育课关注孩子的学习状态，关注孩子的复习方法，关注学生的考试心态、技能，通过给复习支招，给考试支招，让学生不再厌恶复习，不再惧怕考试，这将对孩子以后的学习生涯起积极的指导作用。

教育目标

- 通过对复习方法的指导，帮助学生了解、掌握正确的复习方法。
- 通过对考试方法的指导，帮助学生了解、掌握科学的考试方法。
- 指导学生调整好心态，正确对待复习和考试。

课前准备

- 开展学情调查，了解学生的复习和考试情况。
- 收集、总结复习方法。
- 收集、总结考试方法。
- 制作课件。

一、视频导入

师：同学们，考试是我们每个同学在求知路上必须体验的，我们也经历了许多考试。现在我们来看一段视频，看看小聪同学是怎样考试的。

（观看视频。视频简介：在一次考试中，小聪同学抓耳挠腮，念念自语："这道题我不会做啊，怎么办啊？想不出来呀"！）

师：看了这段视频，同学们都乐了。你们想对小聪说点什么吗？

（预设：学生回答，考试时要镇静；平时要听讲；平时要复习好；等等。）

师：同学们说得很好。确实，要取得好成绩，我们就要抓好学习的五个环节：预习、上课、作业、复习、考试。今天，老师想和同学们聊聊复习和考试。（出示课题：复习与考试）

复习是取得好成绩的有力保证之一，复习方法的优劣决定着考试成绩的高低。你们有什么好的复习方法吗？

（预设：学生回答，可以多背诵；多默写；还可以多做题；等等。）

二、指导复习的方法

师：你们在小学已经学习了三年，都有了自己的复习体会。

著名的心理学家艾宾浩斯提出的遗忘曲线图（课件出示：艾宾浩斯的遗忘曲线图）告诉我们，人们在学习中的遗忘是有规律的。遗忘的进程很快，并且是先快后慢。观察曲线，你们会发现：学得的知识在一天后，如不抓紧复习，就只剩下原来的34%。随着时间的推移，遗忘的速度减慢，遗忘的数量也就减少了。

有人做过一个实验，两组学生同时学习一段课文，甲组在学习后不复习，一天后记记住了学习内容的34%，一周后只剩13%；乙组按艾宾浩斯记忆规律复习，一天后记住了学习内容的98%，一周后为86%：乙组的记忆率明显高于甲组。因此复习在学习中十分重要。

复习分为及时复习和阶段复习两类。所谓及时复习，指每天的复习，每天的作业就是非常重要而且有效的复习；阶段复习，通常指一个月或半个学期的复习，由于这常和考试相关，因此阶段复习也称考前复习。

复习中方法很重要。今天，老师想和你们聊聊复习方法。

说起复习方法，人们常说到"贝多芬"和"爱默生"，应该说这是两个基本的复习方法。"贝多芬"就是"背多分"。大音乐家贝多芬大家都很熟悉，借他的大名，人们戏称"背多分"为"贝多芬"。哪个同学知道这一法宝要求我们怎么做呢？

（预设：学生回答，就是要多背，多背才能得高分。）

师：该背的，一定要背熟。俗话说："熟读唐诗三百首，不会作诗也会吟。"说的就是熟读成诵的影响。"爱默生"，则是指有个大思想家叫爱默生，人们从他的名字上受到启发，获得了一条复习的绝招。哪个同学说说这一法宝的特点是什么？

（预设：学生回答，就是爱默写生字、生词。）

师：这两个方法真的很管用。但今天老师还想教你们新的招数。

1. 放电影

师：老师特别爱看电影，也特别喜欢"放电影"。每天晚上写作业前，就像放电影一样，把白天学的内容再回放一遍，这跟看电影一样有趣。你们能不能把当天的内容流畅地在脑海中播放一遍呢？如果可以，这说明你们对知识的掌握已经非常牢固了。如果不能，应该怎么办呢？

（预设：学生回答，看书；查找笔记；等等。）

2. 找陷阱

师：由于每个人的复习时间总是有限的，要想事半功倍，轻松复习，就要学有方法，即花点心思从平时的作业中、从考试的试题中寻找"陷阱"。作为老师，我在出题时，很喜欢出你们容易写错的字、容易忽略的地方。所以，在复习的时候，我们就要知道，易错的字、易忽略的地方，就是考试路上的陷阱，要想考试成功，你们就要花点力气把这些容易出错的地方找出来，把这些陷阱填埋掉，重点突破。你们知道哪些是易忽略、易错的陷阱吗？

（预设：学生回答，上课时老师多次强调的题目；自己做作业时错的题目；等等。）

3. 奔靶心

师：复习时，不能眉毛胡子一把抓，分不清轻重缓急，而应该有所侧重，要直奔靶心，抓住重点来复习，这样才会有的放矢。比如语文的复习，可以分为字词基础、课内阅读、课外阅读、习作等几大类。基础知识需要重复识记，该听写的听写、该背诵积累的就去背诵积累，这些是可以在短时间内取得成效的；课外阅读则是功夫在平时，仅靠复习时的临时抱佛脚是不行的，所以这一类内容可以稍微少花一点时间。如果复习时间比较紧，尽量把基础知识掌握充分。在复习中，你们又是怎么做的呢？

（预设：学生回答，我会把老师讲的重点、难点记下来，多复习几遍；我会准备错题集，重点研究；等等。）

4. 串成链

师：错题集是"奔靶心"的有效做法。不少学霸都善于利用错题集，因为人犯错可能是习惯性的。我们常说，不要犯相同的错误，但在实践中，人们容易犯相同的错误，因此必须强力"纠错"。

我们在复习时，还要学会瞻前顾后，左顾右盼，将知识由点串成串，变成知识链。这样形成知识网络，便于记忆。如在复习中，可以玩"超级联想"游戏。联想法是我们复习的拐杖，这让我们的知识网更清晰。如出示"看"，同学们可以由"目"联想到的字有：瞟、瞪、盯、瞧、瞥；由"不同方向"可以联想到的词语有：俯瞰、仰视、远眺、近观、昂首、低头、左顾右盼、东张西望等。现在我们请每组出两位同学进行写出"想"的近义字和联想出的词语比赛。

（学生进行比赛。老师随机讲评。）

三、指导学生掌握考试的方法

师：复习好了，是不是一定会考出好成绩呢？也未必，这还要看考试现场的发挥，也就是在考试的过程中你是怎么做的。下面我们就来看看老师收集了哪些考试妙招。

1. 搬运工

师：对于小学的考试，特别是语文、英语的考试，我们很多时候就好像是搬家公司里面的搬运工。搬运工在搬家的时候，要把客厅的东西搬到客厅，主卧的东西搬到主卧。但搬家时，搬运工是根据主人的指令来搬的。同理，考试时我们需要具备慧眼，根据题目要求进行，从而小心、谨慎地完成任务。考试时，你们做过搬运工吗？

（预设：学生回答，做过，在做题目的时候，先找到问题所在的句子，答案一般在之前或者之后，仔细分析就可以找到。）

2. 抓题眼

师："题为文之眼"。不光语文的阅读题是这样，任何科目的题都是这样，需要我们认真审题，抓住题眼，深入思考。在考试的时候，为了防止跑题、离题、偏题，我们也不妨抓住题眼来进行拓展训练。如在写作文时，我们要抓好作文的文眼，才能审好题。如作文题《让我感动的一件事》，中心词是

"感动"，你们在考试时就要围绕"感动"来选择素材。你们能举个例子吗？

（预设：学生回答，考试数学时，也要从审题抓起，拿到一个题目后，要看看已经知道了哪些条件，可以推理出哪些条件，从而找到解决问题的方法。）

3．会检查

做完第一遍试卷后，可能会有很多由于粗心而导致的错误。因此，还有很重要的一关需要关注，就是要细心检查。检查时针对自己拿不准的题目，我们可以重新做一遍。如果时间充足的话，我们还可以从头开始再做一遍，以确保万无一失。

四、学习考试歌

师：在多年的教学中，我还编制了一首考试歌，许多同学感到很有帮助。现在，我们也一起来学一下。（师生一起诵读）

考试歌

进入考场，自信首要；接到试卷，切勿急躁。
按照要求，写好考号；字迹端正，莫要潦草。
卷面整洁，笔要备好；速度求快，时间确保。
仔细审题，取胜之道；由易到难，步步登高。
选择填空，一锤敲牢；写好作文，周密思考。
遇到难题，抓大放小；检查复验，不可缺少。
走出考场，该科丢掉；勿对答案，减少干扰。
转向下科，复习有效；坚持到底，眉开眼笑。

师：进入考场，自我心理暗示也非常重要。请跟我大声说："我能行！""我很棒！""我能做得更好！"

（预设：学生一起大声说，"我能行！""我很棒！""我能做得更好！"）

五、情景思辨，讨论怎样复习与考试

师：同学们，我们刚才交流了复习与考试的有效方法。现在有以下的情景思辨题，你们认为该怎么做呢？我们一起来讨论。先看情景思辨题1（课件出示）：

王帅说："已经知道了很多复习与考试的方法，我感觉自己已经复习得很好了，总是这样复习，很烦啊！"你能为王帅支招吗？

（预设：学生回答，可以根据自己的兴趣爱好来选择复习的方法，比如有同学喜欢音乐，可以把喜欢的诗变成一首歌，这样就会轻松很多；在复习的时候，可以给自己创造一些乐趣，发明一些文字游戏，比如单词接龙之类；等等。）

师：同学们说得很好，其实这是复习心态的问题。复习的时候，我们要调整好自己的心态，首先要虚心，认识到自己可能还有知识点没掌握好，这样才能在复习时深入钻研，仔细琢磨。其次要尝试不同的方法，化枯燥为乐趣，这会让复习更有效。另外我们还可以做一些模拟题，利用它来调整自己的心理状态，并提高自己的应试技巧。再看情景思辨题 2（课件出示）：

小龙同学复习很长时间了，可是感觉还很凌乱，这该怎么办呢？

（预设：学生回答，要做好复习计划；要有复习的重点内容，比如名著的篇目等；用好错题本，解决存在的问题；等等。）

师：同学们说得很好。复习时我们还要学会归类，将课堂上、书本里散装的、零散的知识，加工整理，将之变成自己的知识。这就是归类法。例如，我们可以把常用的十二种标点符号分类整理，列成一张表，形成知识树。这样逐类归纳，我们一定会有许多收获的。现在再看情景思辨题 3（出示漫画）：

小明考试中遇到了难题，他抓耳挠腮。突然他伸长脖子，好像"长颈鹿"，去偷看同学的试卷。请问你想对小明说什么？

（预设：学生回答，考试不能作弊；这次没有考好没有关系，吸取教训，以后会考好的；等等。）

师：同学们说得非常好。考试不仅能检验我们所掌握的知识，还是我们品德的试金石。诚实获得的分数才是自己的分数，任何作弊的行为都应该受到谴责。而考试的成绩和平时的听讲、考前的复习也有着密切的关系，相信学会了复习，我们也就学会了考试。

六、总结全课

师：这节课，我们一起学习了放电影、找陷阱、奔靶心、串成链等指导复习的方法，学习了搬运工、抓题眼、会检查等考试方法，还学习了考试歌，进行了情景思辨，你们学得积极投入。有付出就会有收获，老师祝愿你们运用好这节课学会的方法，取得好成绩！

点评

编制口诀

本课及本书中多次出现老师编制的口诀。实践证明，这是小学班主任上好主题教育课的有效方法。

口诀，原指道家传授道术时的秘语，现在多指根据事物的内容要点编成的、便于记诵的语句。

根据小学生的认知特点，朗朗上口、熟读成诵的口诀，既有利于他们当场的学习，又有利于他们日后的巩固，也有利于老师的检查。

口诀可以自编，也可以在已有口诀的基础上改编。编制口诀的要点，一是要准确概括所讲内容的要点，二是要注意句式整齐，三是要注意句尾的押韵，但不要因词碍义，因为表达的准确更重要。

主题教育课上，老师可以先介绍口诀，逐一讲解，也可以在讨论的基础上，概括介绍口诀。比较简单的口诀，还可以要求学生当场熟读成诵。但老师们要注意，口诀的收集和编制在于平时的积累。

17 和时间精灵交朋友
（时间话题）

上海市宜川中学附属学校　葛　瑛

设计背景

"明日复明日，明日何其多！我生待明日，万事成蹉跎。世人皆被明日累，春去秋来老将至。朝看水东流，暮看日西坠。百年明日能几何？请君听我《明日歌》。"这首《明日歌》情深意切，广为流传。著名哲学家培根也告诫我们："合理安排时间，就等于节约时间。"从古至今，对如何珍惜时间、合理利用时间，许多名人都有精辟论述。

学会珍惜时间、合理安排时间对我们来说非常重要。小学四年级的学生，正处在由中年级进入高年级的过渡期，这一时期也正是掌握科学的学习方法，不断提高学习质量的有效阶段，也是养成良好学习习惯的重要时期。班主任应通过主题教育课和日常的生活指导学生增强珍惜时间的意识，从而指导学生合理利用时间。这对学生的学习生活乃至将来的发展大有裨益。

教育目标

· 增强学生珍惜时间的意识，加强对时间重要性的认识。
· 指导学生学习合理分配时间，掌握惜时方法，养成良好的学习习惯。

课前准备

· 收集有关时间的视频。
· 准备教学进度计划表。
· 准备课程教案。
· 收集某学生周六一天的时间安排表。
· 收集名人珍惜时间的小故事。

一、猜谜导入

师：同学们，今天我们先来猜一个谜语："世界上有一个奇怪的银行，它给每个人都开了个账户，每天都往大家的账户上存入同样数目的资金，让你当天用完，并不准把余额记账，也不准预支和超支。如果用不完，资金第二天就自行作废。请问，这个银行每天给我们存入的是什么东西？"

（预设：学生回答，时间。）

师：是的，谜底就是时间，这家银行就是生活。时间看不到，摸不着，从我们的身边悄悄走过，从不会为任何一个人稍作停留。因为有了时间，我们的世界在不知不觉中变化着，我们的生活无时不无刻地存在着时间的印记。

二、观看视频，走近时间精灵

师：现在让我们来观看一段视频，让我们一起看看时间对我们而言有怎样的意义。

（观看视频《时光飞逝》。视频简介：该视频由《时光飞逝之阳台篇》《一个耗时两年的植物生长镜头》剪辑编制而成，反映了阳台上一天时光飞逝的变化和两年来某片丛林中植物生长的变化。）

师：时间是神奇的，世界因为有了时间而如此精彩，但是也有人因为时间而感到困扰，让我们再来看一段视频吧。

（观看视频《死神的账单》。视频简介：一名男子去世前遇到死神，他后悔光阴飞逝，想要再留一点时间看看这个世界。死神给男人算了一笔时间账，原来男子已浪费了太多的时间，虽然男子悔不当初，但只能被死神迅速地带走。）

师：这段视频启示我们，一定要珍惜时间。现在让我们一起闭上眼睛感受一下一分钟有多久吧。

（在"滴答滴答"的钟声中，全体学生闭眼感受一分钟有多久。）

师：好，一分钟时间到。现在请同学们谈谈你们的感受。

（预设：学生回答，时间很短；时间有点漫长；等等。）

师：其实，大家拥有的时间是完全相等的，但是不同的人却有完全不同的收获。老师悄悄地告诉你们，在我们的生活中，有一位时间精灵，它具有神奇的魔法，能够把时间"变长"。今天，我们就要和时间精灵做朋友，向时间精灵学习魔法。

三、时光宝贵要珍惜

师：时间精灵到底具有怎样的魔法呢？让我们先来听一听名人们是怎么说的：

一万年太久，只争朝夕。

——毛泽东

时间是世界上一切成就的土壤。时间给空想者痛苦，给创造者幸福。

——麦金西

浪费时间是一桩大罪过。

——卢梭

敢于浪费哪怕一个钟头时间的人，说明他还不懂得珍惜生命的全部价值。

——达尔文

从这些名人的名言中，我们发现他们都掌握了时间精灵的魔法，因此他们可以在各自的领域里发光发热，为世界创造了宝贵的精神财富，而时间精灵只会对珍惜时间的人施展魔法。因此，想要让时间变长，我们首先要提高自己的思想认识。只有你愿意珍惜时间，精灵才愿意为你展示它的魔法，你也才能掌握它的魔法。这就是时间精灵的法宝之一：时光宝贵要珍惜。（课件出示：时光宝贵要珍惜）

四、事先安排有计划

师：同学们，这是老师在本学期开学前设计的一张英语教学计划进度表。（出示教学计划表）利用假期，我对本学期的教材进行了研究和分析，按照同学们的实际情况和教学课时进行了安排。开学后，我就按照这张表上的计划开展教学。这样比较好地掌控了教学时间，可以让同学们循序渐进地学习。

再来看这一张表，这是我每一节英语课上的课堂教学计划表（出示课堂教学计划表），上面清晰地写着本节课的教学计划，重、难点和具体的教学环节。只有这样，我才能够有效地把握好课堂的 40 分钟时间。这就是时间精灵的法宝之二：事先安排有计划。（课件出示：事先安排有计划）

现在，让我们想一想，在生活中哪些地方需要大家事先做好安排，以便提高效率呢？

（预设：学生回答，出门前事先做好交通路线查询，避免绕路、问路浪费的时间；上课前做好预习工作，听课更有效率；回家做家庭作业要有计划；等等。）

师：是呀，在做事时我们要有计划性，从而能胸有成竹，有条不紊，快速推进。

五、合理分配善利用

师：从古至今，从东方到西方，许多成功人士在惜时、用时上留下了许多佳话，老师和大家交流一下。

《资治通鉴》的作者司马光的枕头是用圆木做的，他读书困倦时就枕着圆木睡觉。只要一翻身，枕木就会滚动，人就会惊醒，他用这种方法来提醒自己，抓紧时间刻苦读书。

著名数学家陈景润给自己拟订出一张工作时间表，把一天24小时的分分秒秒都充分利用起来。即使在走路时，他也在读读背背，他的英文、俄文、法文、德文四门外语的单词，就是这样掌握的。

国外许多名人为了合理利用时间，不惜闭门谢客，留下了颇有情趣的故事。

素有"欧洲旅馆主人"之称的启蒙思想家伏尔泰，每天门庭若市，这使他不得安宁。无奈，他用装病来谢客。待客人一走，他就像孩子似的一跃而起，继续埋头创作。大文学家巴尔扎克为躲避频繁的来访者，有意颠倒昼夜作息。黄昏至子夜，正是巴黎人社交的黄金时间，而巴尔扎克却在呼呼大睡；当人们进入梦乡时，他却文思泉涌，在灯下奋笔疾书。

由此看来，时间精灵的法宝之三就是：合理分配善利用。（课件出示：合理分配善利用）当然有些名人的做法比较独特，难以效仿，但从中我们可以体会到，为了争取更多的时间，做更有意义的事情，大家们都各出奇招，归根结底他们都对时间进行了合理的安排和利用。因此，我们也要对时间进行合理的分配，并根据事情的特点进行有机排序。同时我们应注意用好零碎的时间。

现在有位小黄同学遇到了一个"难题"，请同学们帮小黄同学看看，时间该怎么安排才更妥当。

一天，小黄忘记完成昨日的英语作业便回家了，英语老师要求他中午补好；数学老师告诉他昨日的试卷订正后仍然有问题，对他指导后也要求午休时他重新订正。谁知 12 点一到，语文老师赶过来，要同学们默写课文，并预习课文，为下午语文课做准备。

这时，小黄的脑子里炸开了锅。补做英语，订正数学，默写语文词语，参与小组讨论。如果没有完成这些任务，他一定会被老师和家长批评的！但这么多的事情，他该怎么办呢？

（预设：学生回答，先完成英语作业，因为这是昨天的"欠债"；先完成数学作业，因为数学老师进行了指导；先完成语文作业，因为马上要默写；等等。）

师：大家的想法都有一定的道理！我认为小黄同学没有及时完成英语作业，这是不应该的；昨日讲评的数学试卷订正后仍然出错也是不应该的。现在事情很多，我们首先要冷静，不要自暴自弃，勇敢地面对困难，解决问题才是最重要的。现在在我们按照事情的轻重缓急来思考。首先，语文老师要进行全班默写，因此，小黄应该先和大家一起完成默写。其次，小组讨论的结果直接影响到下午语文课，所以排在第二位。在前两项完成的前提下，抓紧时间完成英语作业和数学试卷的订正，遇到不会的问题小黄应赶紧去请教同学或老师。如果时间实在来不及，他也可以和英语、数学老师商量，说明实际情况，利用下午课间或放学后留下来完成。

老师要强调的是，有少数同学做作业只贪图速度，胡乱涂写，不求甚解，结果还要返工，这其实是在浪费时间，得不偿失的。

六、我向精灵学魔法

师：现在，我们一起来回顾一下今天向时间精灵学习的魔法秘诀，那就是（集体诵读）：

时光宝贵要珍惜。
事先安排有计划。
合理分配善利用。

师：让我们大家跟随着时间精灵学习它的魔法，让时间在我们的手中变得长一点，多一点。其实时间精灵，还有着许多可贵的品质。例如：时间精灵勇于尝试和实践；时间精灵爱动脑筋，爱想办法。遇到问题时，我们也应该像时间精灵一样想办法去解决。在刚才的讨论中，我们班已经涌现出不少这样的同学了。

七、布置作业，总结全课

师：接下来，老师要给大家布置一个作业：这是小李同学周六一天的时间安排表。我请同学们在课后思考一下：这张安排表有没有可以改进的地方？如果有，请同学们把修改意见写在旁边。

小李同学周六作息表

时间段	事　项
8:00—8:30	起床、早饭
8:30—9:00	晨跑、打羽毛球
9:00—11:00	看动画片
11:00—13:00	午饭
13:00—18:00	做作业
18:00—19:00	晚饭
19:00—22:00	上网玩游戏、聊天
22:00—22:30	洗漱、睡觉

可以改进的地方：

_____

_____

师：同学们，岁月如梭，光阴如水，大家是否还记得我们一起走过的春夏秋冬？让我们来重温一下那些难忘的时光。（播放学生成长照片的课件）珍惜时间是我们生活、学习中有意义的事情。今天老师向同学们介绍了时间精灵的三个魔法，能不能掌握，就看大家的努力了。我希望同学们通过努力，成为时间的小主人。

下课！

点评

事实论据很重要

上主题教育课时，班主任要对学生晓之以理，动之以情，导之以法。其中说理时的事实论据是非常重要的。

在本文的"合理分配善利用"环节中，老师介绍了中外名人在惜时、用时上留下的许多佳话，给学生、读者留下了深刻的印象。

司马光读书困倦时枕着圆木睡觉，他用这种方法来提醒自己，抓紧时间刻苦读书；陈景润给自己拟订了工作时间表，走在路上，也在读读背背，充分利用了零碎的时间；伏尔泰用装病来谢客，待客人一走，他就一跃而起，继续埋头创作；巴尔扎克为躲避频繁的来访者，则有意颠倒昼夜作息，当人们进入梦乡时，他却在灯下奋笔疾书。

这些事实论据的运用做到了"充实"，四个例子体现了"古今中外"名人在惜时、用时方面的特点。

在寻找事实论据时，我建议老师们注意论据要具有以下四个特征：

新鲜。传统的例子固然广为流传，但新鲜的例子更吸引人。

生动。介绍例子时力求语言生动。

丰富。我主张举例要多一点，可点面结合，详略结合。

典型。所举例子要有代表性，要有说服力。

主题教育课事实论据要"充实"的要求，促使班主任平时加强阅读，注意收集新鲜、生动、丰富、典型的素材，而这是班主任应具备的一项基本功。

18 我们从小爱科学

（科学教育话题）

湖北省监利县黄歇口镇中心小学　邓从新

设计背景

《全民科学素质行动计划纲要》（2006—2010—2020 年）明确指出"完善基础教育阶段的科学教育，提高学校科学教育质量，使中小学生掌握必要的和基本的科学知识与技能，体验科学探究活动的过程与方法，培养良好的科学态度、情感与价值观，发展初步的科学探究能力，增强创新意识和实践能力。"

小孩子天生就充满好奇心和想象力，每一个孩子都可以在科学研究上有所成就。小学阶段是培养儿童科学兴趣的重要时期。因此，科学教育必须从娃娃抓起，从基础教育抓起。

有调查显示，学生在小学阶段原本是热爱科学的，但是，由于小学科学常被视为"副科"，学校也缺乏专职的科学教师，实验条件更是没有保证，学生的科学兴趣得不到发展。因此，班主任应通过主题教育课，训练学生的科学思维，培养学生的创新意识，增强学生的科学探究精神。

教育目标

·增强学生"崇尚科学文明，反对愚昧迷信"的意识，培养学生关注身边的科学、探究身边科学的兴趣。

·引导学生将课堂中学到的科学知识运用到生活中，由"学"科学向"做"科学、"用"科学转变，不断增强自己的科学能力。

课前准备

·收集神舟 10 号航天员王亚平太空授课视频，并做必要的剪辑。

·搜集科学家的故事。

·制作课件。

一、观看太空授课，领略科学魅力

师：同学们，你们是否看过"太空第一课"，就是在 2013 年 6 月 20 日，北京时间上午 10 时，神舟 10 号航天员王亚平在"天宫一号"为全国中小学生授课的视频？

（预设：学生回答，我没有看过；我听到别人讲过太空授课的事，没有看到；我看过，非常精彩；等等。）

师：现在，请同学们观看大屏幕，让我们一起分享被称之为"太空第一课"的授课视频。

（播放神舟 10 号航天员王亚平太空授课视频"水球演示"，时长约 3 分钟。）

师：大家刚才看得很仔细，老师发现同学们的脸上都露出了欣喜的神态。看了这段视频，大家有什么问题要提出来交流讨论的？

（预设：学生回答，这些实验太神奇了，我想知道为什么会这样；我也想做这样的实验；我长大了要当宇航员；我希望老师经常给我们做科学实验；做实验太有趣了；等等。）

师：大家提出了很多问题，有的需要我们努力学习，长大了才会弄明白；有的在我们的课堂上也能得到解决。

二、关注身边现象，探索身边科学

师：美国有位叫玛丽的小姑娘和同班同学一起去参观普林斯顿大学，在喷水池旁他们碰到一位白发苍苍的老先生。老先生正聚精会神地盯着水珠下落，头一会儿偏向这一边，一会儿偏向另一边。玛丽走近一看，发现他正在自己的眼睛前面晃动着右手指。老先生转过头来问玛丽："你会吗？从大片瀑布中看出一个水滴来。"玛丽张开手指在眼前上下晃动，霎时，喷出来的水流仿佛凝固成千万颗微粒。玛丽忘了别的事情，趣味盎然地在喷水池边和老先生交流这种频闪观察的技巧。老先生转身走时，望着玛丽的眼睛说："科学就是要像这样去探索，去寻找乐趣。"这位老先生不是别人，正是大名鼎鼎的科学家爱迪生。

其实，科学并不神秘，我们每个同学都是天生的科学家，只是看你肯不肯动手、动脑。只要我们从小像科学家那样去探索、去研究，就会有极其有趣的发现。你们在平常的生活中遇见过哪些难解的生活现象？

（预设：学生回答，雾霾是怎样形成的？冬天里，为什么大雾过后就会天晴？夏天里，黄鳝死后浮在水面上为什么不容易腐烂？……）

师：同学们的生活经验都很丰富。大家都善于观察问题，发现问题，提出问题。这说明同学们已经初步具有了科学意识。对于我们刚才提出的问题，你们怎么去探究呢？

（预设：学生回答，请教科学老师；设计实验研究；阅读科普书籍寻找答案；上网查找资料；等等。）

师：同学们说得好！这些都是学习科学的好办法。我建议你们还可以到青少年宫去参观，到科技馆去学习，这样就可以获取更多的知识，解决更多的问题。我建议同学们还可以请家长为你们订少年科普报刊，如《少年发明与创造》《小爱迪生》《我们爱科学》《少年科学》《少年科普报》《少年百科知识报》《少年智力开发报》等，还可以经常浏览科普网站，如"果壳网"等。

三、崇尚科学文明，反对愚昧迷信

师：同学们，我们都有爱科学、学科学、用科学的愿望，现在如果有这样的事情发生在我们身边，你们认为应该怎么做呢？让我们一起来讨论情景思辨题1。

奶奶带小伟拜佛，祈求神灵保佑

小伟的奶奶信佛。每月初一、十五，奶奶总要带小伟去庙里烧香拜佛，祈求菩萨保佑小伟成绩好、不生病。特别是每年农历四月初四这一天，小伟的奶奶都要向老师请假，原来是奶奶要带小伟去很远的一座庙去拜文殊菩萨。因为这天是文殊菩萨的生日，奶奶认为拜文殊菩萨可以保护小伟将来考上好大学。

说来也怪，小伟如今上四年级了，他的成绩一直在班上名列前茅。

——你们认为小伟的学习成绩好与拜佛有关吗？

（预设：学生回答，我认为小伟成绩好，主要靠认真学习，如果小伟只拜佛，学习不用功，成绩一定不会好；这是迷信，小伟奶奶这种做法心情是好的，但是不科学；我的爷爷也和小伟的奶奶一样，说拜了佛，成绩就会好，可我爱爷爷，怕他不高兴，不忍心拒绝他的"好意"，也跟着他拜佛，不过我从来没有放松过学习，所以每次考试的时候，我的成绩一直很好；我的姑妈有时候逼我和她去祈求菩萨保护我学习成绩好，可我的成绩好，是认真听讲和努力学习的结果，不是拜佛得来的；我认为要身体好，不生病，关键要参加体育锻炼；要考上大学，还是要成绩好，如果平时成绩不好，烧香拜佛也不能考上大学，我的邻居全家人每月初一、十五都烧香拜佛，可他家几个孩子一个也没有考上大学；等等。）

师：同学们，你们分析得真好，做得也不错！爷爷、奶奶、姑妈等长辈爱我们，我们也爱爷爷、爱奶奶、爱姑妈。他们要带我们去拜佛，我们要耐心说服他们，让他们知道，学习成绩好要靠我们自己努力，而不是神灵能够保佑的。如果盲目听他们的话，像小伟的奶奶一样借故向老师请假，会影响我们的学习。生病是我们每个人都不可避免的，有了病我们要及时去医院看医生。要想身体好、少生病，就像张小峰同学说的那样，我们要坚持参加体育锻炼。现在再看第2题。

你相信"星座"吗？

"2014年，运气最好的星座排行，第一是双鱼座。"——元旦刚过，同学们买的练习本封面上画着各种星座的图案。最近，老师还听到一位同学的妈妈讲了这样一件事：

晚饭后，陈妈妈照例督促女儿小颖做数学题，可小颖却在磨洋工，陈妈妈有点恼怒了，但小颖就是拖拖拉拉的。就这样僵持着，直到小颖上床睡觉前，她突然跟妈妈说："妈妈，希望我明天不跟你赌气了。唉，谁叫我是金牛座呢，脾气就是有点倔，要是水瓶座就好了，就不会那么倔了。"陈妈妈说，女儿突然说的这番话，让她哭笑不得，怎么小学生都知道星座了？而且，居然觉得自己不做作业，跟大人赌气，不是她自己的意愿，而是星座的缘故，把责任全推给了星座，"这让我怎么说她好呢？"陈妈妈心里很是别扭。

——你们认为小颖跟妈妈赌气是星座"惹的祸"吗？

（预设：学生回答，我们都很喜欢星座，也很喜欢买有星座图案的作业本；小颖不做作业跟妈妈赌气，我看与星座没有关系；我的表姐就很喜欢星座，去年春节我去她家玩，她从网上查到我属双子座，这个星座的人对外界充满好奇心、待人热情，这点与我的性格相同，我很相信；星座就是我们科学课上学到的星座名称，与我们的性格、运气没有关系；等等。）

师：同学们说得好。星座只是天文学家为了研究方便而将全天人为划分为88个区域，这与个人的性格和命运并没有关系。所谓的星座与性格、运气相关的说法缺乏科学依据。

四、敢于质疑，勇于探索

师：大家知道"两个铁球同时着地"的故事吗？古希腊哲学家亚里士多德认为：同样材料的东西从高处落下时，下落的快慢由它的重量决定。后来，比萨大学 26 岁的年轻教授伽利略对此产生疑问："如果把一个重的球和一个轻的球同时往下推，它们下落快慢到底是怎样的呢？"伽利略在比萨斜塔做实验，推翻了亚里士多德的结论。同学们，你们喜不喜欢提问题？从这个故事中我们能提出哪些问题？

（预设：学生回答，我们听到的不一定是正确的；我们要敢于提出自己的看法；实验才能检验真理；科学是通过实验得出的；等等。）

师：对！实验是检验科学的标准。有许多的科学发现，是科学家经历了许多次实验后才得出的结论。你们也一定听过爱迪生发明电灯的故事：早在 1821 年，英国的科学家戴维和法拉第就发明了一种叫电弧灯的电灯。这种电灯用炭棒作灯丝，虽然能发出亮光，但光线刺眼，寿命短。于是，爱迪生开始试验可作为灯丝的材料，他以极大的毅力和耐心，先后试验了 1600 多种材料，如用炭条、白金丝、钌、铬等作灯丝，都以失败而告终。面对失败，面对有些人的冷嘲热讽，爱迪生没有退却。经过 13 个月的艰苦奋斗，爱迪生试用了 6000 多种材料，试验了 7000 多次后，终于发现可以用碳化棉线作灯丝。这盏灯足足亮了 45 个小时灯丝才被烧断，这是人类第一盏有实用价值的电灯。这一天——1879 年 10 月 21 日，被人们定为电灯发明日。爱迪生经进一步试验发现用竹丝作灯丝效果更好，这种灯丝耐用，灯泡可亮 1200 个小时。此后，电灯开始进入寻常百姓家。后来，人们便一直使用这种竹丝做的灯泡。几十年后，人们又对它进行了改进，即用钨丝做灯丝。这样，灯泡的寿命又延长了许多。

这些事实告诉我们，要想在科学事业上有成就，就不能怕失败，要持之以恒。

五、布置作业，延伸课外

师：同学们，我们知道真理诞生在一百个问号之后。我们见到一种新东西时要经常这样想："这是什么？""这有什么作用？""它有什么优点？""还有哪些不足？""能想出改进的方法来吗？"通过这些提问，我们来发现问题。

同学们可以选择下面的课题进行研究：

- 热水瓶是如何保温的研究。
- 家里门窗隔音的设计的研究。
- 家里电线的布局是否合理的研究。
- 肥皂的多少与洗衣干净程度的研究。
- 调味品种类的研究。
- 热水和冷水在冰箱里谁先结冰的研究。
- 植物向光性的研究。
- 植物喜欢什么样的光的研究。
- 酒能调味的研究。
- 家庭装修对动物和人的影响的研究。
- 各种石头保温性能的研究。
- 热水洗衣和冷水洗衣的干净速度比较的研究。
- 植物种在花盆里和种在地里，不同生长状况的研究。
- 常见花卉需水量的研究。

师：你们有信心完成这些研究课题吗？

（预设：学生回答，有。这些都来自我们身边的生活，我们要像科学家那样研究后得出科学结论；我还有一些问题也要研究，希望老师指导我；我们在研究时，缺乏实验材料，希望老师支持我们；等等。）

师：我们有问题就要学会解决。研究中我们如果遇到了困难，首先是要想办法解决，如上网查找资料，也可以在学校的图书室寻找答案，还可以做一些小实验。阅读科普书也是学习科学知识的一种好办法。当然，我和科学老师也会帮助你们的。

同学们，只要我们平时认真学习，经常思考，不断积累，就会拥有一双善于观察的眼睛，敢于提出问题的勇气，并会养成勤于动手的习惯。只要我们持之以恒，科学殿堂的大门就会向我们敞开，我们就会感到，原来科学并不神秘，科学就在我身边。

让我们从小爱科学。

点评

发挥班主任的主导作用

主题教育课上，班主任要发挥主导作用，旗帜鲜明地以社会主义核心价值观引领学生成长。本课在教育设计上很好地体现了班主任的主导作用。

班主任的主导作用表现在缘事说理。在讲述玛丽和爱迪生的故事后，邓老师指出了我们如果从小就像科学家那样去探索、去研究，就会有极其有趣的发现；在讲述了伽利略在比萨斜塔做实验的故事后，邓老师说明了实践是检验科学的标准。邓老师精心准备的小故事中，都蕴含深刻的道理。

班主任的主导作用表现在引导思考。邓老师精心准备了"奶奶带小伟拜佛，祈求神灵保佑"和"你相信'星座'吗？"两道学生生活中确实存在的问题，引导学生思考，并答疑解惑。邓老师作了充分的预设，并对学生心中可能出现的疑问予以指点。特别是对"你相信'星座'吗？"的解答合情合理，会给学生较多的启发。

班主任的主导作用表现在明确要求。在全课有序推进的基础上，邓老师提出要"发现问题""学会解决"这两项要求。对"学会解决"，又作了具体的指导。

但班主任的"主导"，不是简单地"我说，你听"，而是重在引导，重在以情动人，以理服人，以方法指导人，以语言的魅力打动学生，更以人格的魅力感动学生。

19 讲究卫生，为健康护航

（卫生话题）

山东省平度市常州路小学 田志红

设计背景

陶行知先生说："健康是生活的出发点，亦就是学校教育的出发点。学问，道德应当有一个活泼稳固的基础，这基础就是康健。"为了学生的健康成长和终身的幸福，班主任应引导学生讲究卫生，为健康护航。

校园外的小吃摊带给孩子们很多的诱惑。每天放学后，同学们"有滋有味"地啃着小摊上的炸鸡腿、里脊肉，吃着棒棒冰；有些同学还偷偷将零食带进学校，课间埋头"啃"饼干；楼梯口零食包装袋也随风飘起。任意吃零食已经对孩子们的健康造成了严重威胁。同时学生课业负担较重，课后除了完成作业之外，他们不是玩游戏就是看电视，毫无节制地用眼，加重了眼睛的负担，学生的视力情况不容乐观。小学四年级学生正处在生命成长的重要阶段，养成良好的卫生习惯尤为重要。

教育目标

· 了解并掌握选择食品的标准，管好自己的嘴，防止病从口入。

· 懂得保护眼睛的重要性，认真做好眼保健操，养成正确用眼、护眼的良好习惯。

课前准备

· 搜集有关食品的卫生标准。

· 下载、剪辑小作坊加工零食全过程的相关视频。

· 对学生喜爱的零食进行了解，分析学生吃零食的危害。

· 收集保护眼睛的方法。

一、观看小品，导入话题

师：每天放学后，学校校园门口常堵塞。车水马龙的马路边，同学们"有滋有味"地啃着小摊上的炸鸡腿、里脊肉；拥挤的小店门口，同学们津津有味地吃着棒棒冰，喝着汽水；有些同学还将零食偷偷地带进校园，甚至上课时还偷偷地埋头"啃"饼干。

下面我们一起来观看我班同学表演的小品《我的出生地》。这个小品，或许会引发你们许多的思考。

（同学们装扮成辣条、汽水、炸鸡腿上场。）

A同学：我是辣条，我出生自一个破烂的小作坊，所谓的辣椒粉是用添加剂勾兑的，卫生无从谈起，苍蝇最喜欢我们。

B同学：我是三无饮料，无出生日期，无出生地，无出生厂家。用过的塑料瓶，是我暂居的家。所谓的果汁，是用香精加水做成的。细菌是我的朋友。

C同学：我是炸鸡腿，我的生长期只有40天，好多好多的激素，在我的身体里哟！炸我的那些油，也用过好多好多遍了，我是表面香喷喷，内里疾病缠身。

师：这些小食品的自述，让我们吃惊！相信大家今后会远离这样的小食品。

二、观看视频，引发思考

师：现在再请同学们观看一段有关食品加工的视频，看后，你们又会有怎样的感觉呢？现在我们一起来观看。

（播放小作坊生产零食过程的视频。视频简介：大家经常喜欢吃的辣条的生产情况是，储存原料的屋子破旧不堪、垃圾遍地、苍蝇满天飞，工作人员个人卫生习惯差，等等。）

师：看了这段视频，我请同学们谈谈自己的想法。

（预设：学生回答，加工环境不好，食品不卫生，吃下去会影响我们的健康；厂家为了让食品"色香味俱全"，在里面加了许多添加剂，这些添加剂对我们的身体非常有害；等等。）

师：同学们说得很好。小作坊的简陋，出乎我们的想象；再看卫生状况，苍蝇满天飞，操作人员汗渍不离身，个人卫生太差，所以食品的卫生根本没法保证；加工食品所用的食材，质量低劣；没有卫生监测，没有质量合格标志……这样的小吃，我们除了拒绝食用，别无选择！

三、分析危害，剖析真相

师：今天，老师还给大家准备了一份资料，我们一起来读一下，希望大家能从这些零食的"自述"中，了解我们"好朋友"的特点。"防病入口"，管好自己的嘴巴。（课件出示）

果冻。吃果冻不仅不能补充营养，甚至会妨碍某些营养素的吸收。少量吃并没有什么害处，也不会发胖，但是不能用来"增加营养"。

薯片。薯片的营养价值很低，还含有大量的脂肪和能量。多吃破坏食欲，容易导致肥胖，还是皮肤健美的大敌。

话梅。话梅含盐量过高，如果长期摄入大量盐分，会诱发高血压。

饼干。饼干属于高脂肪、高能量食品，维生素和矿物质比较少，多吃不利于饮食平衡。

泡泡糖。泡泡糖营养价值几乎为零，一些产品含有防腐剂，对人体健康损害很大。

膨化食品。营养尚可，但含有大量色素，多吃不利于健康。

师：通过这一段文字，我们可以看到这些零食对我们的影响、危害，那么我们应该怎么做呢？

（预设：学生回答，我们平时喜欢的零食，有的有这么多的危害，我们今后要少吃零食，远离危害；要"防病入口"；等等。）

四、饮食有常，管住嘴巴

师：现在，我请一位同学来讲一个故事。（学生讲故事）

放学了，我回到家里写作业。可我总是心不在焉，因为老妈昨天去了超市，买了一大堆好吃的零食。我嘴馋，老想偷吃。

机会终于来了，晚饭后老妈在房间里看书，我蹑手蹑脚地走到餐桌旁，找出芙蓉糖，正准备吃，只听见老妈一声咳嗽，我吓了一跳。过了一会儿，我看老妈并没有动静，就准备剥糖纸，谁知老妈吼道："刚吃完饭，现在又去偷吃零食了！"

我听了，只好像兔子一样飞快地跑回房间。

过了好一会儿，我又慢吞吞地推开门，望了望四周，老妈上楼去了，老爸出去了。

这可让我逮到了机会！

我赶紧走到桌前，把剥了糖纸的芙蓉糖大口地吃掉。吃了一块，再吃一块，足足吃了四大块，我才心满意足，继续写作业去了。

但第二天，我就咳嗽起来。中医说是"痰湿"，我知道其实是"贪食"。

师：听了同学讲的故事，请大家谈一谈感想。

（预设：学生回答，贪吃零食，有害健康；要想健康，从少吃零食做起；要慢慢少吃甚至不吃零食；让自己少受害；等等。）

师：不良的零食会影响我们的健康，三餐是我们的主食，我们要吃好，零食尽量少吃或不吃。在三餐与零食上，有人总结出这样的口诀：

三餐重要，早餐吃好，中餐吃饱，晚餐吃少。
荤素搭配，营养重要，水果佐餐，时令选择，
路边小摊，务必少吃，三无产品，坚决不食。

（同学们一起诵读。）

五、介绍数据，关注视力

师：现在还有一个问题摆在我们面前，不少同学不注意用眼卫生，如喜欢长时间地玩电脑，倒在床上看书，等等，这已严重影响了我们的视力。我们该如何保护眼睛呢？

同学们，我们先来统计一个数据。我们数一下，班上眼睛近视的同学有多少个呢？（现场统计）14 个！我们班一共 50 个同学，这 14 个同学，占我们班总数的 28%。下面我们一起来谈谈近视的危害。

如今，近视的发病率越来越高。最近的一份调查显示，小学生的近视率达 22.7%，中学生的近视率达 55.2%，而大学生的近视率则高达 76.7%。

我国是近视眼的患病大国。我国现有近视患者已超过三亿人，占世界近视人数的 33%，远远高于世界平均 22% 的比例。我国近视眼发病人数位居

世界首位，发病率仅次于日本，占世界第二位。

眼睛，是心灵的窗户，是人体最重要的感觉器官。如果没有眼睛，我们的眼前将会是一片黑暗。近视，是常见病，有的同学平时不注意用眼卫生，甚至羡慕戴眼镜的同学，但自己真正近视了，才知道其中的痛苦！现在请戴眼镜的同学谈自己戴眼镜的不便。

（预设：学生回答，戴上眼镜，确实给学习和工作带来很多的不便，比如打球不方便；吃热的东西有雾气；度数深了要重配眼镜，要多花钱；好怀念自己不戴眼镜的日子；等等。）

师：了解这一点，很重要！眼睛，很重要，需要我们去保护。而保护则重在平时。

六、情景再现，指导方法

师：眼睛是人类感官中最重要的器官，大脑中大约有 80% 的知识和记忆是通过眼睛获取的。上学期我们共读了《假如给我三天光明》这篇文章，文中海伦对光明、对拥有一双健康眼睛的渴望，我们都有着深深的感触。今天，我们再重温那场景，再来想一想，眼睛对我们而言有哪些重要性呢？

（小组讨论，推选代表发言。）

（预设：学生回答，看书认字、看图赏画、看人物、欣赏美景等都要用到眼睛；眼睛可以辨别不同的颜色、不同的光线，让我们认识到这个世界的五彩斑斓，感受生活的美好；眼睛不仅是重要的视觉器官，还是容貌的中心，是容貌美的重点和主要标志；等等。）

师：是啊！人们对容貌的审视，首先从眼睛开始的！一双清澈明亮的眼睛，不但能为人的增添容貌增分，而且还能遮去或掩饰面部其他器官的不足和缺陷。"画龙点睛"这个成语，就体现了眼睛的重要性。眼睛的形态如何，对人的容貌美丑有着重要的影响。

既然眼睛对我们而言这么重要，我们应该怎么保护它呢？请大家交流一下，有哪些保护眼睛的好方法呢？

（预设：学生回答，我们在写作业、看书时，要做到用眼的"三个一"；要坚持做好眼保健操；课间要注意休息；等等。）

师：同学们说得很好。但是也有这样的情景，请看这段视频。

（观看视频。视频简介：有些同学做眼保健操，心不在焉，马虎应付。）

师：请同学们谈谈你的观后感。

（预设：学生发言，做眼保健操一定要认真，要按准穴位。）

师：眼保健操在中小学已经推广了40多年。但是有的学生做得效果好，有的学生做得效果不好，我认为关键在于态度。做眼保健操，首先要学会按准穴位，同时动作要到位。敷衍了事，马虎应付，只会适得其反。而且在眼保健操这样的小事上都认真地去做，也有利于良好品质的养成。

当然，保护眼睛，还有许多注意事项，比如适时休息，不用脏手揉眼睛，等等。相信同学们通过交流，会学习到很多相关的知识。

为了让我们的生活永远美好多姿，我们一定要从小做起——爱眼护眼。只有在平时珍惜，并用心保护，注意锻炼，才能有健康的自己！

七、总结全课

师：眼睛，是心灵的窗户。有了眼睛，有着良好的视力，才能感受到美好的生活。假如你想了解没有光明的痛苦，请品读《假如给我三天光明》，海伦会让你懂得眼睛的重要、光明的宝贵！

健康的体魄，是我们幸福生活的基石。夯实这个基石的一个关键，在于我们的口。防止病从口入，从少吃零食开始。

孩子们，健康来自我们平时的好习惯，而好习惯的培养，就是从做好每一件小事开始的。

点评

关注学生生活的多方面

有人抱怨，班主任事务繁多，什么都要管。甚至有人提出，要明确哪些事班主任该管，哪些事班主任不该管。

我也主张不要给班主任过重的负担。但班主任工作制决定了班主任工作的复杂性。只要是在班级发生的事，很难说哪件事不需要班主任过问，不需要班主任处理。特别是小学的班主任，可能会更辛苦些。

但要管，并不等于事无巨细，事事躬亲。让学生学会自我管理很重要。而提高自我管理的重要渠道之一就是班会课。在班会课上，班主任通过对具体事情的分析，来引导学生提高认识，指导学生学会生活，学会做人。

本课的选题很有意义，田老师抓住校外的零食问题和视力保护问题，聚焦卫生话题，让孩子懂得道理，明白为什么要这样做；让孩子知晓方法，懂得应该怎样做。在这节课中，学生参与表演，参与调查，参与讨论，参与对话，每一个环节都蕴含着班主任的良苦用心，蕴含着班主任对学生学会自我管理的期盼。

这节课还可以起到培养学生养成良好的生活习惯的作用。

中小学班主任要成为学生成长的"人生导师"，多角度对学生进行有效指导，就是对"人生导师"的最好注解。

20 言必信，行必果

（诚信话题）

浙江省瑞安市新纪元实验学校　黄晓燕　陈永勉

设计背景

　　党的十八大报告中把立德树人作为教育的根本任务，将诚信列为社会主义核心价值观的重要内容，强调"为人正直、对人诚实、讲究诚信"。诚信是成才的关键，诚信是一种具有普遍意义的美德，世界各国均重视对国民的诚信教育。

　　现今，有些小学生受社会不良风气的影响，不了解诚信的重要作用，忽视了诚信是同学之间、师生之间、家庭成员之间以及社会成员之间相处的基本原则，不懂得诚实守信必须从我做起、从现在做起，不能将诚信落实到日常生活实践中。因此，有必要开展诚信教育，及时引导、帮助学生树立正确的诚信观念，以增强辨别能力，夯实思想基础。

教育目标

　　·明确诚信的含义，理解诚信对于自身发展和为人处世的重要意义。

　　·使学生崇尚诚信，把诚信作为同学之间、师生之间、家庭成员之间以及社会成员之间相处的基本原则。

　　·对自身或他人的行为及社会现象的"诚信度"具有评判能力，懂得诚实守信必须从我做起，从现在做起，并将这一观念落实在日常生活中。

课前准备

　　·收集有关诚信的故事以及名言。

　　·收集身边关于诚信的事例。

　　·制作课件。

一、动画片导入

师：古往今来，有许许多多讲诚信的人。让我们穿越时空的隧道，去看看古人的诚信。下面大家观看动画片《曾子杀猪》。

（学生观看动画片《曾子杀猪》。《曾子杀猪》简介：孔子有个弟子叫曾参，他以教子有方而闻名。有一天，他的妻子要去赶集，儿子也闹着要同去，妻子就哄儿子说："你听话好好在家，等妈妈回来杀猪给你吃。"儿子信以为真，就不闹了。曾参回来，儿子就把妈妈要杀猪的事儿告诉了他，曾参沉思片刻，就和儿子一起把猪绑了起来。等妻子回到家，曾参正在磨刀准备杀猪，妻子连忙阻止："你干什么？我是哄小孩子的，你当什么真？"曾参说："对小孩子是不能随便开玩笑的，孩子年幼无知，父母教什么，孩子就学什么，你要骗他，他就骗别人，这样怎能教育好孩子呢？"最终曾参把猪杀了。）

师：看了这部动画片，老师想知道在你们心目中，曾子是个怎样的人呢？如果你是曾子家的孩子，如果妈妈失信于你，你有什么想法呢？

（预设：学生回答，曾子是个诚信的人；如果自己是曾子家的孩子，面对妈妈的失信会反感，自己有可能也学会了欺骗；等等。）

师：曾子用诚实守信的人生态度教育了孩子。（板书：诚信）同学们，你们觉得什么是诚信？

（预设：学生回答，诚实守信，就是说到做到，不欺骗人；实事求是，遵守诺言；等等。）

师：（随机板书：言必信，行必果）你们知道这句名言告诉了我们什么吗？

（预设：学生回答，做人要诚信；说话要算数，要有行动；等等。）

师：是的。"言必信，行必果"中，信指守信用，果指果断、坚决。这句话的意思是，说了就一定要守信用，做事一定要果断，不拖拉。为人处世要讲诚信，要言行一致。《小学生守则》第十条就要求我们：诚实勇敢，不说谎话，有错就改。同学们，什么叫说谎话？

（预设：学生回答，说谎话就是说假话，嘴里说的和心里想的不一致，说和做不一致。）

师：不说谎话，就是要诚实守信。诚实守信是我们中华民族的传统美德，是每个人必须遵守的道德规范。今天这节课我们就一起来聊聊诚信吧。

二、理解诚信行为

1. 观看情景剧《送跳绳》，了解什么是诚信行为

师：先让我们一起去看看发生在我们身边的真实故事吧。下面请观看情景剧《送跳绳》。

（观看情景剧《送跳绳》。《送跳绳》简介：今天丹丹没来上学，听说她生病了。红红想："这下糟了！"下午的体育课要进行跳绳比赛，红红没有带绳子，因为丹丹答应今天帮红红带一根绳子来，想不到……红红急得如热锅上的蚂蚁。这时，教室门口来了一位阿姨，她正是丹丹的妈妈，她来学校不仅是帮丹丹请假，还特意给红红带来了一根绳子。红红接过绳子，心里非常感动。想不到丹丹生病了，还没忘记答应她的事情。）

师：如果你是丹丹，你会想方设法把绳子带给红红吗？为什么？

（预设：学生回答，我也会这样做，因为人不能丧失诚信。）

师：是的，讲诚信，就要说到做到，像丹丹那样就是讲诚信。

2. 讲故事《郊游》，明白讲诚信遇到困难时该怎么办

师：言必信，只要答应他人的事就一定要办到。昨天，老师接到阳阳同学的来电，他正为曾答应过他人的事而犯愁，不知如何是好，请在座的同学为阳阳同学支支招。事情是这样的：

阳阳为了让悦悦陪她去少年宫，答应下个星期天陪悦悦去郊游。但那天天气异常炎热，郊游的地点又很远，再加上阳阳得了重感冒，可答应别人的事该做到啊！阳阳心里真是左右为难了。

师：如果你是阳阳，你会如何处理？请同学们出出主意。

（预设：学生回答，我会陪悦悦去郊游；我会事先打电话给悦悦，说明天气情况和自己的身体原因，改天再去，以免失信于人；等等。）

师：是呀，答应别人的事情应该尽量克服困难去做到。如果是重感冒，可以不去，但一定要说明。如果有困难，只要心中想着要信守诺言，那总会有办法解决的。

3. 讲周总理的诚信故事，感知伟人的诚信品质

师：在生活中，我们要时刻做到言必信，行必果，我们日理万机的周总理便为我们做出了榜样。你们瞧（课件出示）：

"一定"就是"一定"

周恩来总理是坚守信用的模范，他答应过别人的事情一定办到，从不失信。1961年5月3日，周恩来到一个乡村去视察。在座谈会上，他认识了一个50来岁的农民张二廷。会后，周恩来特意到他家去访问。当他离开这个乡村时，张二廷握着周恩来的手，请他抽空一定再来。周恩来微笑着说："有机会一定来。如果我不来，也一定派人来看你。"他说了"一定"，就是一定。一年、二年、三年，周恩来在日理万机的繁忙工作中，每年都记着派人去看望张二廷。

师：周恩来身为政府总理，对一个普通农民也照样坚守信用。这种高尚品质，多么值得我们学习啊！

4. 通过正反事例来理解诚信，明白诚信行为带来的好结果

师：在日常生活中，买卖东西要讲诚信，为人处世要讲诚信，商业谈判更要讲诚信。这不，《"五包"承诺提出后……》（课件出示）：

1980年，贝兆汉接手亏损严重的广州白云山制药厂。当时该厂只有一个制药车间，四口铜锅。1982年，贝厂长率先提出"五包"，即在各厂家普遍提出的"三包"（包修、包退、包换）之外，还包产品降价损失和药品淘汰损失。

师：你们觉得"五包"政策合理吗？为什么？

（预设：学生回答，合理，虽然这一举措对于该厂暂时并没好处，但是能让客户买个放心。）

师：承诺刚出，考验来了。（课件出示）

这一年，国家卫生部门颁布了淘汰127种药品的决定。一箱箱出厂不久的药品被退了回来，索赔的信函雪片般飞来。厂里人傻眼了，这要赔多少钱呀！

师：如果你是厂长，你会怎么做？赔还是不赔？为什么？

（预设：学生回答，如果我是厂长，我会赔，并依照合同进行赔偿，因为言必信，行必果，诚信是做人的根本。）

师：我们看看贝厂长怎么做的（课件出示）：

但是厂长贝兆汉一咬牙说："照赔！该赔多少就赔多少！我们说话算数。"硬是赔进几百万元。

7月份，国家又下调了130多种药品价格。很多商家又写信来要求索赔。这时，厂里已经拖欠了员工一个月的工资，退休员工的工资也发不出来了。

许多员工怨声载道，退休员工甚至冲进办公室质问厂长……

师：如果你是厂长，面对这种处境，你又会如何选择？为什么？

（预设：学生回答，我会动摇，因为处境艰难，超乎预料；我会继续坚持我原先的信念，因为诚信是金；等等。）

师：后来……（课件出示）

没过几个月，"五包"的回报来了。商业部门都知道"白云山"是讲信誉的，跟他们做生意不会吃亏。"白云山"的产品供不应求，生意越做越红火。现在，白云山已经由原来的一个只有四口铜锅的制药车间发展到涉足多个行业的企业集团，曾一度排名中国500家最大工业企业榜首。

（课件出示反事例：中央电视台《经济半小时》栏目报道了广西南宁警方破获的一起制造假药的案件。广西南宁某制药厂为了攫取更大的利润，在厂长的默许下，开始秘密制造假药。南宁某地区有几十人先后因服用该厂的药而呕吐不止，生病住了院。广西警方经过深入细致的调查取证，一举摧毁了这家假药厂。这家厂最终被查封，相关领导也受到了严厉的处罚。）

师：两个企业的不同结局说明了什么道理？

（预设：学生回答，讲诚信能使企业获得长远发展的机会；不讲诚信会使企业失去未来所有的发展机会；诚信真可贵；等等。）

三、善意的谎言，诚信的变奏

师：从这些故事中，我们领悟到：诚信不仅是一种品行，更是一种责任；不仅是一种道义，更是一种准则。但生活中可能会出现两难的情况。现在老师再给大家讲个真实的故事：

有位老妈妈得了严重的肾病，如果不换肾的话，生命就难以继续。这时大儿子站了出来，要求给妈妈捐肾，检验结果是完全匹配。这可急坏了老妈妈，她强烈反对，说要是这样自己还不如死了算了。

没办法只能继续等待合适的肾源。可是要等到这样的肾源，真是太难了。儿子怕耽误了母亲的病情，于是和家人商量后，骗过了母亲，把自己的一个肾脏捐给了母亲。

手术成功后，家人还是瞒着老妈妈。最让人感动的是母亲和儿子住在相邻的病房，但妈妈是不知道的。当妈妈想见大儿子时，家人只好骗她说，儿子出差了。

师：同学们，这样的谎言有碍于诚信吗？

（预设：学生回答，这是好心说假话，完全可以理解。）

师：生活中有时谎言是善意的，是无碍于诚信的，这是诚信的变奏。比如我们看望病人、我们安慰家人时，可以说一些宽慰的话、一些善意的谎言。这和诚信没有冲突。

四、情景思辨，深化诚信意识

师：在我们的生活中，处处要讲诚信，因为有许许多多的事会考验你。请看第1题：

课余时间，你在走廊上拾到一百元钱。一个同学说，这是好运气，把这钱留给自己，多好呀。你会怎么做？

（预设：学生回答，交给老师；想办法，寻找丢钱的同学；做人要讲求诚实；等等。）

师：诚信要从每一件小事做起。再看第2题：

一次，你向同学借了一本辅导书，说好星期一还给他。可是星期一上学时，你不小心忘在家里了。你该怎么办？

（预设：学生回答，打电话给家长，叫家长把书送来；跟同学打声招呼，想办法尽快将书还给他；等等。）

师：有时可能会有些意外、突发的因素，我们一定要诚恳地说明原因，取得别人的谅解。接着看第3题：

一次考试，你有道题不会做，同桌做出来了，他想帮帮你，要告诉你答案。你该怎么办？

（预设：学生回答，不能要答案，即使取得好成绩，心里也不会踏实的，做人要诚信。）

师：考试不仅是考文化知识，也是在考做人。面对主动的帮助，我们要经得起考验，做好诚实守信这份答卷。最后看第4题：

一次献爱心活动，妈妈给了你100元钱，一个同学叫你捐50元，剩下50元留给自己。你该怎么办？

（预设：学生回答，我会毫不犹豫地把钱全捐了；不能截留，因为做人要诚实；等等。）

师：诚信就是不骗自己和别人，并真心对待自己和别人，也许我们曾经犯过错，但只要我们认识到自己的错误并知错能改，我们依然是诚实可信的好学生。

五、学习诚信名言

师："君子一言，驷马难追"，这是流传至今的佳话，这句话充分地说明了做人要"一诺千金"，诚信是我们做人的基石。同学们，让我们一起来学习古今中外的诚信格言。

人而无信，不知其可也。

——《论语·为政》

师：这句话是孔子说的，意思是一个人不讲信用，真不知道他怎么能行（人不讲信用是不行的）。

没有诚实，何来尊严？

——西赛罗

师：西塞罗是古罗马的政治家，这句话强调了只有诚信，他人才会尊重你，社会才会尊重你。

如果要别人诚信，首先自己要诚信。

——莎士比亚

师：莎士比亚的这句话强调的是，诚信必须从我做起，自己首先做到，然后影响他人。

诚实是人生的命脉，是一切价值的根基。

——德莱塞

师：德莱塞的话再次告诫我们，诚信的重要性。
（全班学生诵读诚信格言。）
师：总之，我们要做到——言必信，行必果。

六、布置作业，总结全课

师：今天老师想给同学们布置的作业是收集诚信格言两条，并将自己收集的诚信格言作为座右铭写在醒目的地方警示自己。

诚信是人的美好品质，是成就事业的根基，是社会发展的保证。要想做到诚信，就要从生活中的点点滴滴做起。希望同学们能牢记这一点，在今后的生活中处处讲诚信，从而为将来的人生道路打下坚实的基础！

（播放歌曲《诚信中国》，班会在歌曲声中结束。）

好！下课！

点评

研究班会课的结构

主题教育课要上得好，合理的课堂结构不可忽略。这节课在结构上给我们不少启发。

第一，导入要精彩。本课采取的是动画片导入，这是学生喜闻乐见的方式。《曾子杀猪》的故事借助动画的形式生动地讲述了诚信待人的道理。这种做法能吸引学生并引起学生的关注，迅速地导入本课话题：诚信。实践中，猜谜语、看视频、做游戏、讲故事都是话题导入的有效方法。

第二，主体要充实。本课紧扣诚信话题，先通过观看情景剧《送跳绳》、讲故事《郊游》与《"一定"就是"一定"》，让学生理解诚信在生活中的可贵；接着通过广州白云山药厂和南宁某药厂的正反事例，进一步说明诚信行为的重要；然后老师又以儿子以善意的谎言"欺骗"母亲完成换肾手术，说明这是"诚信的变奏"，拓展学生思维；再通过"拾到一百元钱，怎么办""借书忘还，怎么办""考试时同桌要帮你，怎么办"等生活中常见的情景题，引导学生思辨，深化学生诚信意识；其后组织学生学习中外名人的诚信名言，分享人生感悟。这一部分由今天的校园生活到未来的社会生活，由普通人到名人，由正反例证到特殊例证，由情景思辨题到名人哲理，多侧面地剖析，进一步引导学生懂得诚信的重要，从思想到行动都予以积极的指导。内容丰富而翔实，可以给学生较多的启迪。

第三，结尾要难忘。最后老师布置了本课的作业：收集诚信格言两条，并制成座右铭。又勉励学生要处处讲诚信，为将来的人生道路打下坚实的基础，并伴以歌曲《诚信中国》。这样的结尾简洁有力，余音袅袅，将烙印在学生记忆的深处，化为他们成长的力量！

"凤头，猪肚，豹尾"是写作时布局谋篇、结构全文的常用手法。主题教育课也可以借鉴。

班会课的结构虽常由基本的三部分组成，但戏法人人会变，各有巧妙不同。我们可以此为参考，演绎更多的精彩。

21 国旗飘扬在心中
（爱国话题）

北京市海淀区七一小学　邢　艳

设计背景

《小学生守则》第一条就明确要求"热爱祖国，热爱人民，热爱中国共产党"。升旗仪式就是学校对学生进行的爱国主义教育。每一所学校对学生参加升旗仪式时的礼仪都提出了具体的要求，如态度要严肃认真，升旗时要行注目礼，要聆听国旗下讲话，等等。大多数学生在参加升旗仪式时能做到上述要求，但是他们并没有把升国旗和爱祖国紧密地联系在一起。因此，让学生知道国旗的来历、意义，把爱国旗就是爱祖国，从思想上到行动上都统一起来是非常必要的。

本课授课对象为小学四年级学生。这个年龄段的学生对生活中的一些事情有了自己的看法和观点。但是在爱国家、爱人民这样的大概念上，特别需要老师的指导、点拨，从而让他们知道祖国、人民给予了他们什么，他们应该如何在实际行动中体现自己对祖国的爱，以及对人民的真情。因此，设计、开展爱国教育的班会，通过主题教育课引领学生表达对祖国真挚的爱很有必要。

教育目标

·指导学生了解国旗的诞生历史及相关知识、故事。
·培养学生的爱国情感，教他们从升国旗这样的身边小事做起，并在日常小事中表达爱国情怀。

课前准备

·对学生进行问卷摸底调查，了解学生的知情现状。

· 查阅资料，收集图片，制作视频、音频。
· 制作课件。

教育过程

一、导入本课

师：今天我请同学们和老师一起看一些图片，看完后说说你们的感想。（出示图片）

看，这是神舟 5 号飞船中的杨利伟叔叔通过卫星向我们展示五星红旗，这是中国人第一次乘坐我们自己研发的飞船飞上太空，实现了多少代中国人的梦想。

大家看，这是神舟 7 号载人飞船上的翟志刚叔叔，他和同伴合作完成了第一次出舱任务，在太空中留下了我们中国人的身影。

在神舟 9 号载人飞船出征之际，党和国家领导人带着祖国与人民的重托为英雄们送行；刘洋阿姨光荣地成为第一位飞上太空的中国女宇航员。

全国人民聚集在电视机前翘首以盼，神舟 9 号与天宫 1 号手动对接成功，这既是我国航天科技的辉煌成果，更是我们中国人为世界航天历史写下的浓墨重彩的一笔。

同学们看完了图片，你发现图上有什么共同点？

（预设：学生回答，我看见每一张图上都有五星红旗。）

师：同学们，你们观察得很仔细。我还想请大家再看看这组图片，在每张图片上你们又会发现什么？

（出示图片：在宇航员的服装上，在送行的群众的手上，都有鲜红的五星红旗。）

（预设：学生回答，五星红旗！）

师：非常好！五星红旗是我们国家的象征。我们今天的话题就是"国旗飘扬在心中"。

二、认识国旗

师：如果我问大家"你们知道中华人民共和国的国旗是什么样的吗？"，你们肯定会说"知道"。如果我请大家具体地介绍一下五星红旗的来历、形状、颜色、图案以及象征意义呢？我看见有同学开始思考了，有的同学则摇头了。

这样吧，请同学们和老师一起来了解我们的国旗——五星红旗。（出示有关资料）

1949年7月13日，正值新中国建国前夕，"国旗、国徽、国歌"评选小组在《人民日报》《光明日报》《大众日报》等全国各大报纸上连续刊登《征求国旗国徽图案及国歌词谱启事》，向海内外公开征求国旗、国徽、国歌方案。截止8月20日，新政权筹备会共收到国旗图案2992幅。应征者遍及全国和海外，包括社会各个阶层。

经过精心选评，新政权筹备会从来稿中选出38副图案，编成《国旗图案参考资料》，交新政协会议审评。对于国旗图案，委员们讨论得非常激烈，大家的意见也比较分散，最后没有达成决议。

1949年9月25日晚8时，毛泽东、周恩来在中南海召开座谈会，听取各方人士对国旗、国徽、国歌的意见。毛泽东拿起编号为"复字32号"的五星红旗图案说："这个图案，表现了我们革命人民大团结。现在要大团结，将来也要大团结，因此现在也好，将来也好，又是团结，又是革命……"毛泽东为五星红旗作了新的解释，更赋予了五星红旗新的生命，大家热烈鼓掌表示赞同。

1949年9月27日下午，中国人民政治协商会议第一届全体会议一致通过决议：

"中华人民共和国的国旗为五星红旗，象征中国革命人民大团结。"

师：就这样我们的国旗——五星红旗诞生了。我们还要记住一位叫曾联松的人，他就是五星红旗的设计者。

1949年10月1日，毛泽东主席在天安门广场上，在雄壮的《义勇军进行曲》中，升起了中华人民共和国第一面五星红旗，并庄严宣告：中华人民共和国，中央人民政府正式成立了。这面国旗从此飘扬在每个中国人的心中。

三、了解国旗

师：刚才同学们和老师一起深入了解了国旗的意义，知道了国旗就是国家的象征。

同学们，首都北京的天安门广场是每个中国人向往的地方。每天天不亮就会有许多来自祖国各地的人们，聚集在天安门广场等待那庄严的升旗仪式。同学们，现在咱们一起来参加一次在天安门广场上的升旗仪式吧！

（观看视频《天安门广场上的升旗仪式》。）

师：每次看到五星红旗冉冉升起，作为中国人，我总是无比自豪和骄傲！

1. 了解国旗飘扬的场所

师：我想问问大家，生活中你们在哪儿看见过我们的国旗呀？

（预设：学生回答，国庆节大街小巷都挂国旗；学校每周都有升旗仪式，我们班还有升旗手负责升国旗呢；我爸爸单位门口就挂着国旗；等等。）

师：同学们，你们说得真好，对生活观察得真仔细！看，老师也找到一些图片，这些图片中，有没有你们看到过的呢？（出示图片）

看，天安门广场上、普通街巷的两旁、居民家的门口、学校里、轮船上、飞机上、索马里护航的舰船上、一个个边防哨所旁、我国驻外大使馆前等，我们都能看到五星红旗在飘扬。看到这飘扬的旗帜，我们每个人都会产生一种对祖国的依恋和敬仰之情。

腐败的清政府割让土地，香港、澳门就像流浪的孩子，离开了祖国母亲的怀抱。当五星红旗庄严地升起在香港、升起在澳门时，百年的耻辱一去不复返了，香港、澳门回家了，高高飘扬的五星红旗代表着我国领土的回归。

在世界体育比赛的各大赛场上，我国体育健儿为国夺得金牌，在升旗仪式上，他们热泪盈眶。国旗的升起，就是在向世人展示我们中国的风采。

看南极长城考察站、北极考察点、珠穆朗玛峰顶峰，国旗迎风飘扬，它代表着中国人的自强不息、开拓进取。

是呀！只要有中国人的地方，我们就会看到升起的五星红旗，飘扬的五星红旗。

2. 了解国旗背后的故事

师：同学们，我们知道五星红旗是无数革命先烈用鲜血染成的。在千万个革命先烈中，有许多我们熟悉的小英雄，你们知道哪些小英雄呢？

（预设：学生回答，放牛的孩子王二小；小英雄雨来；面对铡刀临危不惧的刘胡兰；等等。）

师：你们说得真好！还有许多的英雄，他们用生命和鲜血为我们新中国的成立谱写了华彩的乐章，他们的心中都有一面永远飘扬的五星红旗。

在重庆歌乐山渣滓洞里，曾关押着许多革命战士，他们在敌人残酷的刑具面前没有低头，在敌人的威逼利诱下没有动摇。在敌人面前，革命者们没有哀求，没有屈服，他们用青春和热血换来新中国的成立。

其中有一位烈士，她叫江竹筠，大家都亲切地叫她江姐。她和战友们被关押在重庆歌乐山的渣滓洞集中营里，顽强地与敌人进行艰苦卓绝的斗争。当他们从秘密渠道知道新中国已成立了，国旗是五星红旗时，他们再也抑制

不住心中的激动，用红色的、沾满血迹的被面，一针一线地绣红旗。（播放歌曲《绣红旗》）

师：孩子们，五星红旗有着非凡的意义，它激励着人们为革命舍生忘死，它激励着人们坚定革命的信念，它也鼓舞后来者珍惜这来之不易的生活。

我还想和同学们聊聊2012年在墨西哥洛斯卡沃斯举行的G20峰会上，有一个议程是各国领导人合影，各国领导人的位置由贴在地上的各国的国旗来标示。合影完毕，其他国家的领导人离开了，他们脚下的国旗被踩来踩去，时任中国国家主席的胡锦涛却弯腰把五星红旗的贴纸，小心翼翼地捡了起来，细心地收好。

胡锦涛主席用行动表达了他对国旗的尊重，博得了国人的普遍赞誉。我们都要向他学习！

刚才老师给你们讲了国家领导人如何爱护国旗的故事，我们班一位同学的家长也要告诉我们这样一个感人的故事。（播放视频，听家长讲故事《老华侨家升起的国旗》）

有这样一个感人的故事：在2008年北京奥运会期间，每当中国奥运健儿在赛场上荣获一块金牌，邻居们就会听到老华侨程锡铭家的阳台里传出嘹亮的国歌声，而阳台上也会插上一面鲜艳的五星红旗……这是哥斯达黎加华人程锡铭一家用特殊的方式表达着他们的爱国热情。

当有记者问程老先生为什么在阳台上竖起那么多五星红旗时，程老先生说自己有"国旗情结"，他告诉记者："我于1997年办理退休后，移居哥斯达黎加。1999年，我和旅哥的华侨一起筹办庆祝中华人民共和国建国50周年的活动，当时我们就决定，活动当天我们要在遥远的哥斯达黎加升起五星红旗。1999年10月1日，共和国50岁生日，我们在举办庆祝宴会的酒店外面悬挂起了50面五星红旗。那天，场面十分感人，出席活动的中外朋友纷纷在五星红旗下拍照留影。五星红旗表达了我们对祖国的思念。"

师：孩子们，这一面面五星红旗让漂泊在外的游子们圆了一个回家的梦呀！孩子们，你们还想不想听其他的关于国旗的故事呀？

（预设：学生回答，想。）

师：在1990年，应联合国儿童基金会的邀请，北京女中学生梁帆，去荷兰参加"世界儿童为和平为未来"的联谊活动。按照国际惯例，升起的旗帜应包括每一个与会者所在国家的国旗。但是，梁帆找来找去也没有找到五星红旗，她立即找到活动组织者，急切而礼貌地说："我怎么没有看到中国国旗？一定要升起中国国旗，因为我在这儿！"活动的组织者被她真挚的爱国热情和强烈的民族自尊心震撼了，真诚地向她道歉，并很快升起了鲜艳的五星红旗。

听了这些故事，你们有什么感想呢？

（预设：学生回答，我去过天安门广场，许多中外游客早早地到那里看升国旗，我也看过，我爱五星红旗；我知道了爱国不是喊口号，做好小事也是爱国；我知道了认真参加升旗仪式也是爱祖国；等等。）

师：五星红旗无时无刻不感召着所有的炎黄子孙，听了这些故事，我相信大家的心中一定有千言万语，在今后的升旗仪式上，你们一定站得比以前更加端正，神情比以前更加严肃。庄严肃立地对待每一次升旗，做一个从小热爱祖国的好孩子。

四、情景思辨，怎样对待升国旗

师：同学们，在一些偏远地区的小学里，他们每周都举行这样特殊的升旗仪式。（课件出示）看，他们立正站好，表情认真，在没有音乐的伴奏下，高唱国歌，举行升旗仪式。有一所小学，因为没有长的升旗杆，他们只能由两个老师配合，一名老师把国旗举过头顶，再由另一位老师站在房顶上接过国旗，来完成升旗仪式。

听了这所小学的升旗仪式的介绍，你们一定有许多话要说吧，前后桌同学互相说说吧！

（预设：学生说，他们条件这么艰苦，还认真举行升旗仪式，我们应该学习他们的爱国精神；在以后的升旗仪式上，我一定以他们为榜样，认真参加，不做小动作；等等。）

师：你们讨论得真好，我相信再参加学校举行的升旗仪式，你们一定会像他们一样满怀真情地向国旗致以庄严的注目礼，高举右臂敬队礼。

作为四年级的小学生，你们每次参加升旗仪式一定有许多感想，也会遇到一些问题。下面我们来讨论几个问题，现在我们先看问题1：

如果在升旗时，有同学和你说话，你应该怎么办？

（预设：学生回答，不理他；不和他说话；等等。）

师：说得对。但我们不仅要自己做好，还可以轻轻地示意，提醒同学不要随便讲话。现在我们再看问题2：

同学们，如果你们在学校以外的地方看到举行升旗仪式时，该怎样做呢？

（预设：学生回答，听到国歌声，看到升旗仪式，我要主动停下来，参加升旗仪式，行注目礼，如果戴着红领巾要敬队礼。）

师：如果和家长在一起，要请家长一起参加升旗仪式；还要注意安全问题，参加社会上的升旗仪式一定要注意站在安全的地方，不能站在路口或车道上。现在我们再看问题3：

在重大的节日期间，学校或一些团体会发给你们国旗，用过之后你们将怎样做呢？

（预设：学生回答，收藏好国旗；如果有人随手把国旗扔掉，我会提醒他国旗象征着国家，不要乱扔；如果同学把国旗卷起来打着玩，我会提醒他不要这样做；等等。）

师：说得很好！对国旗的尊重、爱护，是我们每个学生、每个公民应尽的责任。

五、总结全课

师：同学们的发言，让我很感动。我感受到了你们的爱国情怀，但是爱国不是喊口号，爱国不是表决心，爱国是一种行动，是一种发自内心的情感，爱国旗就是爱国家。让我们从爱护国旗、维护国旗的尊严做起，我们不仅要尊重国旗，更要用实际行动为国旗添光彩。在点点滴滴的小事中用行动表达我们的爱国之情吧！

好，下课！

点评

班主任应成为故事大王

在这节课中，班主任讲述了比较多的故事，如五星红旗诞生的故事、江姐绣红旗的故事、胡锦涛捡拾国旗标志的故事、老华侨家升国旗的故事、中学生梁帆要求升国旗的故事。这种讲故事的方式对上好主题教育课有着积极的作用。

美国教育家吉姆·科因认为，听故事能够打开那些直接教育无法触及的区域，无论是成人还是儿童，他们都可以从故事中得到启发。

班主任应该是一个会讲故事的人，故事有润滑剂的作用，会让教育变得温润，变得细腻，变得生动，变得诗意盎然。

实践告诉我们，班主任应该特别善于讲三类故事：

一是名人的故事。许多名人的成长经历都具有传奇色彩。他们留给了我们宝贵的精神财富。

二是学生的故事。学生的故事不惊天动地，却实实在在。真真切切发生在学生身上的故事，会给学生以启发。同龄人的故事最值得分享。

三是自己的故事。班主任应敞开心扉，真情实意地讲述自己的成长故事，与学生交流自己的成长感悟。

讲故事，是一个寻找和分享智慧的过程，也是一个发现和生成智慧的过程。

一个会讲故事的班主任，其实也是许多精彩教育故事的主角。在处理各种事件的过程中，班主任若能充分运用教育智慧，真正关爱学生，便能在学生心目中留下难忘的故事。

22 绿色家园，你我共建
（环保话题）

四川省广元外国语学校　林　欢

设计背景

随着全球工业化的推进，污染物排放量不断增加，导致全球环境质量不断下降。为了追求更高的经济效益或生活便利，人类对自然资源的开发强度不断加大，生态系统遭到了严重破坏，加剧了环境污染程度，环境形势不容乐观。2014年，教育部颁布的《关于培育和践行社会主义核心价值观，进一步加强中小学德育工作的意见》中明确要求："各级教育部门和中小学校要普遍开展生态文明教育，以节约资源和保护环境为主要内容，引导学生养成勤俭节约、低碳环保的行为习惯，形成健康文明的生活方式。"这一举措有助于培养中小学生的忧患意识和可持续发展的观念，促使他们从关心身边的环境问题入手，积极采取行动，共同创造可持续发展的未来。

环保知识涉及范围广阔，内容丰富。对于小学四年级的学生来说，他们已经有一定的环保知识。但受社会的影响，能自觉践行环保的同学很少。本次主题教育课，既要丰富学生的环保知识，又要指导他们在力所能及的范围内学会环保，培养他们的责任感，提高他们的环保践行能力。

教育目标

· 增强学生的环保意识，让学生了解什么是绿色家园，如何建设绿色家园。

· 指导学生从身边的小事做起，增强学生建设绿色家园的责任感，提高他们保护环境的能力。

·收集环保的资料（环境污染的文字与图片、环保视频、环保措施）。

·制作课件。

·准备伤口形状的纸片（长 9 ~ 10cm）和花朵形状的彩色卡纸（直径 9 ~ 10cm）。

·准备供游戏用的垃圾（用纸板标注）；制作四个垃圾回收箱。

·制作绿色家园背景。

一、假如我有一支魔法笔

师：同学们，如果给你们一支魔法笔，你们希望把我们的家园描绘成什么颜色呢？

（预设：学生回答，红色；蓝色；绿色；五颜六色；等等。）

师：老师从你们的答案中了解到大家对颜色的喜好。老师想问，如果从健康、环保的角度讲，什么颜色最适合我们的家园？

（预设：学生回答，绿色。）

师：请同学说说，为什么绿色适合我们健康、环保的家园呢？

（预设：学生回答，树和草是绿色的，为我们制造了清新的空气；绿色有助于保护我们的视力；大树和草能吸收空气中的废气；绿色能给我们带来好心情；大自然本来绿色就最多啊；等等。）

师：很高兴大家已经了解了不少环保知识。确实，绿色既是生命与健康的象征，也是文明与环保的标志，更是我们赖以生存的环境基色。

如果没有了绿色，我们人类的生存就会受到威胁。但是现在许多地区环境污染现象严重，绿色在慢慢消失，这逐渐影响了我们的生活。所以作为小公民，我们应该增强环保意识，为建设健康、环保的绿色家园尽自己的一份力量。今天我们班会的主题是"绿色家园，你我共建"。（学生齐读）

二、绿色去哪儿了

师：同学们，请看我们的家园图片。（教师张贴家园背景图片）我们的家园本是绿意盎然的，但是现在绿色正渐渐消失，它去哪儿了？它被什么颜色吞噬了？请同学们以四人小组的形式进行讨论，找出答案，并用彩笔在老师发的纸条上面涂上相应的颜色，然后用一句话向大家作介绍。

（四人小组讨论，老师注意倾听同学们的发言。）

师：现在有请每组派一个代表将纸条贴在家园图片上，按要求向大家作介绍。

（预设：学生介绍说，白色，塑料袋、一次性餐盒等白色垃圾随处可见；灰色，雾霾笼罩；红色，有些工厂偷偷排放工业废水；黑色，拖拉机、大卡车等排放废气；等等。）

师：大家请看现在的家园，她还那么美丽吗？

（预设：学生回答，不美丽；乱七八糟；受伤了；等等。）

师：那刚才同学们的答案其实反映了什么问题？

（预设：学生回答，垃圾污染；空气污染；水污染；环境污染；等等。）

三、地球妈妈不可承受的伤痛

很多环保人士通过拍纪录片为大家展示环境污染带来的危害，呼吁大家保护环境。请同学们观看一段视频——《地球妈妈倒下了》。

（观看视频《地球妈妈倒下了》。视频《地球妈妈倒下了》由《海洋》《快乐的大脚》《后天》《行星地球》《迁徙的鸟》等影片剪辑合成，主要反映环境污染带来的种种危害。）

师：同学们，你们能谈谈感受吗？

（预设：学生回答，我感到害怕；我有一种担忧；我不希望我们遭遇这些后果；我感到无能为力；等等。）

四、我为环保作努力

1. 听故事《废电池的"呐喊"》

师：孩子们，大家担忧是必要的，人类如果不采取环保措施，地球妈妈将无法承受这些伤害，我们将面临"自食其果"的痛苦局面。所以同学们，我们作为一名小公民，有义务、有责任为环保作努力。

现在请听故事《废电池的"呐喊"》。（播放录音故事）

曾经，我是许多玩具的一部分。有了我，小朋友的玩具飞速跑。可是有一天，当我没用的时候，主人把我扔掉了，不管我了。我静静地躺在地上，腐蚀物从我体内慢慢溢出，渗入土壤、流进水里。我焦急地向过往行人呐喊："把我放到回收站，我体内含有大量的有毒物质，别让我害了你们。"

师：大家听了这个故事，有什么感想呢？

（预设：学生回答，不要乱扔废电池；可以回收旧电池；等等。）

师：孩子们，科学研究证明，废电池无论暴露在空气中还是深埋在地下，其重金属成分都会随渗液溢出，造成地下水和土壤的污染，日积月累会严重危害人类健康。因此，废电池必须投到专门的废电池收集箱（出示图片），由专人进行回收。这样的废电池收集箱，新型住宅小区都有。孩子们，一定不能乱扔废电池。

2. 现场游戏"送垃圾回家"

师：回收废旧物品是我们在日常生活中可以做到的环保行动。大家还要懂得对废旧物品进行分类。

现在我们请各组派代表进行"送垃圾回家"比赛。

（各组派出代表参加"送垃圾回家"比赛。）

师：我们的日常垃圾分为：可回收垃圾、厨房垃圾、有害垃圾、其他垃圾（课件出示）。"送垃圾回家"，即把垃圾分类处理，最大限度地实现垃圾资源再利用，减少垃圾处理，改善生存环境质量。但很多小区的实践存在诸多问题。有些人认为不方便，有些人认为多此一举，你们是怎么看的呢？

（预设：学生回答，确实有点不方便；大家都坚持做，就有意义；开始不习惯，不方便，但坚持做，就习惯了；等等。）

师：同学们说得很好。在这方面，日本、美国等国家已先行一步。大陆有一位作家到宝岛台湾旅游时，吃惊地发现下午4点多钟，街巷口有许多人拿着袋子在排队，一了解竟是在等垃圾车。特别令人感慨的是大家都自觉做好了垃圾分类。作家和他们聊起为什么要这样做，他们平静地说："我们要爱护自己的家"。

我相信，通过我们小手牵大手及我们大家的努力，垃圾分类处理一定会成为大家的习惯，形成风尚。

3. 了解"变废为宝"

师：只要我们有心，我们的家园就会少一点污染。在日常生活中，我们还可以学着自己利用废旧物品制作新的宝贝，这是老师制作的塑料袋清洁球和用旧罐头瓶制作的笔筒。（出示实物）

（预设：同学们露出惊奇的表情。）

师：从大家的表情，看得出大家的惊奇。那同学们有没有尝试过"变废为宝"？我们请做过的同学来分享一下。

（预设：学生说，我用废报纸做过玩具；我用饮料瓶做过笔筒；等等。）

师：谢谢大家的分享，在以后的生活中我们要学着巧用身边的废物，让我们的家园少一点污染。

五、我们手拉手，让家园变美丽

师：同学们，这节课我们了解了环境污染现象，也感受了环境污染带来的后果。所以，我们就从现在做起，从自身做起，为环境保护作出应有的贡献。环境保护靠大家，老师希望通过你们的影响，带动你们的家人和朋友争做环保卫士，大家一起参与到我们的环保行动中来。

接下来，老师给每个小组同学发一张卡片，上面请写上你对朋友或家人的环保寄语，呼吁他们参与环保活动或者指导他们学会环保。

（学生写环保寄语。）

师：现在我们请同学代表取下家园身上的"垃圾"，将寄语卡片张贴在家园的四周。

（同学代表取下家园身上的"垃圾"，将寄语卡片张贴在家园的四周。）

师：孩子们，你们再看我们的家园，你们觉得她漂亮吗？

（预设：学生回答，漂亮，好看多了。）

师：孩子们，只要我们手拉手，大家一起努力，我们的家园就会更加美丽！让我们一起努力吧！

今天的班会到此结束！

点评

学校要组织研课

在点评这节课时，我想说一点教案背后的故事。那就是林老师所在的广元外国语学校，是一所民办学校，办学条件一般，但老师们热爱教育，喜欢研究，学校也非常重视班主任工作，重视班会课研究。

林老师是学校的年轻班主任，也是学校的优秀班主任。当林老师得知我的编书方案后，积极承担了本课题的研究。

有许多次的灯下备课，更有许多次的办公室交流，林老师和学校的同事们为上好这节课呕心沥血。为了上好这节课，学校还组织召开了专题研讨会。上课、听课、评课、修改，于是有了现在呈现在我们面前的这份教案。也许还需要修改，但基本成型。

　　这个教案的成功，给我们的启示之一是，要上好主题教育课，学校要组织班主任深入研课，认真磨课。过去，我们对主题教育课研究不够，现在，我们可以一节课一节课地打磨，备学生、备教法、备细节，使思想不断碰撞、思路不断调整、思考不断深入。

　　对于主题班会课，学校不能坐而论道，需要大家一起行动。

23 安全伴我外出活动
（交通、外出活动安全话题）

上海市实验学校东校　沈文君　章皙妮

设计背景

教育部《中小学公共安全教育指导纲要》指出，开展公共安全教育必须因地制宜，科学规划，做到分阶段、分模块循序渐进地设置具体教育内容。要把不同学段的公共安全教育内容有机地整合起来，统筹安排。

小学四年级的学生具有一定的交通安全知识，但有时不能自觉遵守交通规则；同时为开阔学生视野，许多学校也在四年级时组织比较多的外出参观、游览活动。因此，对成长中的孩子来说，如何提高遵守交通规则的自觉性，如何注意外出活动的安全，成为许多学校、许多班主任的必选话题。本课针对这两个话题，开展积极、主动的教育，并希望能举一反三，增强学生的安全意识，提高学生遵守交通规则的自觉性及应对安全隐患的能力。

教育目标

·指导学生增强对自觉遵守交通规则的认识。
·帮助学生掌握外出活动中应对安全问题的知识，提高外出活动中应对安全隐患的能力。

课前准备

·收集自觉遵守交通安全的故事。
·创作数字故事《精心准备》。
·制作课件。

一、图片导入

师:(出示图片)同学们,你们看图片上的人是谁?他们在干什么?

(预设:学生回答,我们学校的家长义工,他们在校门口协助管理交通。)

师:同学们说得对,真是多亏了这些家长义工,每天我们都能安全进校门。但是这样做,家长也很辛苦。如果我们能够自觉遵守交通规则,该有多好啊!

二、讲述见闻,明确自觉遵守交规的重要性

师:现在我们来看一组数据。据统计,2011 年,日本全国因交通事故死亡者人数与上年同比减少了 4.4%,为 4611 人,已经实现了连续 11 年递减。而我国 2011 年因交通事故死亡人数则达到 62000 人,占全球交通死亡总数的 8%。触目惊心的数字,应该引起我们的思考。

前些日子,我去日本旅游,也深刻感受到日本人遵守交通法规的自觉性。令我感到吃惊的是:外出行走时,许多日本人都自觉遵守交通规则,没有人乱闯红灯;更令人吃惊的是,大街上基本看不到交警,也没有交通协管员。原来日本国民已将自觉遵守交通规则化为平时的习惯,因此在日本很少发生交通事故。同行的朋友也赞叹道:日本国民真是自觉!每一个人过每一个路口都能自觉遵守交通规则。听了这些,你们有些什么感受?

(预设:学生回答,比起日本国民自觉遵守交通法规,我们真的差好多;如果没有警察、协管员的管理,我们的交通会很混乱的;我们需要自觉,需要自律;等等。)

师:是啊。在平时自觉遵守交通规则,在关键时候就会自觉维护社会秩序。2011 年 3 月 11 日日本大地震(出示照片),许多人在大街上躲避时,自觉地躲在安全岛上,确保主干道交通通畅;在楼梯上避难时,也自觉地让出中间通道,确保救险人员的顺畅通过。我还在杂志上看到过这样的介绍:在欧美大城市的街道上也较少见到交通警察,开车的人都遵守交规,遇见红灯会耐心等候,即使街道上没有人,他们也会安静地等待绿灯,绝不越雷池一步。就算在有些较窄的街道上,没有人行横道的标志,行人

也可以自由地行走，因为汽车总是礼让行人的。开车者只要看见有人准备过马路，他就会立刻减慢车速，甚至停下来，示意你先过。听了这个故事，你们有什么感想？

（预设：学生回答，如果我们人人都能做到自觉地遵守交通规则，即使没有交通警察，也会路路畅通，交通事故也会少很多。）

师：由此可见自觉自律是很重要的。说起松下幸之助，同学们也许会感到陌生，但要说起松下电器，那可以说人尽皆知了。松下幸之助就是松下电器的创始人。松下幸之助曾经说过："登峰造极的成就源于自律。"自律就是自觉地严格要求自己。让我们一起诵读松下幸之助的这句名言。

（学生诵读名言。）

三、情景思辨，增强自觉遵守交规的意识

师：遵守交通法规的道理，我们都已知晓。但生活中情况是复杂的，许多时候对我们的考验是无声的。现在，我们来看看情景思辨第 1 题，思考该如何应对：

夜晚静悄悄的，马路上没有行人。十字路口，对面的红灯在闪烁。小亮同学要过马路，这时他该怎么办？

（预设：学生回答，应该等到绿灯亮了才能过马路，应该自觉遵守交通规则；不怕一万，就怕万一，如果有车子冲过来会非常危险的；赶紧过，因为白等就是浪费时间，车子冲过来的可能性很小；等等。）

师：没错，不怕一万，就怕万一。很多交通事故都是在麻痹大意的情况下发生的。我们应该时刻提高自觉遵守交通法规的意识。现在我们来看第 2 题：

白天，十字路口，人来人往，有行人正在乱穿马路，小亮该怎么做呢？

（预设：学生回答，我们不应该跟随那些乱穿马路的人，而应坚持自觉遵守交通规则，红灯停，绿灯行；我们可以劝告那些乱穿马路的人，安全从我做起；我可以跟着大家一起过，这么多人一起过马路，不会有危险的；等等。）

师：就是因为马路上有一些不自觉遵守交通法规的人，我们每天的交通事故才会比较多。因此，我们应该从我做起，相互提醒，做一个交通法规时刻在心中的小学生。现在我们来看第 3 题：

周末，爸爸妈妈和小英准备一起去看演出。离演出开演的时间只有5分钟了，他们来到了剧场前的十字路口，此时红灯亮着，可是爸爸妈妈想拉着小英赶快穿过马路。小英应该怎么办呢？

（预设：学生回答，演出很精彩的，如果错过了开头就不好了，所以应该跟着爸爸妈妈赶快穿过马路；就算是只有5分钟了，还是应该遵守交通规则，因为生命安全对于我们来说是最重要的；等等。）

师：是啊，遇到再重要紧急的事情，都要谨记"规则"和"安全"这四个字。不能因为贪图一两分钟而漠视交通法规，使自己和他人的生命安全受到威胁。最近，我国许多城市加强了交通秩序的治理，加大了对"乱闯红灯"的处罚，相信通过共同努力，会使我们的社会更美好！

四、观看视频，认识安全在活动中的重要性

师：同学们知道了平时要注意交通安全，自觉遵守交通规则，那我们外出活动时要注意什么呢？现在请同学们观看数字故事《精心准备》。

（播放自编的数字故事《精心准备》。内容简介：老师事先到活动地方踩点，制订方案，活动前召开教师会议进行分工，对学生进行活动前教育等。然后学生外出活动，早上高高兴兴地出门，下午平平安安地回来。）

师：同学看了故事，你们明白了什么？我们外出活动的意义又是什么？老师为什么在外出活动前要做那么多的准备工作？

（预设：学生回答，原来老师一直在为我们保驾护航，做了那么多的准备工作；外出活动可以陶冶我们的情操，开拓我们的视野，增长我们的知识；在考察的同时，也增强了我们的安全意识，锻炼了我们面对突发事件时的应变能力。）

师：的确是这样。只有不断增强我们的安全意识，将"安全"二字牢牢记在心里，才能平平安安地进行外出活动。

五、问题讨论，提高应对安全隐患的能力

师：同学们都很喜欢外出参观、游览。但外出参观、游览活动中安全真的很重要。现在我们进行问题讨论。第一个问题：

公园里的免费游乐设施太好玩了，有同学想，大家要走了，他多玩一

次，因为只要他跑得快，就可以赶上同学们。这样做，可以吗？

（预设：学生回答，可以，反正免费的，平时没机会的，一定要多玩几次；不行，因为要和大家一起行动，不能分开，以免走丢。）

师：大家想一想，如果班级里的每一位同学都想再玩一次，那么我们是不是就不能继续进行后面的活动了？外出活动是集体行动，因此，个人应该服从集体。听老师的统一指挥，这样可以杜绝安全隐患。如果感兴趣，以后可以自己和家人再去玩的。第二个问题：

在外出活动中，能不能带手机？

（预设：学生回答，可以带，方便我们及时和老师及家长联系；不可以带，万一有同学不注意，把手机弄丢或者弄坏了，反而会给大家造成麻烦；我们只要听从老师的指挥，就不会出现走丢的情况；等等。）

师：老师觉得同学们说的都有道理。由于我们活动是以小组为单位或者全班一起集体活动的，因此，同学们还是不带手机好。只要大家不乱跑，遵守秩序，是不会走丢的。如果带去的手机弄坏了，弄丢了，会带来新的麻烦和不便，你们说是吗？但是，如果老师允许，也是可以带的。第三个问题：

如果去参观博物馆或科技馆，怎样的活动方式既可以让我们畅游在知识的海洋中，提高活动的质量，又可以避免出现走丢或迷路的情况？

师：现在我们以四人小组的形式开展讨论。

（四人小组讨论，全班交流。）

（预设：学生回答，在出行前，先明确活动场所的特点，需要保持安静，不得大声喧哗和交谈。）

师：为了更好地完成活动任务，我们可以分组进行活动。每一个小组人数4～6人，选好组长。组长分配好每位组员各自的任务，活动中及时清点人数，并约定好如有走失情况，应如何进行应对。

六、征集"外出活动安全口号"

师：为了帮助大家更好地掌握外出活动的安全要求，现在我们来征集"外出活动安全口号"。请同学们思考如何用简洁、生动形象的语言来拟出"外出活动安全口号"，以加强自我教育。我来做一个示范："自觉守交规，安全伴我行。""安全无小事，平安每一天。"现在我们可以自拟，也可以四人小组交流。

（学生拟"外出行动安全口号"。）

师：现在我们进行全班交流。

（预设：学生拟的口号有"外出听清要求，活动安全快乐""分组活动要自觉，集体行动听指挥""特殊情况要请假，私自行动有危险"等等。）

师：同学拟得不错。但我们不能停留在口头上，关键是要自觉行动。

七、总结全课

师：同学们，通过今天的学习，我们知道了平时外出要注意交通安全，自觉遵守交通法规；外出活动时要跟随集体行动。这样才能做到"安全伴我外出路"，平安快乐地成长。

点评

构建校本课程体系

2013年9月至12月，我受聘担任上海市实验学校东校班主任工作室导师。参加《小学主题教育36课》一书的编写，成为工作室重要的研修内容。

在讨论选题时，我建议，选题应具有普适性和校本性。普适性是为了给更多的学校作参考，可以直接"拿来"；校本性是为了体现本校的特色，加强针对性，同时也可以给更多的学校作参考，可以间接"拿来"。

在讨论选题时，沈文君老师告诉我，交通安全和外出活动安全的选题为许多老师所关注。在征集选题时，许多老师提到这两个选题。但也有老师顾虑小学二年级的思想品德课中已有交通安全的专题教育，该如何突破？

讨论的结果是，我们将课安排在四年级，这是因为该校在四年级开始有较多的外出参观、考察活动，需要加强外出活动安全教育，同时我们考虑到，二年级思想品德课讲的是交通安全的基础知识，本课则强调遵守交通规则的自觉性，是在二年级基础上的发展与提升。而在课的具体设计中，情景思辨题的讨论将是重点；情景思辨题又可以根据班情置换。这样这节课的重点、特色就都有了。

我们的建议得到了老师们的认同。大家积极参与研究，开课，评课，众人拾柴，集思广益。这节课在校内开课时得到了学生的喜欢和老师们的好评。

这样的选题思路，有助于学校构建具有校本特色的班会课课程体系。而校本班会课课程体系的构建，将有助于解决班会课选题"碎片化""随意性"的问题。

懂得尊重，学会赞美

（尊重他人话题）

广东省深圳市荣根学校　欧阳利杰

设计背景

席勒说："不尊重别人的人，别人也不会尊重他。"懂得尊重，是现代公民应具备的修养，而赞美是人际交往中有效的技巧，它能缩短人与人之间的心理距离。莎士比亚说："赞美是照在人心灵上的阳光。没有阳光，我们就不能生长。"懂得尊重、学会赞美，对学生的成长和发展具有重要的意义。

现在不少小学生与人交往时，只凭个人的好恶交友，并且随意给别人起绰号，说话、做事不考虑他人的感受。因此，同学间常有纷争，一点小事儿都会惹得同学之间失去了和谐，更不要说赞美他人了。小学五年级是学生成长的重要阶段，有必要开展专题教育，让孩子懂得尊重，学会赞美。

教育目标

· 通过对生活事例的讨论和评价，懂得尊重人、赞美人的重要意义。

· 明白要获取他人的好感和尊重，首先必须尊重他人。懂得只有做到尊重他人，自己才会受到他人的尊重。营造同学之间相互尊重、相互激励的氛围。

· 掌握尊重、赞美他人的一些基本原则、方法和技巧。

课前准备

· 收集校园生活中有关尊重的材料。

· 指导学生排练小品。

· 制作课件。

一、小品导入，了解尊重

师：同学们，今天的班会课，先请大家看一个我们班同学表演的小品《我到底错在哪里》，然后我们一起讨论。

（旁白：早上，小华要上学了。）

华华：今天的早餐真难吃，这么咸！不吃了。

妈妈：那再喝点水吧。

华华：不喝了，我的红领巾呢？快点，我要走了。

妈妈：给你。今天是周二，有美术课，不要忘记带好美术用具。

华华：知道了。

妈妈：昨天我回来晚了，你的作业都放书包里了吧？还有放学时，不要在校门口玩，放了学就回家。

华华：哎呀，真啰唆，烦死了。（跑开）

妈妈：（无奈地）这孩子！

（旁白：学校的操场上，华华看到了女生晗晗。）

华华：肥婆，你能不能把你的那本《查理九世》借给我看看啊？

晗晗：（气愤地）不借。看我不告诉老师你给我起外号！

（旁白：课间，老师在跟华华谈话。）

老师：华华，我刚接到了你妈妈的电话和晗晗同学的投诉，为什么最亲的妈妈和朝夕相处的同学会对你有不满呢？

华华：我到底错在哪了呢？

师：看了刚才的小品，同学们能不能帮华华分析一下，他到底错在哪了呢？

（预设：学生回答，不尊重妈妈的付出；不尊重同学，随便起侮辱性的外号；等等。）

师：人际交往中，最重要的一条就是尊重他人。何为尊重？就是尊敬、敬重他人。

二、观看视频，理解尊重

师：现在请再观看视频《小孩不坏》（片段）。

（观看视频《小孩不坏》（片段）。该视频讲述的是一个小男孩受到了四名同学的欺负，这四名同学还联手欺骗了老师，让那小男孩的妈妈误以为是自己的孩子不懂事，不尊重同学，从而不听小男孩的辩解，用威吓的手段让小男孩承认自己错了。）

师：从这个片段里，你们感受到了什么呢？

（预设：学生回答，父母不倾听孩子的辩解，不信任、不相信、不尊重孩子，从而让孩子受了委屈，给心灵留下了阴影。）

师：生活中流传着许多有关尊重的名句，你们能说出几句吗？

（预设：学生说有关尊重的名言。如果说不出，也没有关系。自然过渡到下一环节。）

师：我也收集了几句，我们一起来学一下。（出示名句，学生齐读）

爱人者，人恒爱之；敬人者，人恒敬之。

——孟子

不尊重别人的人，别人也不会尊重他。

——席勒

父母呼，应勿缓；父母命，行勿懒。

——《弟子规》

师：一个人在与别人的交往中如果能很好地理解别人、尊重别人，那么他一定会得到别人百倍的理解和尊重。实践告诉我们（齐声朗诵）：

尊重是一种态度，它将影响我们的人生；
尊重是一种品格，它将给予他人以温暖；
尊重是一种习惯，它让我们的生活更加温馨；
尊重是一种信仰，它让我们的世界更加和谐。

三、游戏活动，深化尊重

师：下面我们玩一个"照镜子"的小游戏。游戏规则是这样的：一个同学做大喊大叫、挑衅、生气皱眉、友好地笑这四种表情，另一位同学假设是镜中的影像，尽力模仿出来。

现在我们请三个同学到前面来，一个同学发布动作命令，另两个同学一个扮演镜中的影像，一个扮演做动作的人。

（学生表演。）

师：现在请同学们说说你们感受到了什么？

（预设：学生回答，一个人站在镜子前，你笑时，镜子里的人也笑；你皱眉，镜子里的人也皱眉；你对着镜子大喊大叫，镜子里的人也会冲着你大喊大叫；尊重他人，你也会赢得他人对你的尊重；等等。）

师：在我们的学习生活中，自己待人的态度往往决定了他人对我们的态度，下面请同学回忆一下，在你的生活中是否发生过不尊重他人的事情或自己没受到尊重的情况呢？

（预设：学生回答，被同学起过外号很伤心；有同学拿自己的书不还；同学强行看自己的日记，感到很愤怒；等等。）

师：那你有没有哪些话，想对你不尊重的人或者是不尊重你的人说呢？

（预设：学生回答，要将心比心；你不尊重别人，别人也不会尊重你；不要把自己的快乐建立在别人的痛苦之上；不要在别人心灵上留下伤痕；等等。）

师：尊重就像镜子，也像一面回音墙。

你说：我尊重你。它就说：我尊重你。

你说：我恨你。它就说：我恨你。

你说：你这废物！它就说：你这废物！

……

不尊重他人的人不可能赢得他人的尊重。所以要想赢得他人的尊重，首先要尊重他人。

四、朗诵诗歌，升华情感

师：当同学们用真诚的心对对方说出宽容或尊重的话语，对方一定会感到温暖、愉悦，你自己也会体验到一种美好、和谐的人际关系。只有懂得尊重别人，你才会拥有许多的朋友。我们一起来朗诵一首小诗。

（师生一起诵读。）

尊重是一个——微笑；

尊重是一声——招呼；

尊重是一声——"对不起"；

尊重是一句——"谢谢你"。

师：你们能续写吗？

（预设：学生回答，尊重是一个——拥抱；尊重是一次——握手；尊重是一只——温暖的手掌；等等。）

师：是啊，尊重表现在我们生活中的方方面面。它是沟通心灵的钥匙，是架通友谊的桥梁，是维系良好人际关系的纽带。

五、学习赞美，了解方式

师：我们懂得了尊重别人，可是如何让别人感受到我们发自内心的尊重呢？这就需要我们学会赞美。请大家看，我现在的行为是赞美吗？

师：（摸一个学生的头）×××同学，你不仅学习成绩优秀，而且班级工作也做得非常好，身为班长，把班级管理得井井有条。

（预设：学生回答，这是赞美，因为老师在夸他学习努力，班级工作做得好。）

师：那到底什么是赞美？

（预设：学生回答，称赞，颂扬。）

师：我刚才是用哪些方式来赞美他的？

（预设：学生回答，用语言和动作。）

师：其实刚才在赞美同学的过程中，我综合运用了表情、语言、动作等方法。表情、语言与动作相结合才能达到最佳的赞美效果。请问，我们在生活中有没有被别人夸奖过？请问被夸奖的同学，当你被老师、同学夸奖时，心里是什么样的感受？

（预设：学生回答，高兴；兴奋；激动；等等。）

师：请同学们夸夸我们班的同学，注意利用上述的几种方式。

（同学开展夸同学活动，此时，老师相机作点评。）

六、案例讨论，掌握技巧

师：是不是只要赞美，别人就爱听呢？这里有一个例子。莉莉是一个相貌平平但心地善良、乐于助人的女生，但是有个同学却赞美她美若西施，莉莉听后并不高兴，为什么？

（预设：学生回答，别人赞美她美若西施，她感到不真诚，而是在讽刺她。）

师：如果要你赞美莉莉，你会怎么说？

（预设：学生回答，莉莉心地善良，乐于助人，是大家都喜欢的人。）

师：通过刚才的事例，我们知道了赞美别人要学会"看人长处，真诚赞美"。除了真诚，你们感觉赞美别人时还要注意些什么呢？

（预设：学生回答，要说具体的事例，要针对不同的人说不同的赞美的话。）

师：同学们，赞美一个人，不能只泛泛地说你真聪明，你真能干。如班里有位同学各方面都很优秀，你对他说了一句赞美的话："你真棒！"可是那位同学却有点迷茫，为什么啊？

（预设：学生回答，不知道对方在赞美什么。）

师：如果你去赞美，你会怎么说？

（预设：学生回答，可以赞美他成绩优异、管理能力强、热爱劳动等。）

师：是啊，对于不同的人，我们要根据他不同的特点来进行赞美。请大家来赞美一下身边的人吧。

（学生赞美身边的人。）

师：同学们，生活中处处离不开赞美。学会赞美，将使我们的人际关系温馨、和谐，将使正能量温暖彼此的心房。

七、诵读诗歌，深化赞美

师：关于赞美，这里有首《赞美歌》，我们全班同学一起来诵读。（全班诵读）

赞美歌

人与人，和谐处。心与心，相互助。
学尊重，得帮助。多赞美，扬长处。
点点头，你真行。鼓鼓掌，你真棒。
竖拇指，了不起。展笑容，以你荣。
赞美声，由衷出。互欣赏，齐进步。
聚人缘，交朋友。好心态，助成长。

八、总结全课，布置作业

师：懂得尊重，学会赞美，我们的生活就会少一些埋怨，多一些理解；少一些轻视，多一些尊重；少一些狭隘，多一些宽容。如此人生将会充满阳光。

今天回去之后，请同学们运用今天所学的知识，把赞美送给身边的三个人，同时把听到你的赞美后他人的反应记下来，下次班会课我们来交流。

点评

向课外延伸

我们常说，一节精彩的班会课会使学生终生难忘；但我们也要承认有时课上很激动，过后却没有了行动。因此抓班会课的后续工作很重要。

这节课上，欧阳老师设计了易于操作的课外拓展，即"请同学们运用今天所学的知识，把赞美送给身边的三个人，同时把听到你的赞美后他人的反应记下来，下次班会课我们来交流"。

把赞美送给身边的三个人，作业量虽不大，但对学生来说，是很好的练习。更可贵的是要求"把听到你的赞美后他人的反应记下来，下次班会课我们来交流"，这样的课后延伸很有意思，它将根据学生课后实践中遇到的问题进行跟进教育。这样的课外延伸启示我们，后续工作设计一定要扎实、易于操作，课内课外相结合，切实巩固课堂教育的成果。

绿色上网文明行

（网络教育话题）

山东省枣庄市实验学校　于伟利

设计背景

比尔·盖茨曾经说过："网络正在改变人类的生存方式。"的确，当今时代是一个充满竞争的信息时代，计算机网络给我们带来了前所未有的惊喜，它以丰富的内容、开阔的视野、快捷的方式为我们呈现了一个崭新的世界。网络越来越多地走进了小学生的生活。

但是网络是一把"双刃剑"，它给我们生活带来了方便的同时，也带来了很多负面的影响。网络上低级庸俗的内容，让一些自控能力较差的学生不能自拔，沉迷于网聊、网络游戏之中，纯洁的心灵受到了毒害，身体也受到了损伤。为此应通过专题教育，使学生明辨是非，学会文明上网。

教育目标

·通过案例，使学生明白"沉溺网络"的危害性，从思想上认识到远离暴力的网络游戏等不良内容的必要性。

·使学生认识到，在网络时代，我们应该学会利用网络资源促进学习，规范自己的上网行为，做到文明上网。

课前准备

·师生共同收集有关网络游戏、网络聊天等的危害的案例资料。

·制定《班级网络文明公约》。

一、谈话交流引课题

师：同学们，你们一定都喜欢上网吧？都有自己的 QQ 号吧？上网成了我们许多学生课余的一大爱好，对吗？你们能说说网络带来的快乐吗？

（预设：学生回答，可以获取知识；可以浏览新闻；可以和亲人交流；可以玩游戏；可以看视频；可以购物；等等。）

师：是啊，网络给我们的生活带来了新的变化，有了网络，信息传播更快了，人们的生活更丰富多彩了。但是，网络在给我们带来便利的同时，也带来了许多问题，给老师、家长们，也给你们带来了许多困扰。

今天就让我们正确认识网络——绿色上网文明行。

二、多种形式明危害

师：现在老师想请同学们说说自己在网上都做了些什么，有什么收获。

（预设：学生回答，可以与远方的朋友聊天；可以查找很多的资料；可以学习知识；可以资源共享；等等。）

师：正如同学们所说，它给我们带来了很多的好处、方便，网络丰富了我们的生活，但网络上也有一些不健康的内容，我们一个不小心，就可能深陷其中，无法自拔，荒废学业，甚至酿成悲剧。老师给你们讲一个故事。

小勇从小学三年级时开始迷恋上网，平时常偷偷去网吧，痴迷于《传奇》《星际》等游戏。随着时间的推移，小勇渐渐不愿上学，也不愿与其他同学来往。

有一次，小勇告诉父母说去外婆家过周末，但外婆一直未见他到来。

就在父母心急如焚、准备向派出所报案时，小勇终于回来了。原来，小勇没有去外婆家，而是"泡"进了街头的一家"黑"网吧，直到花光了身上所有的钱，没钱上网了，才想到回家。那时，小勇在网吧里已经连续"奋斗"了一天一夜。

此后，小勇更不愿意与他人交流，甚至莫名其妙地发脾气，十分暴躁。

师：同学们，听了这个故事之后，你们有什么感受？

（预设：学生回答，小勇迷恋上网络游戏；小勇应与同伴参加有益的活动；网络游戏害了小勇；等等。）

师：老师还想给你们讲述两个真实的案例。

据法制日报报道，广西壮族自治区柳州市某中学学生陈某某，因通宵上网，兴奋过度，第二天清晨被发现猝死在电脑桌上。

据中央电视台《新闻联播》报道，天津市某中学学生小赵因更新游戏屡次失败，心灰意冷，感觉人生无趣，回家跟父亲说了句"爸爸，谢谢你养育了我11年，你要好好保重身体，再见"，然后，坐电梯到11楼后跳楼自杀了，留下悲痛欲绝的父母。父亲悲愤地诉说："救救孩子！"专家指出，青少年长时间通宵上网玩游戏，会影响内分泌，造成意志消沉等问题，更有甚者会危及生命。

针对以上案例，我对我校的五年级学生做了问卷调查，他们的上网情况调查统计显示："上网目的"中的打游戏、聊天交友、查资料、其他，在男生身上所占比重为40%、28.7%、17%、14.3%，在女生身上所占比重为12%、44%、22%、22%。

从调查中，我发现：（1）五年级的学生基本上都会上网。（2）上网的目的，主要是玩游戏、交朋友、聊天，其次才是阅读或查资料，一部分学生也有意或无意地进入过黄色网站。（3）上网时间，一般选择在双休日、放学回家时，平均每星期上网时间为 2～3 小时。但有 15% 的学生痴迷于网络，每星期上网时间至少 7 小时，几乎是天天想上。（4）对于上网的感觉，有 85% 的学生觉得开心、舒畅、爽、刺激。（5）父母懂得网络的只有 38%，对于孩子上网，持支持、理解态度的不多，仅仅为 20.6%，大多数家长禁止孩子上网。

我想问问同学们，面对家长不赞同你们上网，你们该怎么办？

（预设：学生回答，我们登陆好的网站；增强自控能力和辨别能力；开展网络承诺活动；开展丰富的课外活动生活；等等。）

师：同学们说得很好。现在整个社会提倡绿色上网，绿色上网不仅针对经常使用电脑的大学生，更针对自律能力较差的中小学生。我们应该用自己的实际行动让家长放心。要做到这一点，自律非常重要。

三、问题讨论思利弊

师：要做到自律，我们应充分认识到网络的利弊。现在请同学们以四人小组的形式进行讨论，各抒己见，畅谈网络的利和弊，最后形成小组意见。

（学生以四人小组的形式进行讨论、交流。老师注意倾听。）

师：同学们，现在我们进行全班交流。

（预设：学生说，上网的好处是，可以从网上获取更多的知识和信息，增加与别人交流合作的机会，可以发展自己个性特长，等等；上网的弊端是，沉迷于玩网络游戏会成瘾并影响身体健康，网上用语不文明等网上举动也会影响网下交流，不健康网站、垃圾文化会严重影响学生的成长，等等。）

师：同学们，刚才大家讨论了网络的利与弊两方面，我看大家的分析都有道理。到底应该怎样运用网络呢？其实网络是把"双刃剑"，关键看如何用。我们要学会做网络的主人！

做网络的主人，不能是空话。你们有好的做法吗？

（预设：学生回答，自我提醒，把上网的利弊写在纸上，贴在房间的显眼处，每天默念几遍；放松训练，当迷恋网络出现紧张、不安等情绪时，做些深呼吸等放松练习；转移注意力，如听自己喜欢的音乐，做自己感兴趣的事情；请家长、老师监督，不上不健康的网站；等等。）

师：大家的想法都不错，文明上网，功在平常。下面，我们就来了解一下绿色上网的特征：

（1）上网要控制时间，每天上网时长不宜超过半个小时。

（2）浏览的网页资源要丰富，内容要健康，不浏览黄色网站。

（3）自觉制止不适当的上网行为，用语文明，不随便与陌生人聊天。

四、情景思辨作决断

师：了解了绿色上网的特征后，现在我就来考考你们：如果出现以下情况，你们该怎么办？情景思辨题1：

如果有同学或朋友邀你去网吧，你会怎么办？

（预设：学生回答，我坚决不去，并劝说同学也不要去。）

师：对，网吧不是我们应去的场所。现在政府也加强了对网吧的管理，一般网吧也不允许未成年人进入。"欢迎"未成年人去的网吧，十有八九就是"黑网吧"，我们坚决不能去。我们可以在家里或学校上网，在家长或老师的监护下文明上网。情景思辨题2：

想上网，该怎么办？

（预设：学生回答，限制上网时间，非节假日就不要老是去上网了；节假日时，每天上网不超过三小时，接受家长的监督和定时检查；也可以转移注意力，参加课外活动，培养其他的兴趣爱好；等等。）

师：想上网不是坏事。关键是如何上网，如何利用网络。我们要把网络作为工具来运用，帮助我们学习和研究。对于如何上网，老师概括为七个字："适时，适量，会选择"。"适时"，平时少一点，双休日多一点；"适量"，每次上网的时间要把握好；"会选择"，这一点最重要。我们会选择，能自控，网络就会帮助我们成长。情景思辨题3：

上网时，误入了黄色网站，该怎么办？

（预设：学生回答，可以尝试一下，挑战一下自己；网络是虚拟的，没有必要那么在乎；坚决不看，立刻关闭；等等。）

师：我很赞成"坚决不看，立刻关闭"的选择。如果我们误入了黄色网站，色情、淫秽等信息，会引诱人误入歧途。黄色网站被称为"彩色可卡因"。所以，坚决不要"尝试"，这是老师的肺腑之言。

五、行为反思表决心

师：刚才，大家都谈了正确使用网络的一些见解。会前，我也召开了班委会，听取了班干部的建议，我们商议起草了我们班的《班级网络文明公约》，提出了上网的具体要求，以此来规范我们的上网行为。现在请班长来介绍一下。

（班长介绍，同时课件出示。）

> 合理上网绿色行，掌握时间记心中；
> 不良网页要警醒，网上用语讲文明；
> 违法网吧不沾身，交友聊天需谨慎；
> 网络游戏不迷恋，健康生活每一天。

师：学习的目的就是为了运用，希望我们能认真遵守公约，在网上开展积极的学习、交流和创新活动。既然是公约，我想征求同学们的意见。有没有同学有不同看法，或做不到？如果大家都赞成，那我们一定要做到。现在我们一起来诵读《班级网络文明公约》。

（学生齐读《班级网络文明公约》。）

六、归纳总结明主题

师：同学们，我们是网络文明的受益者，也是网络文明的建设者。网络文明，要从我做起，从身边做起。我们要积极开展网上的学习，也要注重网下的学习和实践，为营造绿色网络环境作出我们应有的贡献。

网络世界丰富多彩，选择在我们！让我们自觉遵守《班级网络文明公约》，文明上网，从我做起；绿色上网，健康成长！

点评

开展小调查

这节课有一个亮点，那就是班主任在课前开展了小调查。主题教育课要有针对性，开展小调查是有效的举措。

小调查可以在课前进行，也可以在课上进行。课前的小调查，因时间比较充足，班主任可以进行统计分析，制作调查结果示意图，供同学们分析讨论。课上的小调查，时间相对有限，但具有现场感，有助于课堂教学的推进。

小调查往往由三四个选项组成，话题比较集中。现在也流行"微调查"，它更聚焦问题所在，常常是一个选项。

有时调查题还是测试题，测试答案的揭晓，应能引起学生的关注，由少数到多数，由低分到高分逐一介绍。

要搞好小调查，班主任可以向网络学习。人民网、凤凰网等网站经常有调查题，可供我们参考借鉴。

26 自信助我成长

（自信话题）

浙江省温州市平阳新纪元学校　李明莉

设计背景

法国教育家卢梭曾经说过："自信心对于事业简直是一种奇迹，有了它，你的才干便可以取之不尽，用之不竭；一个没有自信的人，无论他有多大的才能，也不会抓住一个机会。"在我们周围的生活中，不难发现，那些自信心强的人，能抓住机遇，充满信心地去迎接挑战，想方设法获得成功；而那些自信心弱的人，往往是退却顺从，成为生活中的弱者。所以说，自信是一种力量，是助人飞翔、获得成功的隐形翅膀。

随着年龄的增长，小学四年级学生自我评价能力开始逐步形成，可往往容易出现偏差：有的对自己估计过高，骄傲自满；有的则对自己估计过低，缺乏自信。随着学业难度的增大，后者情况更凸显，表现在课堂上小手如林的动人画面少了，回答问题的声音小了，争着上台展示的孩子少了。帮助这些孩子正确地认识自我、建立自信，引导他们积极进取、勇于表现，是班主任应努力做好的工作。

教育目标

· 帮助孩子们了解自信在学习、生活中的重要作用。
· 指导孩子们正确认识自我，教给他们获得自信的方法，建立自信。
· 引导孩子们学会不断调整自己，以平常心对待学习生活中的挫折和失败，努力保持自信，促进孩子们的心理向健康方向发展。

课前准备

· 指导每位学生将自己的"五大优点"写在心形便利贴上。

·学生准备小品表演。

·剪辑学生演讲的视频，对驯象师的话进行录音，并准备音乐《相信自己》。

·准备"自信树"，粘贴在教室的后墙上。

教育过程

一、故事导入

师：同学们，知道你们喜欢听故事，今天老师准备了一个故事，你们想听吗？

（预设：学生回答，想。）

师：一天，一位驯象师带着一头大象完成表演后，将大象拴在了一旁。（出示图片）细心的同学会发现，拴大象的链子不粗，就连固定用的木桩也不粗。此时，你们是否有疑问了呢？这样细的绳子和木桩怎能拴得住大象呢？你们的看法如何呢？

（预设：学生回答，这样细的链子和木桩是不能拴住大象的；可以的，因为大象已经被驯服了；大象不喜欢自由活动；等等。）

师：让我们来听听驯象师是怎么说的。（播放录音：这象从小时候起，我就用这样的方式拴着。起初，它也想挣脱束缚，但经过多次的尝试，都没能如愿，它就不再尝试了。长大后，它的力量是可以挣脱束缚的，然而它却不再尝试。有时候我链子往它身上就那么一套，也没有固定在旁边的木桩上，它也会乖乖地待着。）同学们，你们心中有什么想说的呢？

（预设：学生回答，大象小时候觉得自己挣脱不了，习惯了；大象不了解自己；以前的失败让它没了信心；它不敢尝试；等等。）

师：正如你们所说，大象胆小，不敢尝试，它缺少做事的恒心，实质上重要的原因之一就是它缺少一种可贵的东西，那就是自信。（课件出示：自信）

二、认识自信

师：那么，什么是自信呢？首先，让我们一同去认识自信。看到"自信"一词，人们会想到它的两个兄弟（课件出示：自卑、自大）。那么它们之间有什么区别呢？相信看了以下几位同学准备的表演，我们就有了答案。

（课件出示小演员及小导演的姓名）掌声有请。（表演小品的四位同学上场）

文艺委员：我是班级的文艺委员，下个月，学校要举办文娱会演，每个班出个节目，该让谁去表演好呢？对了，让她去！（对着自卑同学）自卑同学，自卑同学，大家都说你唱歌唱得好，你能代表我们班去学校表演吗？

自卑同学：不，不，不行，我真的不行，我自己瞎唱还可以，可一上台，我准紧张，到时唱得准跑调，我一定会搞砸的。

文艺委员：（转向自信同学）自信同学，自信同学，你嗓子不错，你能准备一个节目参加学校的表演吗？

自信同学：好吧，我试试，虽然我表演时表情不够丰富，但我相信通过练习，我可以做好这件事情。

文艺委员：（又对着自大同学）自大同学，自大同学，你也很好，不如你和自信同学一起准备节目吧？

自大同学：哼哼，我当然很好啦，人家都说我高端大气上档次。要说表演，谁比得过我呢？但是我才不要和自信同学一起表演，他档次太低了！

文艺委员：看来，这次表演的机会就得给自信同学了。（转身喊住）自信同学——

师：谢谢四位小演员及幕后的小导演。同学们，通过他们的表演，什么是自卑、自信和自大，你们了解了吗？

（预设：学生回答，自卑就是觉得自己不行；自信就是相信自己，了解自己，对自己有信心；自大就是过高地评价自己，看不到自己的不足。）

师：这三者，你们喜欢哪一个呢？

（预设：学生回答，喜欢自信。）

师：是啊，自信是非常可贵的品质。自信是自我评价的积极态度。相信自己，努力实践。古希腊著名的思想家苏格拉底曾说过：一个人是否有成就只有看他是否具有自尊心和自信心这两个条件。（课件出示：自尊心、自信心）

三、树立自信

师：自信如此重要，你们想拥有它吗？

（预设：学生回答，想。）

1. 审视自我，思考症结

师：接下来我们就来了解怎样树立自信。树立自信的前提是正确认识自己。老师想请同学们认真想想：你们自信吗？你们通常什么时候会不自信呢？

（预设：学生回答，我写作业时没有自信；我朗读课文时没有自信；我怕发言出错，别人笑话我；等等。）

师：通过刚才同学们的交流，我们可以将不自信的因素大致分为三类：一是面对自己的不足时，比如普通话不标准，读书就没有自信；二是面对曾经失败的事时，比如游泳时呛水了，就不敢下水了；三是太过在乎他人对自己的评价时会过于担忧、胆怯，比如怕被人笑话而不敢上台表演。这三方面的问题如能解决，我们的自信心便能树立起来。（课件出示：面对不足——自卑；面对失败——灰心；面对他人评价——胆怯）

2. 小博士支招——教给自信的方法

师：怎么解决这些问题呢？聪明的小博士为我们提供了树立自信的三大秘诀。（课件出示：金无足赤，人无完人——肯定自己；失败是成功之母——挑战自己；做最好的自己——发展自己）

我们能否根据小博士提供的关键词，说说你们对这三大秘诀的认识呢？请前后桌四人小组就自己最感兴趣的话题进行讨论。

（学生讨论。教师随机指导，并查看学生放在桌上写有优点的便利贴。）

师：同学们讨论得可真热烈，那么我们交流一下吧！

师：哪个小组选择讨论的是秘诀1呢？

（预设：学生代表发言，金无足赤，人无完人，就是说人都有缺点，不可能十全十美；再优秀的人也有缺点，所以我们有缺点也不要自卑，关键是要想着去改正。）

师：是的，金无足赤，人无完人，谁都有缺点和优点，我们要看到自己的优点，懂得肯定自己，学会欣赏自己。课前，我们请同学们写出了自己的五大优点。刚才，我看了几个同学写的，你们来猜猜看，他们分别是谁的。

（老师读学生写的优点卡，同学们猜。若猜不出，教师补充这个学生的显著优点，让大家一起大声地猜出他的名字来。）

师：（猜出后）其实他还有很多优点，谁来补充？

（学生补充。）

师：我们列出来的这些优点就是我们自信的种子，让我们把自信的"种子"根植到内心，请同学们用赞美的语气也夸赞一下自己，把自己列出的优点读一读吧！

（同学们以"开火车"的形式大声地读出自己的优点。）

师：当我们面对自己的不足时，别气馁，不妨想想自己也有许多值得欣

赏的优点！要学会肯定自己。（板书：肯定自己）

师：哪组同学来说说对秘诀2的理解？在汇报时，请结合具体的事例来说。

（预设：学生回答，不要怕失败；只要吸取教训，下一次就可能是成功；失败不可怕，怕的是失败了就放弃；做什么事情，都不能轻易放弃；等等。举例略。）

师：是啊，没有人总能一帆风顺。失败了，我们可以总结经验，吸取教训。对善于吸取教训的人来说，失败也是财富。所以，我们不要怕失败，从哪里跌倒，就从哪里爬起来，要学会挑战自己。（板书：挑战自己）

师："做最好的自己"是我们的校训，大家并不陌生，而且很多同学都在用行动证明自己。如班级吉尼斯活动中，我们不少同学刻苦练习，让自己每天进步一点点，从而成为班级某方面的佼佼者。

（课件出示班级吉尼斯冠军姓名，如数学王、魔方王、跳绳王等。）

师：我想今天咱们就来个冠军访谈，同学们可以就自己感兴趣的问题采访冠军。

（预设：学生问，你不觉得反复练习很枯燥吗？是什么力量让你坚持下来的呢？你有什么经验，给我们介绍一下好吗？……冠军回答，严格要求自己；有计划；勤练习；等等。）

师：我们可以在意他人的评价，但不应胆怯地躲避，而应像这些班级吉尼斯冠军们一样，找对的事来努力证明自己，勤奋练习。就如法国著名画家德拉克罗瓦所说，天才总应该伴随着那种导向一个目标的、有头脑的、不间断的练习。只要我们确定好目标，勤于练习，我们就能每天进步一点点，从而发展自己。（板书：发展自己）

同学们，在小博士的帮助下，我们知道了面对不足，要学会懂得肯定自己；面对失败，要勇于挑战自我；成长的路上，要不断努力，证明自己，发展自己。这样一来，我们就可以拥有自信，而自信必将会助我们成长！

四、秀出自信

师：拥有自信的人活泼、大方、勇敢。但在众人面前，又该怎样表现出自信呢？相信我们能从这段视频中获得方法。（观看学生演讲视频。视频简介：参加演讲比赛的选手，落落大方，富有感情，毫不怯场地演讲。）

师：现在我想听听同学们的想法。在众人面前，表现自信要注意什么？

（预设：学生回答，眼睛大胆看观众；表情自然；声音不能太轻；表演时腰板要直，人要有精神；等等。）

师：请同学们在小组内轮流进行训练，记住，一定要按方法来。（出示方法：眼睛正视前方，提高音量，微笑着对自己说"我能行！"）

五、布置作业

师：掌握方法了，谁愿意来试试，就这节课的收获说一两句话，展示一下你的自信？

（学生积极发言，略。）

师：课后每个同学准备一个才艺，在家长会时进行展示。尽管，我们有不足，但请记住——自信是一个人的胆。有了这个胆，你就会勇往直前！

六、总结全课

师：拥有自信的人能成功，拥有自信的民族能强大。祖国未来的建设者们，老师愿你们人人拥有并保持自信。哈佛大学教授罗伯特·安东尼有一条保持自信的好方法（出示格言）：将自己的每一条优点都列出来，用赞美的眼光去看它们，经常看，最好能背下来。

那我们就按安东尼的方法，把写有自己优点的便利贴贴在教室后墙的"自信树"上，有空常在"树"前看看，读一读、记一记自己的优点。希望自信的种子在每位同学心中生根，也祝愿同学们快乐茁壮地成长，将来成为参天大树，成为建设祖国的栋梁之才！

（播放音乐《相信自己》，音乐声中，学生郑重其事地依次将自信便利贴小心地贴在"自信树"上。）

点评

德育主任要上"下水课"

在我的工作室中有好几位学员是德育主任。在实践中，我们有成熟的做法，那就是德育主任也要上班会课，我们把这样的课称为"下水课"。有的德育主任是和班主任合作，有的德育主任是自己上。李明莉老师的这节课就是自己设计、自己上的。

德育主任上"下水课"，有利于了解学情。在上班会课前，他们需要更多地研究学生，了解学生；上班会课时，他们和学生面对面。学生的爱憎，学生的困惑，学生的创新，他们可以直接感受，真切把握。

德育主任上"下水课"，有利于水性提高。俗话说，拳不离手，曲不离口。上课本领是需要不断操练，不断提高的。上"下水课"，预设是否充分，生成的问题是否能被有效处理，课件的制作是否到位，直接关系到上"下水课"时能否有收获。现在德育主任与班主任同甘共苦，指导更具说服力。

德育主任上"下水课"，有利于工作推进。现在不少学校重视班会课研究，常组织班会课研讨。德育主任上"下水课"，感同身受，发言有了底气，研讨有了方向。火车跑得快，要靠车头带。德育主任的示范，将带动班主任参加实践，投入研究的积极性。

李老师的这节课是成功的，李老师在课后自信地告诉我，"现在我感到上好班会课并不难"。我想，这就是德育主任上"下水课"的意义所在。

27 乘着音乐的翅膀

（音乐爱好话题）

重庆市中山外国语学校　金　鑫

设计背景

自古以来，人们对音乐的教育作用给予了高度的关注。先贤孔子说："广博易良，乐教也。"

音乐家贝多芬说："音乐是比一切智慧、一切哲学更高的启示。"音乐所具有的强烈的感染力，能深深地打动欣赏者的心灵，潜移默化地陶冶人们的情操。同时优美的音乐能使学生在轻松愉快的学习环境中感受美、享受美、表现美、创造美。

但现在不少小学五年级的学生由于学习的紧张，不太喜欢音乐，不太喜欢上音乐课，他们不知道音乐对人的成长、对人的生活有怎样的作用。本次主题教育课要让学生们了解音乐的作用并喜欢上音乐。

教育目标

· 通过对音乐作品、事例的感受和评价，提高学生学习音乐的兴趣。

· 引导学生走近音乐、喜爱音乐，通过对音乐作品的感受和理解，陶冶情操，增强对美好事物的挚爱之情。

课前准备

· 收集优美的音乐作品。

· 制作课件。

· 制作调查表，开展小调查。

一、导入课题

师：同学们，今天这节课老师问你们几个小问题：你们喜欢音乐吗？你们爱唱歌吗？你们爱唱什么歌？

（预设：学生回答，喜欢，不喜欢；爱，不爱；爱唱的歌比较多，如《爸爸去哪儿》《我的歌声里》《春天里》等。）

师：（从学生说的歌中挑一首）你一定会唱这首歌，唱几句让我们一饱耳福好吗？同学们想不想听？好，会唱的跟着一起唱起来。

（学生唱歌。）

二、聆听音乐，感受音乐之美

师：谢谢你们热情的歌声，就像冬天里的一把火温暖了我。有人说，音乐是有声的语言。当音符翩翩起舞，汇成动人的旋律，把你包围，把你笼罩时，你会忘记烦恼，为之激动、微笑、流泪、陶醉。今天，让我们走近音乐，感受音乐带给我们的快乐。

1. 旋律美

师：现在请你们仔细地听，听完后再说说你们听到了什么。（播放音乐《四季的春天》《命运交响曲》）

（学生聆听音乐。）

师：你们听到了什么？

（预设：学生回答，音乐节奏在不断地变化，时高时低，时急时缓等。）

师：我们刚刚听到的音乐，节奏时而舒缓轻柔，时而欢快热情，时而掷地有声，这就是音乐的旋律美，音乐给我们带来听觉上的享受。

2. 想象美

师：不仅如此，音乐也能启发思维，给人带来无限的想象。请同学们看看屏幕上的这张图片，伴随着音乐声的响起，你们能想象到什么？（播放课件和歌曲《天堂》）

（预设：学生回答，仿佛看到一望无际的平原，牧民骑着骏马奔驰；牧民在草原上放着牛羊，过着无忧无虑的日子；蓝天白云，青青小草，感觉非常的美；等等。）

师：这就是音乐带给我们的想象美。在音乐的熏陶下，当美妙的歌曲响起时，我们脑海中就会浮现无限的想象。

3. 歌词美

师：这么美的想象，还有这么动听的音乐，大家都陶醉其中。美妙的歌曲不仅具有旋律美和想象美，许多歌词也非常美。请大家看看屏幕上的歌词，读一读，你们有什么感受？

《荷塘月色》：剪一段时光缓缓流淌／流进了月色中微微荡漾／弹一首小荷淡淡的香／美丽的琴音就落在我身旁／萤火虫点亮夜的星光……

师：在这些歌词中，你们最喜欢哪几句歌词？为什么？

（预设：学生回答，这首歌让人感觉非常的优美；仿佛置身在荷塘中，闻到了荷花随风飘来的淡淡的香；美丽的荷塘景色，有月色，有琴音，有荷香，有萤火虫，让人好似进入梦境。）

师：你们有哪些美妙的歌词？我们分享一下。

（学生介绍自己喜欢的歌词。）

师：同学们，优美的歌词，会引起我们情感的共鸣。而一首经典的曲目，背后也常常隐藏着一个感人的故事，也正因为这种感人的内涵才成就了一首曲目的传唱度，现在我们收听一则音乐故事。

（播放录音）各位听众，大家好！欢迎收听音乐网。现在我和大家分享《天亮了》这首歌背后催人泪下的故事：1999 年 10 月 3 日，在贵州麻岭风景区，正在运行的缆车突然坠毁，一声巨响后重重地撞在 110 米下的水泥地面上，断裂的缆绳在山间四处飞舞。在缆车坠落的那一刹那，一对年轻的夫妇，不约而同地使劲将年仅两岁半的儿子高高举起。结果，儿子得救了，这一对父母却失去了生命。在生和死的瞬间，父母想到的并不是自己，他们用双手把生的希望留给了儿子，这就是人世间最伟大的父母的爱！这个生命的故事，深深打动了歌手韩红，她就这个令人震撼的事件并以小孩的口吻，创作了《天亮了》这首感人至深的歌曲。

（播放视频）那是一个秋天，风儿那么缠绵。让我想起他们那双无助的眼。就在那美丽风景相伴的地方，我听到一声巨响震彻山谷。就是那个秋天，再看不到爸爸的脸。他用他的双肩，托起我重生的起点。黑暗中泪水沾满了双眼。不要离开，不要伤害，我看到爸爸妈妈就这么走远，留下我在这陌生的人世间。不知道未来还会有什么风险，我想要紧紧抓住他的手。妈妈告诉我，希望还会有！看到太阳出来，妈妈笑了，天亮了！……（《天亮了》）

师：同学们，听了这则音乐故事，你们有什么感悟？

（预设：学生回答，这首歌唱出了父母对孩子的爱，也表达了孩子会坚强地活下去的信念；歌声也是表达情感的一种方式；原来音乐背后也有这么多感人的故事；等等。）

师：是啊，音乐表达出了我们内心的真情实感，让我们的心和音乐融为一体。

三、讲述感受，了解音乐的作用

师：音乐是生命的阳光，沙漠的泉水，心灵的窗户，优美的音乐给我们的生活和学习带来了什么？

（预设：学生回答，音乐可以让我们身心愉悦；音乐可以鼓舞斗志；等等。）

师：确实音乐可以让我们身心愉悦，它是智力发育的养分，也可以给人的思维打开另一扇窗。同学们，你们认识他吗？（出示爱因斯坦漫画图片）

（预设：学生回答，认识，爱因斯坦。）

师：观察这幅漫画，你有什么发现？

（预设：学生回答，这幅画上，爱因斯坦的脸是一把提琴；鼻子也是一把提琴；衣服上好像是数学符号，又好像是音乐符号。）

师：同学们观察得很仔细。确实这幅画上，爱因斯坦的脸是一把提琴，鼻子也是一把提琴。衣服上好像是数学符号，也好像是音乐符号。这暗示爱因斯坦热爱科学，也热爱音乐，在他身上数学符号、音乐符号难以区分，浑然一体。爱因斯坦曾说，他的许多科学成就是从音乐启发中而来的。现在，我来给你们讲一讲爱因斯坦喜爱音乐的故事。（配乐讲述）

在辗转流离的岁月中，爱因斯坦与小提琴总是形影不离，他几乎没有一天不拉小提琴，演奏小提琴简直成了他的"第二职业"。他甚至认为自己拉小提琴的成就，比在科学上的贡献还大。当思想的行进遇到障碍时，爱因斯坦就会拉一拉小提琴。

爱因斯坦对变奏曲极感兴趣，在学习演奏过程中，通过无数次练习各类复杂多变而丰富的音型节奏，培养了他攻克科学难题的坚强意志，也使他的想象力思维意识更活跃。

在他研究相对论的日子里，正是在演奏了一番小提琴后，激发了他灵感的火花，进而解决了难题。

师：同学们，从爱因斯坦的故事中，你们有什么感悟？

（预设：学生回答，音乐可以丰富人的想象力；音乐让人变得聪明；等等。）

师：音乐是世界共通的语言，没有障碍，没有阻拦。一个爱音乐的人，常常充满活力，常常热爱生活，常常拥有丰富的精神世界。

四、调查分析，思考如何学好音乐

师：同学们，在课前，我作了一个小调查，得出了以下数据。请看大屏幕：

	班级调查表	
A	喜欢唱歌的有 27 人	不喜欢唱歌的有 22 人
B	认真上音乐课的有 29 人	不太认真上音乐课的有 20 人
C	学过乐器的有 17 人	没学过乐器的有 32 人
D	一直坚持学乐器的有 13 人	学乐器中途放弃的有 4 人

师：看了这张调查表，你们有什么思考？

（预设：学生回答，我们班里喜欢唱歌的人比较多，学乐器的人比较少，等等。）

师：通过前面的学习，我们知道音乐能给我们带来美的享受，还有感人至深的故事，还能让人变得更加聪明。看到班上的调查表，你们想说点什么？

（预设：学生回答，音乐有这么多好处，我们应该认真学音乐；做事情要坚持到底，不能半途而废；等等。）

五、情景思辨，讨论怎样学好音乐

师：同学们都有学好音乐的愿望，现在有这样的情景，你们认为该怎么做呢？我们一起讨论。现在看情景思辨题 1：

王华同学平时喜欢唱歌，但父母不支持。她该怎么办？

（预设：学生回答，告诉父母，唱歌可以宣泄情绪，有利于减压；到小区里练嗓子，躲开爸爸妈妈；和爸爸妈妈一起唱唱歌，争取父母的支持；等等。）

师：其实，兴趣是最好的老师，音乐有那么多的好处，我们可以建议父母平时也唱唱歌，一起感受音乐的魅力。现在我们来看情景思辨题2：

小张同学练小提琴已经四年多了，平时功课比较多，周末又要坐一个多小时的公交车去学拉小提琴，他觉得很累，想放弃。

（预设：学生回答，挤时间去学；不要轻易放弃；实事求是，实在不行就放弃；等等。）

师：我们班的同学有没有谁在学乐器的？请你来说说学乐器的感受。

（预设：学生回答，学乐器是很花时间的，在平时抓紧时间把功课做完，多余的时间再去学；学乐器的过程中会感到疲倦，或者遇到困难，但我们应该坚持，做事不能半途而废。）

师：鲁迅有这样一句名言：时间就像海绵里的水，只要愿挤，总还是有的。我们要学会合理安排时间，做时间的主人，处理好学小提琴与做功课的关系。周末坐公交车时、在路上时可以对其他功课的学习进行安排。当然有时可以暂时放弃乐器的学习，作必要的调整。在假期里，可以加强练习。在这里，我还想给大家讲一个故事。

在乡下一家简陋的旅店里，楼下的一位客人被楼上优美的钢琴演奏声吸引，他问店主弹钢琴的人是谁。店主告诉他是贝多芬。客人轻步走上楼去，透过门缝看见贝多芬正全神贯注地弹奏。但钢琴边上放着一盆水。他正纳闷，忽然看见贝多芬把手指往盆里浸了浸，又继续弹奏。原来贝多芬练得手指都发热了，需要用水浸一下。这位客人站了很长时间才离开，当他下楼时，感叹道："这才是伟大的音乐家！"

后来贝多芬的耳朵聋了，但他都没有放弃对音乐的追求。耳朵听不清，他就拿一根木棍，一头咬在嘴里，一头插在钢琴的共鸣箱里，用这种办法来感受声音。就这样，他创作出了很多杰出的音乐作品。

师：同学们，你们听了这个故事有什么感想？

（预设：学生回答，贝多芬很勤奋；即使耳聋了，他还坚持创作音乐，我们遇到困难，也不能退缩；等等。）

师：即使有天分，也要坚持不懈；遇到困难，也要克服。联系小张同学的学琴，我认为学音乐和学文化有许多相通之处，需要好的态度，需要好的方法，也需要坚持。现在我们来看情景思辨题3：

现在网络上常有随意修改、曲解作者原意、恶意搞笑的歪歌，我们能跟

着去学唱吗？（播放网络歪歌《彩票歌》）

师：这适合我们听吗？

（预设，学生回答，不适合。）

师：欣赏音乐，我们要学会选择，应该多唱合适我们的音乐。

六、布置作业，总结全课

师：（配乐）同学们，这节课我们分享了音乐带给我们的许多快乐，讨论了如何学好音乐的问题。音乐其实有着丰富的内容，音乐的世界博大精深，这些有待于我们今后不断学习。而认真上好音乐课就是我们学好音乐的有效途径之一。

今天我还要给你们布置两个作业：一是，这里有篇文章《学习器乐的同时，我们还学会了什么》，我读了以后，有许多感受。请同学们也仔细阅读这篇文章，相信你们也会有不少感悟。另一个作业是选择你最喜欢的歌词，做成一个精美的书签，把这个书签送给四年级的同学，分享我们的体会。

同学们，音乐是天籁，滋润心灵；音乐是书籍，启迪智慧；音乐是加油站，供给力量。漫步在美妙的音乐王国，沉浸在音乐的世界之中，那跳荡的音符，会奏起激动人心的篇章，让我们乘着音乐的翅膀飞翔！

附录：

学习乐器的同时，我们还学会了什么

1. 坚忍

没有坚持与忍耐，根本弹不好一首曲子。学生要忍耐在钢琴前的孤独，经受不断失败的打击，坚持不放弃。

2. 耐力

练琴时间少则半小时，长则数小时，不断重复每小节、每小段数十次，这绝对是对耐力的磨炼。

3. 专注

没有一个成功的钢琴家能边练琴，边东张西望、胡思乱想。乐谱上的音符、节奏、符号、速度、风格、句子，均需要我们全神贯注。

4. 协调

不只是左手和右手，还有左脚与右脚，眼睛与耳朵，理智与情感。

5. 时间管理

每次练琴时间有限，要有效率地分配时间才能完成当天的练琴作业。久而久之，必然懂得有效利用自己的时间。

6. 追求

音乐是艺术，没有追求，算不上音乐，只是糟蹋自己和身边人的耳朵，所以学琴的学生，应有追求卓越的精神。

7. 想象力

音乐每每在说话，或陈述，或抒情，或低吟，或高歌，学习者需要有想象力才能表达出其中的情感。

8. 同步思考

同时处理两只手的配合及两边不同的表达。

9. 责任感

学琴，要完成演奏，复琴给老师听。对自己、对老师，责无旁贷，否则是在浪费时间和精力。

10. 感情

学音乐的学生，不可能是冷漠无情的人，除非你从来没有让音乐在心中激荡过。

点评

提高语言技巧

我曾经在福州和深圳听过金老师借班上的这节课。与会老师对金老师的课好评有加。其中一点就是金老师流畅、生动的语言表达。确实，在主题教育课上，班主任要成功地引导学生，语言的艺术就显得尤为重要。金老师的这节课在语言运用上给我们这样的启发：

生动。我们面对的是小学生，教者的语言应生动形象。如课的导入阶段，金老师的开场白是："同学们，今天这节课老师问你们几个小问题：你们喜欢音乐吗？你们爱唱歌吗？你们爱唱什么歌？"亲切的发问，引起学生的兴趣，使他们进入本课特设的情景。接着金老师又以"有人说，音乐是有声的语言。当音符翩翩起舞，汇成动人的旋律，把你包围，把你笼罩时，你会忘记烦恼，为之激动、微笑、流泪、陶醉。今天，让我们走近音乐，感受音乐带给我们的快乐"，进一步走近学生。在课的推进过程、课的总结阶段，我们都能听到金老师生动的话语。

准确。在组织讨论"小张同学练小提琴已经四年多了，平时功课比较多，周末又要坐一个多小时的公交车去学拉小提琴，他觉得很累，想放弃"这一情景思辨题时，金老师针对学生可能各执一词的情况，先指出"我们要学会合理安排时间，做时间的主人，处理好学小提琴与做功课的关系。"又指出"周末坐公交车时、在路上时可以对其他功课的学习进行安排。当然有时可以暂时放弃乐器的学习，作必要的调整。在假期里，可以加强练习"。金老师抓住问题关键，用词准确，引导学生辩证地、全面地思考问题，寻找对策。

应该说，老师的语言特色是不同的，有的幽默，有的细腻，有的富有哲理。但生硬、粗暴、含混是绝对不行的。

在班主任专业化发展的背景下，班主任要不断提高自己的语言表达技巧。当然，提高语言技巧并非一日之功，需要不断地学习、借鉴。主题教育课就是班主任学习并实践的用武之地。

28 五月最美康乃馨

（感恩话题）

浙江省桐乡市实验小学教育集团北港小学　许丹红

设计背景

但丁说，世界上有一种最美丽的声音，那便是母亲的呼唤。母爱——人世间最伟大、最美好、最甜蜜的情感。每一个人都沐浴着母爱，在浓浓的母爱中快乐长大。

现在的孩子，大多为养尊处优的独生子女，过着衣来伸手、饭来张口的生活。面对父母、长辈的辛劳付出，不少孩子熟视无睹，觉得这是理所当然的。小学阶段是学校教育的基础阶段，要为孩子一生的幸福生活打下底子。进入五年级的孩子，心理、生理发生变化，已渐渐进入青春前期。这个阶段，自我意识强，已有一定的自我看法和主张，但因年幼，看问题较片面，班上常有孩子与妈妈有一些矛盾和冲突。

在母亲节前夕，进行感恩为主题的教育，可以让孩子深刻体会母爱的伟大和无私，进而引导他们用实际行动来感谢妈妈对他们的爱。

教育目标

·知识目标：知道妈妈为了照顾我们的生活、学习，付出了很多辛劳和心血，体会母爱的伟大和无私。

·情感目标：认识和感悟妈妈的不容易，培养感恩心，增进与妈妈的情感。

·行为目标：学会用具体的行动爱自己的妈妈。当与妈妈意见不同时，学会心平气和地与妈妈沟通，尊重妈妈。

课前准备

·母爱卡的填写：妈妈最感动我的一个细节或一个故事。

·准备音乐。
·制作课件。
·绘本故事《爱心树》的课件制作。

教育过程

一、导入课题

师：孩子们，五月份有一个非常温馨的节日，是什么节日呢？

（预设：学生回答，五一劳动节、母亲节、端午节，等等。）

师：温馨的节日，当然是母亲节了。"母亲"这两字，带给你们什么样的感觉呢？

（预设：学生回答，温馨、甜蜜、快乐、喜悦、啰唆、烦人等等。）

师：感觉可能有点不同。但大多数同学的感觉是温馨、甜蜜。温馨、甜蜜的感觉，正汇成一首甜甜蜜蜜的歌在我们的耳边回荡。现在请听歌曲《妈妈的吻》。

（听歌曲《妈妈的吻》。播放《妈妈的吻》的第一段。）

二、分享故事，品味母爱

师：每一个孩子，无论男孩女孩，都沐浴在妈妈的爱中，都在妈妈甜蜜的吻中渐渐成长。丝丝萦绕慈母情，点点滴滴的美好往事，充盈着我的心灵。此时此刻，老师真的很想与大家分享我的母亲带给我的丝丝温暖。（课件出示故事，深情讲述）

喷香的红烧肉

20 世纪 80 年代初，江南的农村物质生活水平一般，喷香的红烧肉是难得一吃的佳肴。那一种香，直到现在还在我唇齿徘徊。

那时，江南农村推行艰苦的土地改造工程，把一个个高高的小土丘，夷为平地。那时还没推土机，一切靠的都是人力。

我的爸爸在大队（村里）工作。妈妈虽是一个美貌的弱女子，但很能吃苦耐劳。她是此项活动的积极参与者。一天的劳累，除了挣几个工分外，还有几块喷香的红烧肉作为艰辛劳动的慰劳。

夕阳西下，远远地看到妈妈挑着空土筐从门前的泥路上走回来，我和弟弟开心得手舞足蹈。

　　妈妈回到家，一放下担子，便拿出一只杯子，里面盛放着红烧肉，她开心地招呼："小红，小剑，快来！吃肉了！"我俩蹦蹦跳跳地跑过去，开始狼吞虎咽地吃肉。妈妈在一旁，笑脸犹如一朵盛开的山茶花。

　　年幼的我们，哪知道这是妈妈劳累一天的"犒赏品"。中午吃饭时，她只在白饭里倒了一点肉汤，然后把肉盛在特意带去的杯子里，用衣服包着带回家，给一双儿女吃……

　　其实，这样感人的故事岂止是发生在老师身上，在座的每一个孩子何尝不是每天都享受着温馨的母爱呢？请各位孩子拿出母爱卡，让我们和同桌一起来细数母亲带给我们的温暖和甜蜜吧！同桌两人一起分享。

　　（同桌分享课前所准备的母爱卡——记录有母亲带给学生的最温馨甜蜜的一个细节或故事。母爱卡的内容有：生病时母亲的悉心照顾；考试失败时母亲的温情鼓励；等等。）

　　师：看着许多同学甜甜的笑容，我想请同学们来作全班交流。

　　（请两到三位学生将自己的感受与全班同学分享。教师及时捕捉交流的亮点。）

三、绘本引路，感受母爱

　　师：母爱，是世界上最伟大的爱。听了几位同学的讲述，我们深深地感动并感怀于母爱的伟大和无私。有这么一个绘本故事，让万千孩子为之动容。我们一起来欣赏绘本故事《爱心树》。（多媒体播放）

　　（学生观看绘本故事《爱心树》。）

　　师：看了这个故事之后，你们有什么想说的呢？

　　（预设：学生回答，母爱太伟大了，为了自己孩子的快乐，心甘情愿地付出，最后它只剩下了木桩；这个孩子只知道一味地索取，而不知付出；妈妈为了我们的快乐成长而无怨无悔；等等。）

　　师：《爱心树》里的这个孩子一味地索取，而不知回报。此时此刻，大家想对他说什么呢？

　　（预设：学生回答，你怎么可以这样？你也要想一想大树的感受啊！你怎么可以这么自私呢？）

四、落实行动，现场调查

师：这是一棵无怨无悔只知付出的大树，这不就是最爱孩子的妈妈吗？在这个孩子的身上，不也有我们的影子吗？孩子们，爱妈妈，要行动，让我们现场来作一个调查，看看你有没有用行动来爱过自己的妈妈。

知道妈妈生日并为妈妈送上生日祝福的孩子请举手。

（教师快速统计，并相机简评。）

每天为妈妈做力所能及的家务事的请举手！

（教师快速统计，并相机简评。）

妈妈生病时，能送药送水照顾妈妈的请举手！

（教师快速统计，并相机简评。）

努力学习，回家认真完成作业，不让妈妈操心的请举手！

（教师快速统计，并相机简评。）

师：好，看来我们班不少同学会用实际的行动来爱我们的妈妈，真好！

五、情景思辨，讨论当和妈妈意见不同时如何做

师：现在有这样的情景，你们认为该怎么做呢？我们一起讨论。现在看情景思辨题1：

双休日，我作业已经完成了，想玩玩电脑，听听音乐，放松一下，但妈妈坚决不让我玩电脑。此刻，我的脑门开始冒火。

（预设：学生回答，多玩电脑是不好的，可以选择去运动；与妈妈约定，只玩一小时，一定要守信用；等等。）

师：的确，玩电脑是许多妈妈所反对的。因为孩子年龄小，还不善于控制。玩电脑不仅仅影响视力，一旦没有节制上瘾了，身体、学习状况将下降得很快。可与妈妈约定：双休日做好作业后玩一个小时左右，并严格执行。现在我们来看情景思辨题2：

小张同学前两天收到好朋友小李的邀请，周六下午去小李家参加她的生日会。小张非常想去，但妈妈坚决不同意，说这样容易分心。小张的心里特别难过，情绪很低落，已两天不与妈妈说话了。

（预设：学生回答，与妈妈赌气不对；多站在妈妈的角度想想；告诉妈妈这是自己非常想去的，并向妈妈允诺以后一定事先商量；等等。）

师：其实，妈妈不同意小张去同学家参加生日会，也有道理，的确，这样容易分心。小张可以心平气和地与妈妈沟通能不能让自己去一次试试看。如果妈妈还是坚决不同意，我建议要尊重妈妈的意见。因为这样的机会以后还是有的。如果与妈妈赌气不说话，伤了自己更伤了妈妈的心。现在我们来看情景思辨题3：

妈妈下班回来，突然莫名其妙地朝小甜发了一通大火。小甜火了，与妈妈狠狠吵了一架。

（预设：学生回答，小甜应问问妈妈是不是在工作中遇到了不开心的事了；平时多与妈妈沟通；等等。）

师：莫名其妙朝小甜发火，妈妈的确做得不妥，但，换一个角度，妈妈是不是因为工作不顺或遇到了不开心的事而发的火呢？所以，平时要加强沟通。我们要理解父母，体谅父母。

六、孝心银行，行动回报

师：孩子们，让我们用自己的孝心，开出我们的孝心支票，存进我们的孝心银行。（出示孝心银行箱子）请大家拿起手中的笔，写下最想对父母说的一句话，最想为父母做的一件事。一个月后，看看你们的孝心有多少的利息。这个利息指的是把自己孝敬、感恩妈妈，要为妈妈做事的决心说出来后，自己的行为有多大的改变。

（学生写，然后放进"孝心箱"。请五位学生介绍自己写的心声。）

师：一个月之后，我们再来打开这孝心银行，看看这张孝心支票的兑现情况，看看它带给我们的父母和我们自己多少快乐！

七、总结全课

师：（出示康乃馨的图片）孩子们，这是什么花呢？
（预设：学生回答，玫瑰花、康乃馨或不知道。）
师：这是康乃馨。你们知道康乃馨的花语是什么吗？康乃馨的花语是真情、母亲我爱你、不求代价的母爱、母亲之花。这些年来，由于母亲节的兴起，康乃馨成了母亲节最受欢迎的鲜花。

五月最美康乃馨，通过本节课，我们学会了如何向妈妈表达我们感恩的心，我提议在母亲节那天，我们怀着感恩的心向妈妈献上一支康乃馨。我还提倡我们要从身边的小事做起，用自己的行动，回报妈妈、爸爸和长辈，让中华民族知恩图报、孝敬长辈的美德世代相传。

让我们在《妈妈的吻》中结束本次的主题班会吧。

（播放《妈妈的吻》的第二段。在歌声中本课结束。）

点评

要拟好课题

这节课的课题很有诗意："五月最美康乃馨"。

我们知道，五月有一个重要的节日，那就是五月的第二个周日，是母亲节。母亲节最受欢迎的鲜花就是康乃馨。"康乃馨的花语是真情、母亲我爱你、不求代价的母爱、母亲之花。""五月最美康乃馨"，表达了浓浓的感谢母亲的深情。

人们常说，题好一半文。好的题目，是教案的窗户，也是课的眼睛，可以传文章之神采，展教师之智慧。

好课题的特点之一是准确。用词准确，没有异议，如"我是小学生啦""学习雷锋好榜样"等。

好课题的特点之二是新颖。语意新颖，生动形象，如"小小雏鹰学自护""五月最美康乃馨"等。

好课题的特点之三是易记。朗朗上口，容易记住，如"小眼睛看大世界""猜猜我有多爱你"等。

其实以上特点，好课题都是兼而有之，融为一体的。

实践中，人们总结出"借用名言""化用歌词""反弹琵琶""开门见山""巧改成语""设置悬念"等拟题方法。

但课题拟得好，还只是开头。我们还需要认真思考教育目标，精心设计教育环节，积极实施，有效推进。

好的课题，反映了老师认真深入的思考。

研究从课题开始。

29 我锻炼，我快乐

（体育锻炼话题）

郑州大学实验小学　郑青杰

郑州高新区牛寨小学　金伟波

设计背景

《中共中央、国务院关于加强青少年体育增强青少年体质的意见》指出，增强青少年体质、促进青少年健康成长，是关系国家和民族未来的大事。国家富强、民族强盛和青少年的体质有着重要的关系。

可是，纵观小学生的现状，营养过剩的"小胖墩"，弱不禁风的"豆芽菜"越来越多。运动量稍大的体育课中，装病请假、临阵脱逃、运动中晕厥的现象时有发生。"00后"的健康状况令人担忧。究其原因，除饮食外，现在的孩子主动锻炼、积极锻炼的意识比较差。只有拥有健康的身体、强壮的体魄，才能有快乐的生活。掌握正确的锻炼方法，积极地参加体育锻炼，才能享受生活的快乐。本次主题教育课要让学生们了解体育锻炼的作用，唤起学生主动锻炼、积极锻炼的意识，明确正确锻炼的方法，让学生有计划地进行锻炼。

教育目标

· 让学生明白体育锻炼的重要性，增强学生主动锻炼、积极锻炼的意识。

· 引导学生明确锻炼的方式和正确的锻炼方法，积极参加体育锻炼。

课前准备

· 制作调查表，开展小调查。

· 收集名人锻炼的故事。

· 与体育老师交流，讨论班级存在的相关问题和对策。

· 准备音乐《中国功夫》《健康歌》；制作课件。

教育过程

一、导入新课

（音乐《中国功夫》响起。）

师：同学们，听到这气势磅礴的音乐，你们想到了什么武术？

（预设：学生回答，南拳、北腿、少林拳、武当功等武术。）

师：说得好！自古以来，习武是人们最喜欢的锻炼方式之一。除了习武之外，人们还进行哪些锻炼呢？你们知道的有哪些？

（预设：学生回答，跑步、打羽毛球、打乒乓球、打篮球、踢足球、跳绳、踢毽子等。）

二、畅谈锻炼的作用

1. 走进伟人的故事

师：我们的伟大领袖毛泽东主席说："身体是革命的本钱。"毛泽东年轻时非常注意锻炼身体，他经常进行冷水浴、风浴、雨浴、日光浴、游泳、野外露宿、长途步行等锻炼。下面，就让我们一起了解毛泽东锻炼的故事。

毛泽东早年在湖南第一师范学校读书的时候，校门口有一口水井，毛泽东每天早晨起床后穿着短裤来到水井旁，把井水用桶吊上来冲浇全身，然后用毛巾擦身体，擦干了又淋水，反复多次直至身体发热发红为止，即使在寒冷的冬天也坚持冷水浴。

有几个同学曾跟着毛泽东进行冷水浴，但没能像他那样坚持到底。他们问毛泽东："天寒地冻，我们把冷水往身上泼，觉得很难受，你不感觉难受吗？"毛泽东说，最初几次是难受的，但习惯就成自然了。

师：你从毛泽东锻炼的故事中，感受到了什么？

（预设：学生回答，毛泽东有着坚强的意志；进行体育锻炼，贵在坚持；等等。）

2. 聆听名人的感悟

师：伟大的人物必有过人之处。毛泽东注重锻炼身体，他把锻炼的过程

当成磨练自己意志的过程。现在我们再看看几位名人对锻炼的看法。（出示名言）

生活多美好啊，体育锻炼乐趣无穷。

——俄罗斯诗人普希金

运动的作用可以代替药物，但所有的药物都不能替代运动。

——法国医学家蒂素

生命在于运动。

——法国思想家伏尔泰

老师选这些名言，是想说明锻炼对人的工作、生活有着重要的作用。现在让我们一起来诵读这些名言。

（学生齐读名言。）

3. 欣赏明星的风采

师：锻炼不仅能强身健体，而且能够给我们带来不同凡响的感受。现在让我们来看一段视频。（播放视频：著名篮球明星乔丹灌篮的片段）

师：你们认识视频中的这位灌篮高手吗？他给你们留下了什么印象？

（预设：学生回答，美国 NBA 篮球赛的灌篮高手——乔丹；他是我喜欢的体育明星；他动作潇洒，爆发力强；等等。）

师：素有"飞人"之称的迈克尔·乔丹参加过 1985、1987、1988 年三届扣篮大赛，并获得了 1987、1988 年的扣篮大赛冠军。乔丹的三分起跳扣篮的动作成为永恒的经典。可以说，他创造了体育界的神话。社会上有人颂扬乔丹的个人英雄传奇，也有人颂扬乔丹的团队精神。确实，乔丹作为团队领袖的楷模，两次在总决赛上凭借给队友的最后一记妙传，帮助全队赢得了冠军。这样的故事一直为人津津乐道。这应该是乔丹对自己提出的"天才可以赢得比赛，团队才可以赢得冠军"这句话的最好诠释吧。

体育，还造就了邓亚萍、李宁、姚明、刘翔等中国的体育明星；体育，让许多中国人走出中国，走向了世界。体育锻炼的作用是无穷无尽的，我为体育而感到骄傲。孩子们，你们在领略体育所体现的魅力的同时，是不是也想大显身手呢？你们觉得锻炼还有哪些好处呢？请大家发言。

（预设：学生回答，体育锻炼能够给人带来激情，领略到不同的人生魅力，等等。）

三、现状分析，思考锻炼的重要性

师：有了体育锻炼，我们的生活会变得五彩斑斓；有了体育锻炼，我们的生活会充满激情。可是，现在小学生锻炼的情况不容乐观。请看我们区近十年运动会百米赛跑成绩分析图：

郑州市高新区近十年运动会百米赛跑成绩分析图（小学组）

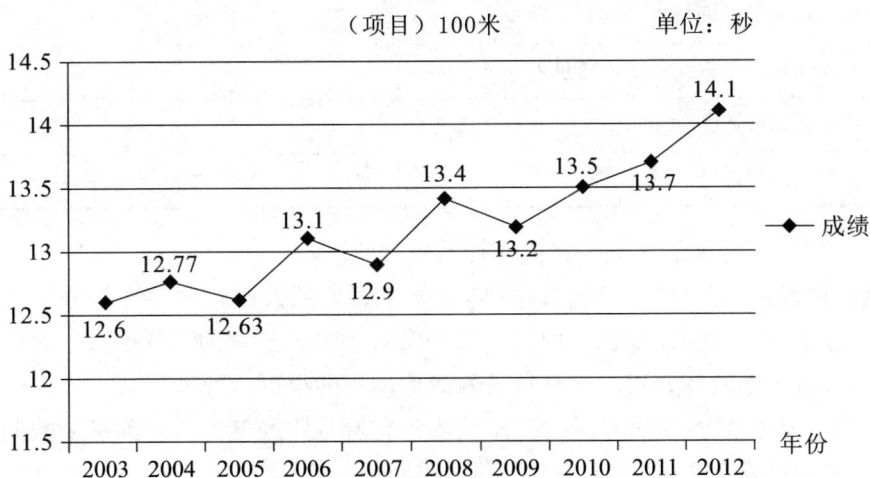

师：同学们，请看图表，2003 年到 2012 年这十年我们的百米赛跑成绩是越来越好，还是越来越差？

（预设：学生回答，越来越差。）

师：看完图表，你们想说什么？

（预设：学生回答，百米赛跑成绩越来越差，说明我们的身体素质在下降，我们应该加强锻炼。）

师：同学们，有了强健的体魄，我们才能完成各种学习任务，才能胜任各种艰难复杂的工作，才能精神百倍、意气风发地去迎接生活中的种种挑战。

四、结合调查，指导锻炼的方法

师：在课前，我作了一个小调查，得出了以下数据。请看大屏幕：

班级问卷调查表

问卷内容	给出肯定回答的有
你喜欢体育锻炼吗？	40 人
你能认真上好体育课吗？	30 人
你有喜欢的锻炼项目吗？	50 人
你经常参加自己喜欢的锻炼项目吗？	15 人
你知道科学锻炼的方法吗？	2 人
你有自己的锻炼计划吗？	0 人

师：看了这张调查表，你们有什么思考？

（预设：学生回答，我们班里喜欢体育锻炼的人比较多，大部分学生能够上好学校开设的体育课，但是能够经常参加自己喜欢的锻炼项目的人比较少，知道科学锻炼方法的和有自己的锻炼计划的很少，等等。）

师：通过前面的学习，我们知道体育有着特殊的魅力。看到班上的调查表，你们想说点什么？

（预设：学生回答，应该认真上好体育课，坚持锻炼，至少有一项自己喜欢的锻炼项目。）

五、情景思辨，激发锻炼的积极性

师：同学们都知道锻炼的好处，都有锻炼的愿望。现在有这样的情景，你们认为该怎么做呢？我们一起讨论。现在看情景思辨题 1：

李峰同学因为身体肥胖，动作笨拙，不愿参加体育运动，害怕大家笑话。

（预设：学生回答，自己要有自信，不锻炼只会越来越胖；我们应善意地对待他人；等等。）

师：不同的锻炼项目会给我们带来不同的感受。如果你真正投入到锻炼之中，你会发现锻炼的无穷乐趣，之前的顾虑也会烟消云散的。现在我们来看情景思辨题 2：

田勇在体育锻炼课上摔伤了胳膊后，家长对他参加体育锻炼总是担心，使他越来越没有兴趣参加体育锻炼了。

（预设：学生回答，受伤了，不敢再参加锻炼，这种想法可以理解；我们要敢于从阴影中走出来，掌握科学的锻炼方法很重要；跟家长"谈判"，谈锻炼的好处，谈自己的想法；等等。）

师：锻炼有益身体健康这一点是不可否认的。可是因为锻炼不当，引起的流血、骨折、猝死等现象偶有发生，这也必须引起我们的注意。下面我给大家一些提醒。

锻炼前先要做好准备活动，使身体逐步进入运动状态；并从实际出发安排好运动量和运动强度，一次锻炼时间不宜过长，20～30分钟为宜。

不提倡在强光下锻炼：夏季中午前后，烈日当空，气温最高，皮肤长时间暴露在烈日下，会造成1～2度的灼伤，并会发生中暑现象；紫外线还可以透过皮肤、骨骼，辐射到脑膜、视网膜，使大脑和眼球受到损伤。

师：生命重于泰山。如果我们的锻炼以牺牲身体健康为代价，那么锻炼就毫无意义了。上面这位家长就是因为担心孩子的安危而不支持孩子锻炼。然而，明知锻炼的好处仍不支持孩子锻炼的家长还不在少数。家长们还有哪些担心呢？请看我市新闻记者的调查。

记者对我市中小学生的家长进行了调查，60%的家长认为：体育锻炼就是"玩"，时间过长是浪费时间，高分数才是"硬道理"。特别是到了小学高年级和初中阶段，面对升学的压力，不少家长会有意无意地忽视孩子们体育锻炼的时间和机会。

师：面对家长的担心，也许我们会无所适从。其实，体育锻炼和我们的成长是相辅相成的，坚持体育锻炼，身体好了，这是最大的幸福。而良好的身体还能保证和促进我们各科的学习。现在我们来看情景思辨题3：

赵聪说自己知道锻炼的好处，但他总以学习忙、没时间、没人玩、没场地等为借口不参加体育锻炼。

（预设：学生回答，跟他讲锻炼的好处，让家长督促他锻炼，等等。）

师：如果我们都仅仅以学习成绩来衡量一个人成功与否的话，未免目光短浅。一个身体健康的人，才能体会到工作和学习的快乐，才能真正理解生活的幸福和生命的美丽！下面老师想给大家讲两位名人锻炼身体的故事，相信大家会有所启发的。

苏联生理学家巴甫洛夫特别注意锻炼身体：60～70岁时，他经常练习吊环和鞍马；70岁后，他开始练习快步走；等到80岁高龄，他就开始负重散步。有一次，他背着一个包裹蹒跚前行，被几个小学生看到了。这几个小学生商量："咱们帮老爷爷背东西吧。"他们说着就围了上去，抢着背包裹。巴甫洛夫谢绝了，并面带微笑说："孩子，谢谢你们，我这是在锻炼身体呢。"

美国科学家爱因斯坦，进入中年以后，才华横溢，成就越来越大，不少国家请他去访问和讲学。有一次，他去比利时访问，比利时国王和王后特地成立了一个接待委员会。那一天，火车站上张灯结彩，鼓乐齐鸣，许多官员身穿笔直的礼服，准备隆重地欢迎这位杰出的科学家。火车到站以后，旅客纷纷走下车来，却不见爱因斯坦的影子，他到哪里去了呢？原来，他避开了那些欢迎的人，一手提着皮箱，一手拿着小提琴，由车站步行到王宫。负责招待的人没有迎来贵宾，正在焦急地向王后报告，爱因斯坦风尘仆仆地赶到了。王后问他："为什么不乘我派去的车子，偏偏徒步而行呢？"他笑着回答说："王后，请不要见怪，我平生喜欢步行，运动带给了我无穷的乐趣。"

师：听了这两个故事，你们有何感想？

（预设：学生回答，他们注重坚持锻炼身体；他们这些有成就的人工作也很忙碌，仍利用一切时间锻炼身体；等等。）

师：也许到现在，我们都已经意识到体育锻炼的重要性了。我们今后该怎么做呢？

（预设：学生回答，认真对待体育课，积极做好课间操和参加阳光大课间活动；参加自己感兴趣的体育游戏和活动；等等。）

师："每天锻炼一小时，健康生活一辈子！"体育锻炼是每个人自己的事情。我们不仅要在学校里积极参加体育锻炼，还要制订自己的锻炼计划表，利用周末、节假日的时间坚持体育锻炼，做"体育锻炼小达人"。

六、总结全课

师：同学们，让我们走到操场上、走到阳光中去，呼吸清新的空气，踊跃参加丰富多彩的体育活动，在运动中领略体育的魅力，感受体育的美丽，体会运动的快乐。

同学们，只有锻炼，才会健康。只有健康，我们才会更加快乐。让我们一起喊出来（齐声喊）：锻炼传递健康，健康成就快乐！

（放音乐《健康歌》，在歌声中结束本课。）

点评

加强与科任老师的合作

在这节课的教案中，我注意到课前准备中提到的"与体育老师交流，讨论班级存在的相关问题和对策"，这样的做法值得借鉴。

班主任不是万事通。要上好班会课，班主任要善于借力。借力首先要向本班的科任老师借力。因为我们有共同的教育目标，有共同的教育对象，可以形成较好的教育合力。

向科任老师借力，不必局限于本班的科任老师，外班的、公共科目的老师都可以，实习老师也可以。

向科任老师借力，可以在课前，也可以在课堂进行中，我在一些学校听课时，有些主持人（班主任或学生）有意邀请听课老师发言，也收到了非常好的效果。

30 小小的肩膀，大大的责任
（责任话题）

山东省泰安市第一实验学校　王文博

设计背景

著名教育家马卡连柯明确指出："培养一种认真的责任心，是解决许多问题的教育手段。"社会的发展需要我们有强烈的责任意识；家庭的幸福也需要个人有强烈的责任意识；个人的成长同样需要有强烈的责任意识。责任意识的培养需要从小开始，从孩子开始。

而如今不少小学生在家受到亲人的娇惯，他们常常以自我为中心，做事缺乏责任心，对他人、集体不够关心，不善于与他人交往，学习缺乏动力。没有责任心，就没有奋发的动力，因此，在学生进入成长重要时期的小学五年级时，班主任应通过责任的专题教育，使学生正确认知责任，增强学生的责任意识。

教育目标

·让学生懂得什么是责任，明确自己身上肩负着哪些责任。
·学会如何对自己、对家庭、对集体、对社会负责任。

课前准备

·教师准备：收集整理 2013 年最美孝心少年视频资料、全国十佳少年谭海美的故事；准备歌曲《众人划桨开大船》，搜集视频《得蛙蛙旅行记·乱扔垃圾篇》和《得蛙蛙旅行记·排队篇》；指导学生排演情景剧《教室的哭泣》。
·学生准备：排演情景剧《教室的哭泣》。

一、观看公益广告，引出"责任"话题

师：同学们，今天老师给大家带来了一段公益广告《有爱就有责任》，请大家认真观看并思考：看了这则公益广告，有什么感受？

（播放公益广告《有爱就有责任》。《有爱就有责任》简介：英文里"家"读作"family"，就是"father and mother, I love you"首字母的组合。"家"就是儿女从内心里发出的表白：爸爸和妈妈，我爱你们。广告里将每一个字母拟人化，用卡通的形象来诠释"有爱就有责任"的含义。）

师：现在谁来谈谈看完这则公益广告后的感受？

（预设：学生回答，感受到父母之恩，想起自己对父母应尽责任，等等。）

师：我们对父母应有责任，对自己、集体、社会也有着重要的责任。责任感反映出一个人的精神境界和思想品德。这节课我们就来探讨一下我们身上应肩负的责任。

二、明确责任的含义

师：那么什么是责任呢？谁来说一说？

（预设：学生回答，对事情负责；做好自己应该做的事情；等等。）

师：《现代汉语词典》里是这样定义"责任"的，大家来看（课件出示）：

责任：分内应做的事。

我们明确了责任的概念，那么什么是自己分内应做的事情呢？同学们想过吗？

（预设：学生回答可能会比较空洞，会泛泛地说好好学习，等等。）

三、学习承担责任

1. 学会对自己负责任

师：一个有责任心的人，首先是对自己负责任的人，我们的身边不乏这样的人。下面我们来看一看全国十佳少年谭海美的故事。（播放谭海美事迹图文资料。谭海美事迹简介：谭海美，安徽省肥东县第四中学学生。她靠捡破烂攒学费并勤奋读书，她用柔弱的身躯照顾着年迈的爷爷奶奶，她将爱心洒向身边像她一样的"留守儿童"，她用自强不息写就了别样的童年。）

师：看了谭海美同学的事迹，你们有什么感受？

（预设：学生回答，谭海美同学自强不息，没有因为家境贫困就自暴自弃，而是凭借对自己、对家人负责的态度顽强拼搏，等等。）

师：谭海美同学的自强精神感动了周围的人。由于表现突出，谭海美年年被评为"三好学生"，多次获得"优秀少先队员""文明少年"等荣誉称号，并荣获第十届"全国十佳少先队员"称号。她的这种对自己负责的精神值得我们学习。

请大家反思一下：你们是否有过对自己不负责任的表现呢？

（预设：学生回答，有时候看电视、玩电脑时间太长，控制不住自己；有时候写作业马马虎虎，敷衍了事；有时候暴饮暴食；等等。）

师：同学们都联系自己的学习生活作了反思，非常好。我们来到这个世界，就应该让自己好好地活下去，并对这个世界有所贡献。挪威戏剧家、诗人易卜生说过："你最大的责任就是把你这块材料铸造成器。"只有对自己负责任的人，才能享有真正的自尊，也才有资格、有信心、有能力，承担起对他人、对社会的责任。在我们的人生之旅中，小到一次约定守时，大到终身信守承诺，都是对自己负责任的表现。生命对每个人来说只有一次，所以我们要用责任去承载生命，让生命之花美丽绽放！

2. 学会对父母负责

师：父母是我们的第一任老师，他们给了我们生命，他们永远是最疼爱我们的人。下面我们来看一段视频，看看文中的主人公们是如何对父母负责的。

（播放视频《2013年最美孝心少年》剪辑版。视频《2013年最美孝心少年》剪辑版简介：黄凤，6岁时爸爸意外摔伤后高位截瘫，妈妈离家出走。11岁时她推着重重的铁板车把爸爸带到上海治病。连续十年，她独自照顾爸爸，给他喂饭、翻身、按摩、换尿片。风霜雨雪，再累再苦也不曾放弃。12岁的邵帅为照顾患有急性髓性白血病的母亲，休学后到北京为母亲捐献骨髓。最终在医生劝说下，妈妈接受了移植儿子的骨髓。邵帅少年捐髓救母，孝心感动了社会。）

（学生观看视频《2013年最美孝心少年》剪辑版。）

师：看了这段视频，你们有什么感受？

（预设：学生回答，他们孝敬父母的事迹令人感动；帮助妈妈干自己力所能及的事情也是一种孝敬；和他们比起来我们太幸福了，我们今后也应该好好孝敬父母；等等。）

师：他们用自己小小的肩膀，扛起了照顾父母的责任，你们今后打算怎么对自己的父母负责呢？

（预设：学生回答，帮爸爸妈妈做事；自己的事情自己做，不让爸妈操心；好好学习，掌握本领，将来让父母过上好日子；等等。）

师：同学们说得很好。我们应从一件件小事做起。孝，是中华民族的传统美德，我们身为炎黄子孙，就该懂得百善孝为先。我们的明天正是父母的未来，我们小小的肩膀上担负着关爱父母、将来赡养父母的责任。

3. 学会对集体负责

师：下面我们来听一首好听的歌曲——《众人划桨开大船》。（多媒体播放）

师：听完这首歌，同学们有什么感受？

（预设：学生回答，人多力量大；团结就是力量；我们要相互团结，关心集体；等等。）

师：我们班集体犹如一艘船，每一位学生都是船员，要让这艘船乘风破浪、永远前行，就需要我们每个同学承担起关爱集体的责任。下面让我们来观看我们班同学表演的小小情景剧《教室的哭泣》。

老师：同学们，放学后老师要去开会，请值日生干好值日。（转身走了）

（同学们整理书包。）

值日生甲：今天老师要开会，没有人检查我们的卫生情况，我们赶紧溜吧，我请你去吃零食。

值日生乙：这不太好吧？万一被老师发现了，可就糟了。

值日生甲：放心吧！我们就说我们打扫过，又被其他同学弄脏了。

值日生乙：好吧，吃完零食，我们再去玩一会儿。

（两个人勾肩搭背，出了教室。）

值日生丙：第二组和第三组的值日生溜了！凭什么让我扫啊？哼，我干完自己的就走！

值日生丁：我们扫完自己的，再帮忙打扫他们的吧！

值日生丙：（不屑地）这又不是我们的责任，我们凭什么干呀？走，我们扫完自己的就走。

（丙、丁扫完自己组的，背着书包就走了。）

师：看了这则情景剧，你们想说些什么？

（预设：学生回答，甲和乙没有责任心，自己应该干的事情都没做好；丙和丁虽然干了自己该干的，但对甲、乙的做法不管不问；他们四个人都没有对班集体负责；等等。）

师：假如你是这四个同学其中的一个，你会怎么做呢？

（预设：学生回答，自己干好值日，劝说他人干好值日，共同将教室整理得干干净净，等等。）

师：班集体的凝聚力如何，直接影响班级的发展。"聚沙成堆""木桶理论"都揭示了个体和集体的辩证关系，我们身处同一个班级，每一个同学都是班级的一分子，每个同学都应对班集体负责任，每个人都应该为班级的发展尽一份责任。

4. 学会对社会负责

师：作为社会的一分子，我们不仅仅要对自己、对父母、对集体负责，我们还要学会对社会负责。对社会负责，我们就该遵守社会公德。遵守社会公德是现阶段我们对社会负责的表现。下面让我们跟随好朋友得蛙蛙（央视公益广告小青蛙）去看一看下面这些人的所作所为。

（播放央视公益广告《得蛙蛙旅行记·排队篇》和《得蛙蛙旅行记·乱扔垃圾篇》。视频简介：央视经济频道播出公益广告剧，主角由一只叫"得蛙蛙"的青蛙出任，内容涉及旅游中种种不文明现象。）

（学生观看视频。）

师：看了这两则看似轻松搞笑的视频，我们有什么感受呢？

（预设：学生回答，不论何时何地，排队都表现出一个人的基本素养，排好队是我们应尽的责任；如果大家都乱扔垃圾，那我们的世界不就变成垃圾场了？……）

师：同学们说得很好！自觉排队，不乱扔垃圾，表现出了我们对社会尽责。习近平主席也排队买包子呢！社会的文明与和谐需要大家的参与，我希望同学们今天遵守社会公德，做社会的小主人，长大后更好地服务社会，对社会尽责。

四、承担责任，贵在行动

师：同学们，通过上面的学习我们知道了我们身上肩负着很多责任，那么在实际生活中，作为小学生的我们该如何承担起自己的责任呢？下面有两道情景思辨题，我们来讨论一下。情景思辨题1：

师：同学们，这节课咱们学习了《晏子使楚》这篇课文，谁来说一说，晏子给你留下了怎样的印象？

同学们都举手发言，只有小明在偷偷地看漫画。

师：小明，你也来说一说。

小明：（慢慢地站起来，支支吾吾）老师，我反正也学不好，你以后就别叫我回答问题了！

师：同学们，如果你是小明的老师或者同学，你想对他说点什么呢？

（预设：学生回答，不能放弃；不能自暴自弃；有了困难，要想办法解决；等等。）

师：同学们，你们知道吗，我国著名数学家华罗庚初中毕业后，由于家庭贫寒，失去了上学的机会。后来，伤寒病又使他成了残疾。但他始终没有自暴自弃，而是刻苦学习，终于成为享誉世界的数学家。一个人的命运要靠自己主宰，只有勇敢地承担起自己应负的责任，努力学习，才能实现自己的价值。

下面我们看情景思辨题2：

劳动委员的苦恼

一天放学后，小强很晚才回到家。一进门，小强把书包一扔，气呼呼地对妈妈说："妈妈，我再也不当劳动委员了！"妈妈问："为什么不愿意做劳动委员了呢？"小强委屈地说："做劳动委员太辛苦了，每天要早到学校监督值日生打扫卫生，下午放学后还不能早回家，得等值日生做完值日，检查好卫生后才能走，每天都最后一个走。碰到个别偷偷溜号的，我还得替他们干值日，你说我多累啊！要是班里因为卫生扣了分，同学们还会觉得是我这个劳动委员没做好，你说，这么吃力不讨好的差事，我还做什么呀？"

妈妈："……"

师：同学们，如果你是小明的妈妈，你会怎么对小明说呢？

（预设：学生回答，劳动委员的工作的确很累，但老师和同学们既然选择你做劳动委员，就是对你的信任，你就应该担负起这项职责，通过自己的实际行动来爱护班集体，起到带头作用。）

师：班干部是班级的核心，在班级建设中发挥着组织管理、服务同学和示范带头的作用。担任班干部，是老师和同学们对你的信任。但班干部工作是比较累的，也是最容易受委屈的。遇到困难时我们要动脑筋，想办法，因为办法总比困难多。当你积极投入到为同学们服务的班级工作中时，你会在勇于承担中逐渐成长为坚强、自信、能担当的人！

五、责任名言记心中

师：愿我们每个人都能在勇于承担中找到自己生命的价值，让我们大声读出下列有关责任的名言，让它们成为我们成长路上的明灯，照亮我们前行的道路吧！（全班诵读）

天下兴亡，匹夫有责。

——顾炎武

有无责任心，将决定生活、家庭、工作、学习成功或失败。这在人与人的所有关系中也无所不及。

——列夫·托尔斯泰

每一个人都应该有这样的信心：人所能负的责任，我必能负；人所不能负的责任，我亦能负。如此，你才能磨炼自己，求得更高的知识而进入更高的境界。

——林肯

六、总结全课

师：少年智则国智，少年强则国强。同学们，你们小小的肩膀上扛着对自己的责任、对家庭的责任、对集体的责任、对社会的责任，将来你们还会发现自己还有更多的责任，让我们一起诵读梁启超《少年中国说》的精彩片段，以结束这次主题教育课吧！（课件出示）

少年智则国智，少年富则国富，少年强则国强，少年独立则国独立，少年自由则国自由，少年进步则国进步，少年胜于欧洲，则国胜于欧洲，少年雄于地球，则国雄于地球。

（学生齐声朗读。）

点评

用好名人名言

在主题教育课中，为了增强说服力，许多老师会选用名人名言。我非常赞同。我认为，在一个人成长的路上，我们需要聆听智者的声音，需要从众多卓越人士那里汲取精神的营养。

有人讨论，名人名言何时出现好？我认为，名人名言可以出现在课的开头，可以出现在课的中间，也可以出现在课的结尾。班主任应根据课的推进需要来考虑，不必拘于一格。

对名人名言可以作必要的介绍、分析（本课这一点可以加强，通过介绍与名人相关的故事可以加深学生对名言的理解）。可以借助名言开展师生对话交流，也可以通过朗读加深对名言的印象。

在通过课件介绍名人名言时，我建议，做得大一点，清楚一点，再配上名人的照片。如果是古人，争取配一张人物肖像画，效果不错的。

当然，在网上搜索名人名言时，要注意准确性，不能张冠李戴，不能以讹传讹。

31 读书点亮人生
（读书话题）

浙江省平阳县新纪元学校　于建国　徐　伟

设计背景

莎士比亚说过："书籍是世界的营养品，生活里没有书籍，就好像大地没有阳光；智慧里没有书籍，就好像鸟儿没有翅膀。"读书可以增长知识，可以开阔视野，可以陶冶情操，可以让人拥有丰富的精神世界。书永远都是伴随学生成长的好朋友。

随着年龄的增长，小学五年级学生自主意识在逐步提高，进入自主阅读课外书籍的迅速发展期。在他们有这种阅读需求的时候，我们需要教给他们正确的读书方法，培养他们良好的读书习惯。尤其在当今书籍与电影、网络、游戏、电视存在竞争的情况下，我们应让读书成为对学生最有吸引力的精神需求，用书籍点亮学生的人生世界。

教育目标

· 知识目标：指导学生了解读书的现状，加强对读书的重要性的认识。
· 情感目标：激发学生读书的兴趣，引导学生了解读书改变生活。
· 行为目标：指导学生选择健康向上的书籍，养成良好的读书习惯。

课前准备

· 找寻并剪辑世界读书日宣传片。
· 开展班级读书微调查。
· 编辑《读书改变人生》微电影。
· 印制"班级好书"推荐单。

教育过程

一、问题导入，引发关注

师：同学们，今天我想问大家一个小问题，你们知道每年的 4 月 23 日是什么日子吗？

（预设：学生回答，不知道；知道，是世界读书日；等等。）

师：4 月 23 日是世界读书日。因为这一天是著名作家塞万提斯和莎士比亚逝世的纪念日，也是多位文学家的生日。所以联合国教科文组织把这一天定为"世界读书日"。现在我们来观看一段宣传世界读书日的视频。

（播放视频《世界读书日开门篇》。视频《世界读书日开门篇》简介：有人想进入一个房间，却拿起一串钥匙来开门，他一把一把地试，但门就是打不开。他急得脸上的汗都出来了。突然，他灵感来了，拿了一本书放在锁上，门居然开了，光芒出现了……）

师：同学们，看了这段视频，你们有什么感想？

（预设：学生回答，想要开启智慧大门，就要多读书；读书让我们的见识更广；只有拥有丰富的知识，才能应对未来的挑战；等等。）

师：同学们说得很好。这段视频通过书籍可以开启智慧之门的生动比喻，引导人们应通过读书打开自己的人生之门。4 月 23 日是世界性的读书纪念日，我们应该知道，也要让更多的人知道。

二、联系生活，感受书的魅力

师：同学们，你们可曾思考过我们为什么一直提倡多读书呢？

（预设：学生回答，为了了解更多的知识；为了提高写作水平；为了了解历史的发展历程；等等。）

师：同学们从不同角度谈了自己的看法。确实，多读书可以增长我们的知识，开阔我们的视野；多读书可以陶冶我们的性情，使自己具有书卷气；多读书可以提高思维能力，还可以提高写作能力；多读书可以改变我们的生活。

读书的确使我们的学习生活有了很多改变，哪位同学愿意和大家分享读书给你带来的好处？

（预设：学生回答，通过读书我知道了很多以前不知道的事；我将读书中积累的优美词语用到了自己的文章中，受到了老师的表扬；等等。）

师：莎士比亚曾经说过："生活里没有书籍，就好像大地没有阳光；智慧里没有书籍，就好像鸟儿没有翅膀。"多读书可以丰富我们的头脑，现在我们来个读书知识竞答小竞猜，看看哪个组答对的多。请听题：

1."但使龙城飞将在，不教胡马度阴山"中的"飞将"指的是：____

A.汉朝名将霍去病 B.汉朝名将李广

C.赵国名将廉颇　 D.三国名将赵云

2.形容学问广博，无所不知，我们通常会说"上知天文"，下半句是什么？

A.面面俱到　　　B.无所不知　　C.下知地理　　D.文韬武略

3."问苍茫大地，谁主沉浮？"是哪位名人的豪言壮语？

A.成吉思汗　　　B.毛泽东　　　C.泰戈尔　　　D.贺龙

4."书籍是人类进步的阶梯"是谁说的？

A.莎士比亚　　　B.高尔基　　　C.卢梭　　　　D.别林斯基

5.下面不属于古典文学四大名著（小说）的是：____

A.《红楼梦》　　　B.《三国演义》C.《聊斋志异》D.《西游记》

6.《三国演义》中"过五关，斩六将"的是谁：____

A.刘备　　　　　B.曹操　　　　C.关羽　　　　D.张飞

7.在我国古代文学作品中，被称为"岁寒三友"的三种植物是：____

A.松、竹、梅　　B.兰、松、竹 C.竹、梅、兰　D 松、梅、兰

8.小说《杨门女将》中女将之一，也是杨宗保的妻子，她是谁？

A.穆桂英　　　　B.武则天　　　C.慈禧　　　　D.花木兰

9.中古阿拉拍民间故事总集《一千零一夜》又叫什么？

A.《天方夜谭》　　B.《童话世界》

C.《格林童话》　　D.《中国经典童话》

10.谁是中国第一个诺贝尔文学奖获得者？

A.巴金　　　　　B.鲁迅　　　　C.莫言　　　　D.林海音

（课件逐题出示，学生进行抢答。正确答案：1.B，2.C，3.B，4.B，5 .C，6.C，7.A，8.A，9.A，10.C。）

师：××组领先。我们平时要加强读书交流，注意不断积累。

三、了解近况，好书分享

师：老师还想了解同学们最近在读什么书。哪位同学愿意把你最近读的书介绍给大家？现在我们先以四人小组的形式进行交流，再和全班同学分享。

（学生以四人小组的形式进行交流，老师注意巡视倾听。）

师：现在哪位同学愿意到讲台前和大家分享你的好书？

（老师选 3 ～ 4 位学生上台介绍自己最近读的好书。介绍结束后老师可以向他赠送一本书。）

师：感谢这些同学的分享，就像海伦·凯勒说的，"一本书像一艘船，带领我们从狭隘的地方，驰向无限广阔的生活海洋"，书籍将引领我们远航。

四、排解困惑，读法指导

师：然而，我们远航是否会一帆风顺呢？读书中会遇到哪些困难呢？课前我们做了小调查，了解到同学们在读书中遇到过一些困难。统计结果显示，以下这三个问题是我班同学遇到的三大困难，今天我们就一起来解决这三个难题。（出示调查表结果）

1. 找不到适合我们阅读的书籍。（35 人）
2. 书中经常会遇到读不懂的地方。（22 人）
3. 阅读过的书籍很多，但每次写作文时那些优美词句就用不上。（33 人）

师：针对调查出现的问题，我们一起来找解决办法。我们先来讨论第一个问题：找不到适合我们阅读的书籍，你们有什么好建议吗？

（预设：学生回答，可以询问书店工作人员；看语文课上出现的作者的作品；网络上会有推荐书目；同学之间互相推荐；等等。）

师：这些同学的方法很实用，我认为在小学阶段适合我们阅读的书籍应该是思想性好、知识性强、趣味性浓、深浅适宜、能启发思考、能解决问题的书。我们要远离那些思想不健康、语言粗俗、暴力色情的书。下面我给大家推荐一些书目。（课件出示）

1. 新课标五六年级课外阅读推荐书目。

中国部分：

《女儿的故事》《蓝鲸的眼睛》《绿太阳和红月亮》《琵琶甲虫》《羚羊木

雕》《哭泣的巧克力强盗》《和大山攀谈》《飞翔的花孩儿》《小狐狸的新式汽车》《小狼请客》《红雨伞》《一龙二虎三猴》《小孩成群》《双人茶座》《第十一根红布条》《麻雀不唱》《蟋蟀也吃兴奋剂》《草房子》《我要做好孩子》《e班e女孩》《非法智慧》《女生日记》及"贾里贾梅系列""冰心儿童文学新作奖获奖丛书""中华当代少年小说丛书"。

外国部分:

《小王子》《昆虫记》《快乐王子集》《希腊神话》《王子与贫儿》《蓝熊船长的13条半命》《骑鹅旅行记》《时间机器》《屋顶上的小孩》《西顿野生动物故事集》《好兵帅克》《汤姆索亚历险记》《蓝色的海豚岛》《假如给我三天光明》《海蒂》《盲音乐家》《毛毛——时间窃贼和一个小女孩的不可思议的故事》《魔戒》《爱的教育》《最后的莫希干人》《莎士比亚戏剧故事》《苏菲的世界》"纽伯瑞儿童文学金牌奖丛书""怪医杜立特系列丛书"及"安徒生奖获奖作家作品系列"。

2.清华附小校长窦桂梅推荐的学生阅读书目(小学五六年级)。

必读系列:

《失落的一角》《草房子》《小王子》《秘密花园》《苏菲的世界》及"哈里·波特系列"。

选读系列:

《风与树的歌》《永远讲不完的故事》《我能跳过水洼》《逃逃》《桥下一家人》《小河男孩》《奥兹仙境》《一只狗和他的城市》《女生日记》《乌丢丢的奇遇》《昆虫记》《城南旧事》《女生贾梅》《男生贾里》《毛毛——时间盗贼和一个小女孩的不可思议的故事》《幻城》《挪威的森林》《窗边的小豆豆》《小时候的故事》《假如给我三天光明》《三重门》《青铜葵花》《女儿的故事》《第三军团》《寄小读者》

(教师将"班级好书"推荐单送给学生。)

师:这些类型的书都是适合我们阅读的,同学们可以在书店、网上购买。学校图书馆和班级图书角也备了一些。如果同学有,也可以互相传阅。

除了有书,读书还要有方法,泛读法即一种读书法,我们请一位同学来读读这段文字。(课件出示)

泛读。是指广泛阅读,指读书的面要广,不仅要读自然科学方面的书,也要读社会科学方面的书,古今中外各种风格的优秀作品都可以广泛地阅读。

(学生朗读课件上的文字。)

师：我们可以根据推荐书目来选读，也可以根据泛读原则来选读。我们到网上、到书店买书，在学校图书馆、班级图书角借书，以及同学之间互相借阅，完全可以解决"找不到适合我们读的书"的问题。那第二个问题，书中经常会遇到读不懂的地方，你们有解决的好方法吗？

（预设：学生回答，可以去请教老师；多看几遍；等等。）

师：你们说得很好。读书中遇到问题，发现问题，其实是好事。著名数学家苏步青爷爷关于读书有这样的心得——（课件出示）

著名数学家苏步青主张读书要精读。他读书时，第一遍一般先读个大概，第二遍、第三遍逐步加深理解。他就是这样来读《红楼梦》《西游记》和《三国演义》的。他最喜欢《聊斋》，不知反复读了多少遍。起初，有些地方不懂，又无处查，他就读下去再说，以后再读就逐步加深理解。

师：你瞧，书读多遍，其义自现。我们可以学着苏步青爷爷的样子耐心地将一本书多读、精读。同时我们可以和同学、老师进行交流、讨论，解决自己读书中遇到的问题。

师：第三个难题，阅读过的书籍很多，但每次写作文时，那些优美词句就用不上。这个难题的确困扰着许多同学，谁能给大家出谋划策？

（预设：学生回答，准备好词好句摘记本，将平时优美的句子摘录下来经常翻阅；做读书剪报；等等。）

师：这里需要解决的有两点。一是我们读书是为什么？读书可以帮助我们提高写作能力，但这不是我们唯一的目的。老师希望，通过读书，大家可以增长知识，开阔视野，汲取精神成长的营养。因此大家不能说我们读书了就马上能提高写作能力，我们不能急功近利。读书的积累是个慢的过程。

二是读书能不能提高写作能力？回答是肯定的。俗话说"熟读唐诗三百首，不会作诗也会吟"。这是一个陶冶的过程，是一个潜移默化的过程。在这样的过程中，我们可以采用"写读法"。（课件出示）

古人云"不动笔墨不读书"，俗语也有"好记性不如烂笔头"之说。读书与作摘录、记心得、写文章结合起来，手脑共用，不仅能积累大量的材料，而且能有效地提高写作水平，并且能增强阅读能力，将知识转化为技能技巧。

毛泽东爷爷在青年时代读书时就有"不动笔墨不读书"的好习惯。只要我们平时多积累，多动笔，写作时自会文思如泉涌，下笔有神助的。多读书，会增强我们的文化底蕴。

看来只要集思广益，再大的难题我们也能解决。希望同学们在好的方法引路下，乘风破浪，遨游于书海之中。

五、学习榜样，让读书点亮人生

师：同学们，读书不能改变人生的长度，但可以改变人生的宽度；读书不能改变人生的起点，但可以改变人生的终点。今天我们一起来看《读书改变人生》的视频。

（观看视频《读书改变人生》。视频《读书改变人生》简介：洛洛是一位生活不能自理的高度残疾人，轮椅成了她形影相随的伙伴；她没有上过一天学，却用仅仅能拿住东西的两根手指学会了写字，学会了看书；虽然她身有残疾，但凭着顽强的毅力已出版了三本小说。）

师：同学们，如果没有书籍为伴，洛洛的生活会是什么样？

（预设：学生回答，生活无聊；养不活自己；人生没乐趣；等等。）

师：读书改变了她的人生：从一个残疾女孩到个人写者，再由个人写者到雨枫书社发出邀请开个人专场报告会的名人。洛洛的经历告诉我们，读书可以改变人生。

其实读书不仅能改变一个人的命运，还能改变民族的命运。世界上最爱读书的民族是犹太民族，爱读书的他们创造了哪些奇迹？（课件出示）

全世界每年阅读书籍数量排名第一的是犹太人，人均 64 本。犹太人好读书，爱看报。以色列平均每 5 人就有一份耶路撒冷邮报。以色列每个村镇都有优雅的图书馆、阅览室，人均占有图书馆和出版社数量居全球首位。

犹太民族出现了海涅、贝多芬、门德尔松、马克思、柴门霍夫、弗洛伊德、卓别林、爱伦堡、毕加索、爱因斯坦等许多伟人。

占美国 2% ～ 3% 人口的犹太人成就如下：全美 200 名最有影响的名人，犹太人占一半；全美名牌大学教授，犹太人占三分之一；全美 100 多名诺贝尔奖得主，犹太人占一半；全美文学、戏剧、音乐的一流作家，犹太人占60%。

"三个犹太人坐在一起，就可以决定世界！"这是对犹太人非凡智慧的盛赞。有着数千年文明的犹太民族，虽然没有给人留下什么特别值得骄傲的宫殿和建筑，却给我们留下了永恒的智慧，而这智慧正是源于犹太民族对读书的热爱。

六、总结全课，倡导读书伴随一生

师：同学们，读书使人明智，书如同星星会照亮我们前行的路。不读书的人看到的是别人画给他的世界，读少部分书的人看到的是灰暗的世界，读很多书的人看到的是一个光明的世界。

同学们，你们正值读书的美好年华，希望你们能读更多的书，站在书籍垒成的阶梯上，看得更远。让读书点亮我们的人生。

点评

师生的课堂对话

于老师和徐老师共同研究，编制了这节课的教案。徐老师在校内开课时，我听了这节课。听课的老师们对本课的设计、实施，给予了高度评价。

这节课能成功，因素很多。该课最突出的特点是有很好的师生课堂对话。

师生课堂对话好，首先在于让学生有话可说。读书话题学生很感兴趣，课堂上不少学生侃侃而谈。但这更缘于徐老师不断地将话题"加热"："你们知道每年的 4 月 23 日是什么日子吗?""看了这段视频（《世界读书日开门篇》），你们有什么感想?""同学们，你们可曾思考过我们为什么一直提倡多读书呢?"

师生课堂对话好，还在于教者精心组织课堂讨论。徐老师准备了丰富的课堂讨论资料。读书心得的交流、三大难题的讨论、视频观感的分享，大量的材料引发学生深入思考，大家争先恐后，畅所欲言。

师生课堂对话好，更在于教者充分的课前准备。事先的小调查，可能的预设，都使教者胸有成竹。而课堂上徐老师盈盈的笑语，多次送出的好书（徐老师告诉我，只要学生喜欢，自己愿意给孩子们多送点书），更让孩子们敞开心扉，吐露心声，教育的效果自然水到渠成。

32 不以规矩，不成方圆

（遵守纪律话题）

黑龙江省海林市教育体育局　王教刚

设计背景

　　孟子早就说过"不以规矩，不能成方圆"。一个工厂如果没有劳动纪律，就会乱糟糟，生产就会处于瘫痪状态。一个城市如果没有交通法规，你骑车乱闯红灯，我驾车横冲直撞，他步行随意穿越，交通必然陷于混乱。一所学校如果没有规矩，没有纪律要求，必然会影响学生日常习惯的养成，导致学习松弛，违纪成风，学生难以健康地成长。

　　"学规则，守纪律"似乎是每一个老师强调最多的话题，因为一个班级纪律的好坏，将直接影响到学科教学的授课效果，直接影响到班级的班风、班貌。然而受着教育的许多小学生往往是"心中明白，身体不行"，"三天打鱼，两天晒网"，老师在与不在大不一样。五年级学生处于成长的重要时期，须让学生明白道理，加强自律，严格要求，约己律人，于是"尊重规则、遵守纪律"的主题教育课也就势在必行。

教育目标

　　·使学生在做游戏、听故事中，体验、了解规则，增强遵章守纪的意识。

　　·通过讨论，指导学生严格遵守学校规章制度，严于律己，培养遵章守纪的习惯。

课前准备

　　·收集有关规则的故事。

　　·制作课件。

一、游戏导入，体验规则

师：同学们，你们喜欢做游戏吗？现在我们就来玩一个"扳手腕"的游戏，请同桌的两位同学来"扳手腕"。

（学生开始俩俩"扳手腕"。）

师：好！停！——赢的同学请举手。

（预设：部分学生举手，部分学生有些骚动。有学生会说男生不能和女生扳，或某某同学耍赖，胳膊肘都抬起来了，某某同学用的是两只手。有些学生可能意见还很大，有些学生可能会不服，还有些学生可能会说老师没讲规则啊。）

师：刚才我们扳手腕，那么多同学有意见，其主要原因是老师事先没有讲清楚游戏规则。可见没有规则的游戏，是不公正的游戏，是难以开展的游戏。其实，游戏需要规则，我们的生活、学习都需要规则，没有规则的生活是难以想象的，这节课我们就一起来聊聊"规则"。（课件出示：没有规矩，不成方圆）

二、倾听故事，讨论规则

师：下面我给大家讲一个故事。请同学们听完后谈谈感受。（课件出示）

深夜，一位中国人走进德国某小镇的车站理发室。那理发师热情地接待了他，却不愿意为他理发。理由是，这里只能为手里有车票的旅客理发，这是规定。中国人委婉地提出建议，说反正现在店里也没有其他顾客，是不是可以来个例外？

理发师更恭敬了，说虽然是夜里也没有别的人，也得遵守规则。无奈之下，中国人走到售票窗前，买了一张离那儿最近的车站的车票。

当他拿着车票第二次走进理发室时，理发师很遗憾地对他说："如果您只是为了理发才买这张车票的话，真的很抱歉，我还是不能为您服务。"

师：现在我们来交流一下，听了这个故事你们认为德国理发师的做法对吗？为什么？

（预设：学生回答，德国人的做法对，如果一次破例，以后可能会引来更多的人不拿车票来理发，理发师就很难拒绝，规则也就失去了意义；德国人不知变通，反正就他俩知道，理了还能卖个人情；等等。）

师：大家再思考一下那个中国人的做法对吗？为什么？

（预设：学生回答，那个中国人的做法不对，我们要入乡随俗，按规则办事；不能只图自己方便，而违反规则，规则是给大家定的，不是单单给某个人定的；等等。）

师：同学们，可能有人认为德国理发师的做法比较呆板。但这则故事启发我们，无论何时何地我们都要遵守规则，即使没有人看见，没有人听见，依然要按规则办事。规则是约束人们行为，维护社会秩序的不二法门。老师还请大家接着听后来的故事。（课件出示）

当有人把深夜小站理发室的故事告诉给一群在德国留学的中国学生后，不少人就感慨万端，说太不可思议了，德国人真的太认真了，这样一个时时处处讲规则、讲秩序的民族，永远都会是一个强大的民族。但有的就不以为然，说偶然的一件小事，决定不了这么大的性质，一个小镇的车站，一个近乎迂腐的人，如何能说明一个民族的性格呢？双方甚至还为此发生了争执，相持不下之际，就有人提出通过实践来检验孰是孰非。

于是，聪明的留学生们共同设计了一项试验。他们趁着夜色，来到闹市区的一个公用电话亭，在一左一右两部电话的旁边，分别贴上了"男士""女士"的标记，然后迅速离开。第二天上午，他们又相约来到那个电话亭旁。令他们惊奇的一幕出现了：标以"男士"的那一部电话前排起了长队，而标以"女士"的那一部电话前却空无一人。留学生们就走过去问那些平静等待的先生：既然那一部电话前没有人，为什么不到那边去打，何必等这么久呢？被问的先生们无一不以坦然的口吻说：那边是专为女士准备的，我们只能在这边打，这是规则啊……

留学生们不再争执了。

师：同学们，通过前后两个故事你们能看出什么？能得出一个什么结论？

（预设：学生回答，一个德国人遵守规则也许是偶然，但一群德国人都能自觉遵守规则，足以得出他们是一个严格遵守规则的民族；能看出德国人的自觉性很强，宁可排队打电话也不违背规则去用闲置的那个电话亭；等等。）

师：同学们说得很好。故事的前半部分是一个德国人在严格执行规则，故事的后半部分是一群德国人在自觉遵守规则，他们既不放纵别人打破规则，也不投机取巧违背规则；德国的每一个角落之所以能够清洁、安静，而且秩序井然，从这个故事中可以找到答案。

在国外的许多公共场所，时常可以看到用中文书写的"请勿随地吐痰""不要乱扔垃圾""请排队""请保持安静""便后请冲水"等警示语，游客来自世界各国，而这些文字只用中文写，说明这是给中国人看的。国人不讲卫生、不守规则似乎已成为世界难题了。我想这不得不令每个中国人感到汗颜！我们曾是礼仪之邦，但慢慢地却丢失了一些美好的东西。在重铸民族辉煌、融入世界之流的今天，遵守规则，正是我们极为需要的。

三、走进校园，学习规则

师：俗话说"家有家规，国有国法"，学校也有学校的规章制度。同学们，上课时我们需不需要遵守规则？

（预设：学生齐声回答，需要。）

师：应该遵守哪些规则？

（预设：学生回答，上课时不能做小动作；不能交头接耳；要认真听讲，用心倾听其他学生回答问题；回答问题声音要洪亮；等等。）

师：课间我们应该遵守哪些规则？

（预设：学生回答，在走廊里不能打闹、追逐、喧哗；不能乱扔纸屑；做操时要排好队；等等。）

师：做值日时我们要遵守哪些规则？

（预设：学生回答，认真完成自己的工作任务；爱护公物；等等。）

师：请大家思考一下，一个学校的校纪、一个班级的班规是严一些好，还是松一些好？为什么？可以举例说明。

（预设：学生回答，希望严一些，严一些学生就会用心听讲，认真完成老师安排的各项任务，只有这样学生的成绩才会提高；老师严格要求，学生才会更自觉，才会有压力，有压力才会有动力；希望松一些，管得太严，学生就没有自由，而学习靠的是自觉，硬性地压着学生学是没用的，学生会形成逆反心理，不愿意学习了；等等。）

师：我赞同严一点。人们常说，要严格。严格，就是严而有格。这个"格"，就是必要的规章制度。制度是面向大家的，它是为了维护学校和全体同学的利益而制定的。所以一个时时事事都能严格要求自己的同学，其实感觉不到制度的束缚。反之，一个不遵守纪律的人，他会感到处处受到约束，不小心就会触犯禁忌，担心违反纪律的事儿随时被揭发。一个班级执行好规章制度，班级才会秩序井然。脱离制度的自由是不存在的，因为制度既是对一个人的约束，更是对一个人的保护。

四、回顾生活，寻找规则

师：同学们，规则可以说是无时不在，无处不在，你们还知道在什么地方、什么时间要遵守相应的规则吗？

（预设：学生回答，过马路时要遵守交通规则；看电影时要遵守影院的规定；做操时要遵守学校纪律；等等。）

师：同学们，明文规定的规则我们要遵守，而在我们的生活中还有许多约定俗成的规则，如饭菜准备好后要等到长辈坐好后我们方可落座，上街买菜要讲究"先来后到"，等等，这些我们同样要自觉遵守。

五、情景思辨，明确规则

师：同学们，我们已经有了一定的是非判断能力，可是在生活中却仍存在着这样那样的问题。请看情景思辨题1：

对于我们小学生要遵守的规则，小华同学总能说得头头是道——说得比唱得还好听，而生活中却多次违规犯错，你们说他懂规则吗？

（预设：学生回答，小华的做法不算懂规则；我们要言行一致，说到做到；不能说一套做一套，会说不做不是遵守规则；等等。）

师：在生活中类似于小华这样的同学还是有的，他们往往说得头头是道，但做事我行我素。我们一定要言行一致，也只有踏踏实实做人，扎扎实实做事才能取得事业的成功。再看情景思辨题2：

小军同学遵守规则是"三天打鱼，两天晒网"，心情好的时候按规则做事，心情不好的时候按自己的意愿做事，他这样算是遵守规则吗？

（预设：学生回答，"三天打鱼，两天晒网"不算遵守规则，无论心情好坏都要遵守规则，不能想怎么做就怎么做；要想养成遵守规则的习惯，必须从身边的小事做起，必须坚持，违背规则，对人对己都不利，是有失道德的；等等。）

师："锲而舍之，朽木不折；锲而不舍，金石可镂"，说的是如果刻几下就停下来了，腐烂的木头也刻不断，如果不停地刻下去，那么金石也能雕刻成功。无论做什么事情都需要坚持，遵守规则也是这样，只要我们坚持不断地按规则办事，时间长了，遵守规则自然而然也就成了一种习惯。来看情景思辨题3：

老师在班级时，小刚同学表现很好。可是老师一走，他就随随便便，打打闹闹，主要问题在哪？

（预设：学生回答，小刚的认识不够，他认为遵守纪律是做给老师看的，没有想到他的做法不但影响了别人，更耽误了自己。）

师：同学们，规则不是简单说说，偶尔做做，而是要说到做到，要持之以恒，要发自内心地自觉遵守，不是被逼无奈，做给别人看的。遵守规则最重要的是自律，对自己有明确的要求。这是一种意识，更是一种习惯，需要从小培养。

这三道情景思辨题的讨论，是想让同学们明白，遵守规则，要心口一致，持之以恒，贵在自觉。

六、学习名言，深化规则

师：同学们，无论是国内还是国外的许多名家早就对规则的意义及作用作过精辟的概括，下面请大家边读边思考我们有怎样的收获。先看这一条：

世上的一切都必须按照一定的规矩、秩序各就各位。

——莱蒙特

（预设：学生回答，世界上的万事万物都离不开规则；规则很重要；等等。）

师：没有规则的世界定是杂乱无章的，是难以想象的。再看这一条：

有一句古老的格言说："战胜自己是最不容易的胜利。"一个人正应当从这里开始认识自己，开始自我教育。应当在童年时期和少年时期，即从7岁到10、11岁，就教给一个人自己安排自己的事，并在必要的时候能够"强制自己"。

——苏霍姆林斯基

师：要遵守规则，自我教育最重要。著名教育家苏霍姆林斯基提醒我们在"7岁到10、11岁"，也就是在小学阶段，要学会"自己安排自己的事，并在必要的时候能够'强制自己'"。"强制自己"的标准就是遵守学校、社会的规则。今天很多规则是大人们制定的。伴随着我们的成长，怎样做更好，会引起我们的思考，我们可以通过实践不断完善规则、发展规则。

七、总结全课

师：同学们，正如孟子所说的那样，"不以规矩，不能成方圆"。正是由于我们的生活时时处处充满着规则，我们的生活才会井然有序：竞技规则保证比赛的公正、公平，法律制度保证在法律面前人人平等，学校的各项规则制度保证我们健康地成长……

同学们，为了让社会更美好，让我们从小做一个懂规则、守纪律的好孩子吧！

点评

"老师常谈"要出新

生活中，难题有时就是常见题。比如纪律问题，可以说是"老师常谈"。老师常谈，一定要谈出新意。王老师就纪律问题对学生进行教育时，有两个亮点。

一是在做游戏、讲故事中讲授道理，寓教于乐。"扳手腕"的活动，让学生领悟规则的重要。一个德国人和一群德国人的故事，则让学生感受到遵守规则的重要。

二是对如何遵守纪律有明确的指导要求。王老师结合情景思辨题，重点提出了"言行一致""持之以恒""贵在自觉"三点要求。这三点要求针对性强，指导学生如何自我要求，自觉遵守纪律。"一致""坚持""自觉"，需要学生不断地学习、提升。

"老师常谈"的话题，既需要常谈，又需要常抓；在常谈常抓中，希望要有新意，要有实效。

面对挫折

（挫折话题）

四川省广元外国语学校　刘　红　王　华

设计背景

毛泽东说："要想不经过艰难曲折，不付出极大努力，总是一帆风顺，容易得到成功，这种想法只是幻想。"毛主席的话告诉我们，一个人要取得成功必须付出极大的努力。生活中，我们常常为美好的愿望而努力，但我们也常常会遇到失败，经受挫折。我们应该乐观地面对失败，面对挫折，要把这些磨难看作成长的台阶，并以此寻找成功的契机，在战胜挫折的过程中磨炼意志，增强能力，努力实现自己的目标。

然而当今的孩子们，大多像温室里的花朵，遇到一些小挫折，如学习成绩不理想、没有超过自己的竞争对手、在班干部竞选上落选、在与同学相处时自己被别人"盖"过风头等，常常垂头丧气。其实这些对孩子们来说，都是宝贵的经历和成功的契机，班主任应开展积极、主动的教育，引导孩子们正确面对挫折。

教育目标

· 使学生懂得挫折在成长过程中是不可避免的、普遍存在的。
· 引导学生正确认识挫折，增强战胜挫折的信心。
· 指导学生掌握对待挫折的正确方法，不断提高抗挫能力。

课前准备

· 收集生活中强者的事迹。
· 收集整理本班同学战胜挫折的事例。
· 制作课件。

一、故事导入

师：同学们，喜欢听故事吗？

（预设：学生回答，喜欢。）

师：今天老师给大家带来了一个故事，你们不仅要认真听，还要谈谈你们的感想。

一只茧裂开了一个小口子。

有一个人正好看见了，他一直在观察，蝴蝶艰难地将身体从那个小口中一点点地往外挣扎。几个小时过去了，蝴蝶似乎没有什么进展，看样子它好像已经竭尽全力，不能再前进一步了……

他看得心疼，决定帮助一下蝴蝶：他拿来一把剪刀，小心翼翼地将茧破开，蝴蝶很容易地挣脱出来了，但是它身体萎缩，翅膀紧紧地贴着身体……他接着观察，期待着在某一时刻，蝴蝶的翅膀会打开并伸展起来，成为一只美丽飞舞的蝴蝶。然而，这一精彩时刻始终没有出现！

师：知道这是为什么吗？

（预设：估计同学不能回答出来。）

师：蝴蝶生长是有一个过程的，即"卵—幼虫—蛹—蝶"。蝴蝶只有经历了脱茧的挣扎与痛苦，才能让翅膀强劲有力，才能飞舞于天空。破茧时不断地挣扎，不断地失败，不断地遭遇挫折，正是成蝶前必经的锻炼。人的成长也是如此。人生在世，谁都会遇到挫折，必经的挫折可以激发人的潜能，促使人奋进。

今天，我们的主题就是"面对挫折"。

二、什么是挫折

师：什么是挫折呢？挫折，是指人们在从事某种活动、追求某个目标时遇到的失败、失利。

因为失败、失利，我们会产生"紧张的状态"和"情绪反应"，出现不好的言行。所以，今天的课，就是要同学们明白，挫折是不可避免的，但只要我们勇敢地面对，积极应对，就能让挫折成为我们迈向成功的助推器。

三、你的挫折我来听

师：知道了挫折是什么，那你们有过挫折吗？

（预设：学生回答，有。）

师：现在，让我们一起来了解你们曾有过的挫折。

（请同学们在一张纸上写下自己曾经遇到过的一个挫折。）

师：现在我们来了解同学们有哪些挫折。（抽读学生写的挫折。）看来我们遇到的挫折涉及我们生活的多个方面。学习成绩达不到理想的目标；没有超过自己的竞争对手；在班委干部的竞选上没能胜出；在自主管理时被其他同学指责了；在与同学相处时，自己被别人"盖"过风头了；自己常常得不到老师和同学的信任，经常感到受轻视或有委屈；等等。

看来同学们的挫折还真不少。

四、强者怎样面对挫折

师：面对这么多的"挫折"（因为有的同学所说的还算不上是真正的挫折），有同学会问，面对挫折，我们该怎样做呢？或许通过观看下面的视频《生命的重建》，我们会找到答案吧！

（观看视频《生命的重建》。视频简介：廖智，原本是四川绵竹汉旺镇的一位舞蹈老师，她曾经有一个幸福的家庭和可爱的女儿。但汶川大地震使她失去了婆婆和女儿，还失去了曾经让她在舞台上翩翩起舞的双脚。面对生活的重挫，坚强的廖智选择了继续跳舞，她装上假肢，刻苦训练，终于重返舞台，并通过参加各种公益活动去帮助更多像她一样经受了灾难的人。特别是在雅安地震时，她戴着假肢走入深山，和队友们一起搭帐篷，送物资，帮助那些最需要帮助的人们。廖智的举动感动了许许多多的人。）

师：现在我们以四人小组为单位，来讨论三个问题。（课件出示）

1. 视频中的女主人公是谁？

2. 她遇到了什么挫折？

3. 面对挫折，她的选择是？

（学生讨论。老师注意听取学生的讨论。）

师：现在我们来交流。

（预设：学生回答，视频中的女主人公是廖智，她遇到了很大的挫折。她失去了女儿、婆婆，以及她赖以舞蹈的双腿；但她面对挫折，没有放弃，没有被打倒，反而选择了坚强，她戴着假肢继续舞蹈，并投身于帮助他人的公益活动中，来回报曾经帮助过她的人们、社会和国家。）

师：同学们说得非常好。失去双腿的廖智都能坚强地面对现实，装上假肢，迈向人生新的征程，当我们遇到一点点小挫折的时候，有什么理由不积极面对呢？

五、面对挫折，我的策略

师：老师知道这段视频给了同学们很多的启示，当面对挫折时，你们找到策略了吗？

（预设：学生发言时，老师可以在黑板上写下关键词，如乐观、调整心态、从容面对、阳光、微笑、借鉴好方法、八方借力、坚持、努力克服、想尽办法，等等。）

师：同学们说得很好。我想帮大家作一个总结：

第一，正确认识，阳光心态。我想告诉同学们的是，在前进的道路上，挫折是正常的，是必然的。不经历风雨，哪见得彩虹？阳光总在风雨后。有了好的心态，我们就能勇敢地面对挫折，而不是唉声叹气，愁眉苦脸。

第二，分析原因，汲取教训。面对挫折，我们除了要保持良好的心态，还要认真分析原因，思考问题所在。分析原因、思考问题时，我们可以请教老师、同学、家长。在前进的道路上，蛮干是不行的，无论是文化学习、班级工作，还是人际交往，都是如此。俗话说"吃一堑，长一智"，分析原因、汲取教训很重要。但人常常会"犯同一个错误"，因此下力气改正，非常必要。

第三，认定目标，持之以恒。当我们作了必要的分析、找出原因后，必要的坚持是必须的。蝴蝶破茧成蝶，是坚持不懈的结果。在坚持中，我们不断地学习、调整，最终一定能实现预定的目标。

同学们，"失败是成功之母""挫折是成长之源"，成长过程中的失败和挫折其实是人生的宝贵财富，我们应当珍惜上天一次次给我们的礼物，调整心态，从容面对。

六、情景思辨，讨论如何应对挫折

师：刚才我们谈了应对挫折的策略。那么在下面的情景思辨题中，如果你们是情景思辨题中的"他（她）"，你们能找到有效的方法来应对吗？现在我们以四人小组的形式来进行讨论。（学生以四人小组为单位进行讨论。讨论时老师注意听取小组讨论意见，相机指导，并选择发言对象）请看情景思辨题1：

　　一位同学正在为一幅参赛水粉画作最后的收尾工作。眼看就要完成了，突然另一个同学不小心把他的画给弄花了。现在他该怎么办呢？

　　（预设：学生回答，不要抱怨；寻找补救的方法，在原画上加工；向老师说明情况，有时间另画一幅；等等。）

　　师：像这样的突发事件，有很大的偶然性，不要抱怨。如果可以加工，适当地改一下，也可以；有时间可以再画一幅，还可以在原来的基础上作点调整。总之从容应对，调整思路，调整心态，可以演绎出新的精彩。即使没有办法，也可以安慰自己，以后有的是机会。现在来看情景思辨题2：

　　他对许多事都漫不经心，学习马虎，做事拖沓，所以在分组活动时，同学们都不想带他，每当这时，他很难过。

　　（预设：学生讨论后回答，要改变做事的态度，该认真的绝不敷衍；改变做事风格，作业不拖欠，集体的事不拖拉；把不好的习惯努力改掉；请同学帮助和督促自己改变；改变自己，赢得别人的肯定；等等。）

　　师：同学们，这是一例因个人不好的行为习惯而造成人际关系不好后产生的挫折。这种情况，我们经常会遇到，有的同学还为没有小伙伴而苦恼。要想改变现状，让同学们接受自己，就如同学们所说，应该分析原因，积极地想办法先改变自己，从而解决问题。接着看情景思辨题3：

　　我们有些同学平时学习很努力，但一到考试就特别紧张，考试成绩与他（她）平时的学习状态不相符，为此他（她）倍感苦恼。

　　（预设：学生讨论后回答，要分析原因是考试紧张，还是基础不牢；学习他人好的复习方法；放松心情，调整心态，不要过分关注分数；学会考试；等等。）

　　师：这是在学习上产生挫折的案例。同学们说得很好，我们要消除考试紧张心理，学会考试。但也请同学们一定要认识到，我们在关注成绩的同时，还要更多地关注学习的过程，以及在这个过程中习得了多少好习惯、好方法，明确学习的意义。考试只是检验学习效果的一种手段，我们要调整心态，重视它而不是惧怕它。

七、集体朗诵《挫折的营养》

师：同学们，在今天的班会课即将结束时，我有一首诗送给大家，请大家一起大声地朗诵，感受诗中的情感和力量吧！

挫折的营养

（男）有人说大树底下好乘凉，

（女）有人言温室之中和风暖，

（男）可我们更应该懂得：树荫下长不成参天大树，温室里培养不出林中之王。

（女）人，就得经受风浪——吃一堑，长一智，让挫折伴我们成长。

（合）请记住——有点挫折本平常，就当是我们成长过程中的练兵场。跌倒爬起，健步如飞同往常。挫折，给了我们磨砺意志必不可少的营养。

师：感谢同学们激情地朗诵，希望它能在你们面对挫折时有所帮助！

八、填写"加油卡"，互相馈赠

师：现在老师给大家发一张"加油卡"。请在"加油卡"（如下图所示）上为你的朋友写一句面对挫折的话或名言警句。（背景音乐《飞得更高》）

（同学们在"加油卡"上写寄语。）

师：把你制作的（加油卡）送给最要好的朋友。也许，当他遇到挫折的时候，这张"加油卡"会让他充满力量。

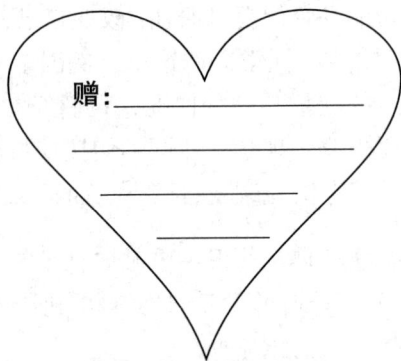

赠：_____

_____

_____

九、总结全课

师：同学们，挫折，有时候也会像一片沙漠，使人迷失方向。然而自信者手中始终会握着一枚"指南针"，他永远不会迷失方向，勇往直前地向着目标进发；而失意者却整天像一只无头苍蝇，撞到哪儿算哪儿，一辈子也走不出"沙漠"。我们要战胜挫折，而不是被挫折牵绊。

最后，老师送给同学们一段话，并以它来结束我们今天的班会（课件出示）：

失败的人在每次挫折中找借口，成功的人在每次挫折中看到机会。我们应将生命中的挫折，变为成长的助推器！让我们一起努力吧！

点评

尊重学生的主体地位

我们常说要尊重学生的主体地位。主题教育课，因为以班主任的讲述为主，如果学生的主体地位意识不强，容易形成满堂灌，容易形成"我说你听"教师主宰课堂的尴尬局面。这节课，刘老师做了很好的设计。

在师生对话中尊重学生的主体地位。比如在导入环节讲述破茧成蝶的故事后，让同学们你说我说大家说；在谈对挫折的认识时，让同学们畅所欲言，"你的挫折我来听"；在情景思辨环节，让大家充分交流，分享思考。

在小组讨论中尊重学生的主体地位。小组讨论不能只是形式。对比较复杂的问题，对学生思而不透、思而不解、思而存惑的问题，老师应组织小组讨论。在本教案中，刘老师就设计了四人小组讨论，还写道："学生以四人小组为单位进行讨论。讨论时老师注意听取小组讨论意见，相机指导，并选择发言对象。"这不是袖手旁观，不是故弄玄虚，而是有心的设计、善意的提醒。

在总结陈词中尊重学生的主体地位。许多班会课的结尾，有些老师易居高临下，指点江山，训斥学生，而本课以"老师送给同学们一段话，并以它来结束我们今天的班会：失败的人在每次挫折中找借口，成功的人在每次挫折中看到机会。我们应让生命中的挫折，变为成长的助推器！让我们一起努力吧！"的热情寄语结束全课。"失败的人在每次挫折中找借口，成功的人在每次挫折中看到机会"，师生智慧交流；"我们应让生命中的挫折，变为成长的助推器"，师生共同勉励；"让我们一起努力吧"，师生携手同进。

有些老师认为，说起学生的主体地位，就要学生直接走上讲台，直接参与操作。我认为这只是一方面，关键是老师能不能做到心中有学生，从学生的角度观察、思考、解决问题，能不能通过老师讲述、师生对话、小组讨论在学生心中掀起波澜，引发思考，从而促进学生的精神成长。

34 学习雷锋好榜样
（学雷锋话题）

上海市万里城实验学校　赵　苹

设计背景

　　"向雷锋同志学习"是中小学德育工作的重要内容。毛主席等党和国家领导人对开展学雷锋活动作过许多重要指示。习近平总书记也指出，雷锋、郭明义、罗阳身上所具有的信念的能量、大爱的胸怀、忘我的精神、进取的锐气，正是我们民族精神的最好写照，他们都是我们"民族的脊梁"。习近平总书记还在给"郭明义爱心团队"的回信中指出："雷锋精神，人人可学；奉献爱心，处处可为。积小善为大善，善莫大焉。当有人需要帮助时，大家搭把手、出份力，社会将变得更加美好。"

　　然而曾经感动和激励几代人的雷锋精神对于现在的学生来说，就好像只是"做好事"的代名词，"雷锋"似乎离他们有点儿远。今天的孩子们，还需要雷锋精神吗？今天的孩子们，应该以怎样的方式学习雷锋？

　　其实雷锋精神是一面永不褪色的旗帜。新时期，我们更应带领学生真正走近雷锋，了解其人其事，学习雷锋好榜样。结合小学生的特点，特别要学习雷锋热心为民、助人为乐的奉献精神以及干一行爱一行、专一行精一行的敬业精神。将雷锋身上的正能量传递给学生，指导学生从身边事做起、从细节做起，传承雷锋优秀的品质。

教育目标

　　·通过讲雷锋故事、读雷锋日记，认识雷锋，体会雷锋热心为民、助人为乐的奉献精神及干一行、爱一行的"钉子"精神。

　　·引导学生寻找身边的雷锋，懂得雷锋离我们并不遥远，每个人都可以成为新时期的雷锋。引导学生像雷锋那样从我做起，从身边的小事做起，学习在校园内外尽自己的能力帮助别人；引导学生像雷锋那样珍惜时间，刻苦学习，勇于克服学习中的困难。

·教师收集雷锋故事、雷锋日记，供学生课前阅读。
·学生寻找身边"雷锋"事例。
·教师收集素材，制作课件。

教育过程

一、导入话题

师：每年的 3 月，我们都会很自然地想起一个名字——雷锋。1963 年 3 月 5 日，伟大领袖毛主席亲笔题词"向雷锋同志学习"，号召全国人民学雷锋。从那时起，我们就把每年的 3 月 5 日定为学雷锋纪念日。长期以来，党和国家领导人都非常重视学雷锋活动。

雷锋出生在一个贫苦的农民家庭里，在万恶的旧社会，雷锋的家人先后被迫害致死，雷锋 7 岁就失去了父母，成了孤儿。新中国成立后，在党和政府的培养下，他成为了一名光荣的人民解放军战士。他勤勤恳恳、踏踏实实，从平凡的小事做起，全心全意为人民服务。1962 年 8 月 15 日，雷锋因公牺牲，年仅 22 岁。虽然他离开了我们，但是他留下了永远闪光的名字，留下了宝贵的时代精神。

一个普普通通的解放军战士，为什么会成为全国人民学习的楷模呢？课前，同学们阅读了雷锋故事、雷锋日记，观看了电影《雷锋》，那在你们的心中，雷锋是怎样的一个人呢？

（预设：学生回答，雷锋是乐于助人的人；热爱学习的人；勤俭节约的人；等等。）

二、概述雷锋精神

师：同学们说得很好。雷锋身上有很多值得我们学习的优良品质。这些优秀品质被提炼为雷锋精神。雷锋精神有许多，对我们五年级的学生来说，在这节课上，我想强调的是雷锋热心为民、助人为乐的奉献精神，干一行爱一行、专一行精一行的敬业精神。

雷锋助人为乐的高尚行为，不但在连队里传诵，更在驻地人民中流传。人们都称赞说雷锋出差一千里，（学生也一起说）好事做了一火车。下面让我们一探究竟。

（观看动画故事《出差一千里，好事做了一火车》。故事简介：雷锋外出，在沈阳车站换车的时候，一位妇女把车票和钱都丢了，雷锋用自己的津贴为她买了火车票；雷锋在火车站送老大娘回家；雷锋主动帮助列车员打扫卫生、为旅客倒水；等等。）

师：雷锋说，人的生命是有限的，可是——

（学生接：为人民服务是无限的，我要把有限的生命，投入到无限的"为人民服务"之中去。）

雷锋是这样说的，也是这样做的。在课前我们阅读了雷锋的故事，还有哪些使你们印象深刻的雷锋助人为乐的事例呢？请你们也来说一说。

（预设：学生回答，带病参加工地劳动；将自己节省出的钱，主动捐献给灾区；等等。）

师：雷锋就是这样一个人，哪里有需要，他就会毫不犹豫地给予帮助。雷锋的乐于助人，成了雷锋精神最鲜明的特征。

雷锋工作后，先后当过通讯员、公务员、拖拉机手、推土机手、卡车司机、校外辅导员，多次被评为"劳动模范""先进生产者"，多次荣立战功。他还经常外出作报告，每一项工作他都干得很出色，但他只读到了小学毕业，那他是怎样做到的呢？让我们从他的日记中寻找答案。（出示雷锋日记片段，请同学诵读）

有些人说工作忙、没有时间学习。我认为问题不在工作忙，而在于你愿不愿意学习，会不会挤时间。

要学习的时间是有的，问题是我们善不善于挤，愿不愿意钻。

一块好好的木板，上面一个眼也没有，但钉子为什么能钉进去呢？这就是靠压力硬挤进去的，硬钻进去的。

师：雷锋这番朴实的话语，后人形象地概括为"钉子精神"。听了这一段《雷锋日记》，你能不能告诉大家"钉子"有什么特点吗？

（预设：学生回答，硬挤进去，硬钻进去。）

师：是呀，"一块好好的木板，上面一个眼也没有，但钉子为什么能钉进去呢？"

（学生接："这就是靠压力硬挤进去的，硬钻进去的。"）

师：在学习上，我们也要提倡这种"钉子精神"，善于挤和善于钻。

雷锋虽然工作繁忙，但他仍坚持写日记，在数百篇日记里，记录了他成长的足迹，总结出许多人生格言，更是留给我们的一笔宝贵的精神财富，这也是他所提倡的"钉子精神"的最好体现。

三、雷锋精神在传承

师：有人说，雷锋是 50 多年前的人物了，现在雷锋精神已经过时了，不需要再学习了。但在北京市东四七条的东口，每天清晨上学前，都能看到一群少先队员在给路人义务打气。这支"学雷锋义务打气队"用小气筒为路人解燃眉之急，被称为"七条小雷锋"。从 1993 年起，20 多年来，东四七条小学有 60 多个中队、2000 多名少先队员参与了义务打气活动。"雷锋"精神一代传一代。

那在你们身边有没有这样的事例呢？请同学们也说一说。

（预设：学生结合收集到的新时期的学雷锋事例说，如"最美妈妈"吴菊萍、"雷锋传人"郭明义、微尘群体，等等。）

师：同学们说得很好。雷锋，是你，是我，是他，是每一个有良知的人。

雷锋，叫"志愿者""义工""感动中国""道德模范""党团先锋""中国好人""最美"……

雷锋的身影，在公共场所，在民众身旁，在救灾一线，在爱心义卖中，在无偿献血中，在捐资助学中，在福利院里，在希望工程里……

雷锋，是瞬间的雷锋，是一辈子的雷锋；是一个人的雷锋，是一群人的雷锋……他们不叫雷锋，他们又都是雷锋！

四、问题讨论，学做小雷锋

师：然而，在我们身边有一些不太和谐的声音。请同学看这个问题。

我家邻居小张阿姨在街道的敬老院工作。记得有一年 3 月 5 日，在下班路上我遇到了她。小张阿姨一见到我，就对我说："赵老师啊，今天可把我累坏了，接待了一批又一批来学雷锋的人。怎么平时没看到那么多雷锋啊？"对此，你有什么看法？

（预设：学生回答，不能只在"学雷锋日"学雷锋。）

师：雷锋要从身边事做起，不要"一阵风"，而要"长流水"。3 月 5 日作为学雷锋纪念日，在那天我们可以开展学雷锋的集中行动。但正如习近平总书记指出的，"雷锋精神，人人可学；奉献爱心，处处可为"，学雷锋应体现在我们的日常生活之中。我校的小辅导员、"小鬼当家"轮岗活动成员、食堂小服务员，都以实际行动每天为伙伴们服务。我们学校在社区也有孤老、军、烈属慰问点，我们坚持每年春节、暑期上门慰问，已经有多年了，我们在座的同学们也有参加过。我们应做到：在日常生活中，当有人学习上遇到困难时，我们帮他解惑答疑；当有人不小心摔跤时，我们将他扶起；当有人搬不动重的东西时——（期待学生回答）

（预设：学生回答，我们伸出援助之手。）

师：当下雨有人忘了带伞时——（期待学生回答）

（预设：学生回答，我们和他共用一把伞。）

师：当有人上课病痛难忍时——（期待学生回答）

（预设：学生回答，我们扶他去医务室。）

学雷锋不在于轰轰烈烈，而在于当别人有困难时，你能竭尽所能给予帮助，让他们感到温暖。

我这里还有一个问题，让我们来听听下面这位同学说的事情。（播放录音）

小刚从小就不喜欢数学，上课也没兴趣听，上课时便将课外书放在桌洞里看。长此以往，老师讲的内容经常听不懂了。交课堂作业时，他总是迟迟不交。放学了，同学们都回家了，而他却被老师留下来补作业。小刚边做作业，边埋怨自己真倒霉。

同学们，请你们帮小刚分析一下，他怎样才能转变自己的不良习惯呢？

（预设：学生回答，上课要认真听讲，不懂要问老师，等等。）

师：联系我们本节课所倡导的，我们要学习雷锋的"钉子精神"。

一是要有明确的目标。要钉在一个地方，咬住一个目标，不放松。钉子总是钉着一个地方，往一个地方使劲。学习也应该如此，学习的时候，你必须集中精力，全力以赴。这样才能学有所成，学有所获。

二是要坚持不懈。当我们在学习的过程中遇到挫折，遇到困难时，你想想钉子是如何钻，如何挤的，这样，你一定不会轻言放弃。

当然，我也希望班上学习好的同学，乐意帮助有困难的同学。其实，帮助别人的过程，正是实践雷锋"钉子精神"的过程。我们有挤劲吗？帮助别人的时间总是可以挤出来的。我们有钻劲吗？针对同学的问题，应进行深入的研究。"送人玫瑰，手有余香"，我们老师也会和你们一起行动的。

五、雷锋精神永传扬

师：雷锋的一生很短暂，但雷锋的精神却让我们永远铭记，许多人用热情的诗句赞颂了雷锋精神。诗人魏钢焰在《你，浪花里的一滴水》的诗歌中这样写道：(全班诵读)

> 他不是将军，
> 却立了无数功勋；
> 他不是文豪，
> 却写下不朽诗文；
> 他如此平凡，如此年青，
> 像一滴小小的春雨，
> 却渗透亿万人的心！

师：学习雷锋好榜样。学雷锋的活动已经开展了50多年。50多年来，雷锋精神在传承，在弘扬。雷锋精神鼓舞着我们成长。许多人深情地说，雷锋精神是永恒的。

我想和同学们说，雷锋永远是我们学习的榜样！

点评

提纲挈领，要点分明

主题教育课怎样让学生印象深刻，难以忘怀？有班主任提出应做到"提纲挈领，要点分明"，我很赞同这一主张。本课正是成功的范例。

本课条理清楚，结构合理，作者以"学习雷锋好榜样"为题，设计了五个步骤：导入话题；概述雷锋精神；雷锋精神在传承；问题讨论，学做小雷锋；雷锋精神永传扬。

雷锋精神内容博大，赵老师以"奉献精神"和"钉子精神"为重点对学生进行教育。在课的第二至第四部分均以这两点展开，做到了重点突出，前后呼应。在课的重点环节"学做小雷锋"，赵老师老师设计了两个讲述要点：

一是学雷锋应体现在我们的日常生活之中，"学雷锋不在于轰轰烈烈，而在于当别人有困难时，你能竭尽所能给予帮助，让他们感到温暖"。

二是我们还要学习雷锋的"钉子精神"。要有明确的目标，要坚持不懈。

整节课条理清楚，前后呼应，重点突出，学生会留有深刻的印象。

提纲挈领，要点分明，既有利于班主任的授课，也有利于学生对要点的掌握，这一经验值得分享。

35 梦想在这里起飞

（理想教育话题）

重庆市中山外国语学校　何　林

浙江省瑞安市新纪元学校　戴爱萍

设计背景

　　习近平总书记指出：实现中华民族伟大复兴的中国梦，凝聚了几代中国人的夙愿，是每一个中华儿女的共同期盼。全国各族人民响应习近平总书记的号召，正为实现中国梦而努力奋斗。教育部和省市教委均发出相关文件，要求学校积极开展"中国梦，我的梦"主题教育活动，加强理想教育，鼓励学生从现在做起，从小事做起。

　　小学生，需要有梦，需要有一个努力的目标和方向，需要将个人的梦和自己的学习生活、国家的梦想联系在一起，并付诸实际行动。小学六年级是小学阶段的高年级，正是理想开始萌芽的时候。但现在不少小学六年级的学生对自己学习、生活的目的有误解，学习、生活没有计划，处于被动接受的状态，而且容易被不良因素诱导，不懂得做事要坚持。本次主题教育课鼓励学生敢于有梦，发展兴趣特长，在学习生活中积极行动，为实现理想而前行，为梦想而做出实际行动。

教育目标

　　·通过畅谈自己的梦想、交流自己的行动计划，感受梦想的斑斓，了解实现梦想的条件。

　　·通过发现身边的榜样，认识梦想与学习生活的联系，能够在自己的学习生活中从现在做起，从小事做起。

　　·通过了解中国梦的背景，感知中国梦与个人梦之间的关系。

课前准备

· 收集音乐视频（肖琬露的《放飞梦想》）。
· 录制视频，编辑小草、小鸟、运动员、舞蹈家、模特儿等的梦想。
· 指导学生排练小品《萌萌的故事》。
· 编辑红领巾小队采访视频《跑步飞人是怎样练成的？》。
· 收集成龙、王亚平、袁隆平等人的梦想故事。

教育过程

一、音乐导入，揭示课题

师：今天，老师想送给同学们一首歌。
（播放音乐：肖琬露《放飞梦想》的第一小节。）

我有一个愿望，乘着歌声翅膀，像百灵鸟一样，唱出幸福希望，快乐伴我成长。

师：你们知道这个小女孩的愿望是什么吗？
（预设：学生回答，像百灵鸟般歌唱。）
师：当一名百灵鸟似的歌星，多美的愿望啊。还想再听听音乐吗？（播放音乐：肖琬露《放飞梦想》的第二小节）

我有一个期望，踏着舞台灯光，像小天使一样，舞动快乐翅膀，迎接世纪阳光。

师：你们知道这个小女孩的期望是什么吗？
（预设：学生回答，当一个舞蹈的精灵。）
师：同学们都有双善于聆听的耳朵。像小女孩这样，拥有一个个愿望，一个个期望，就是拥有一个个梦想。
今天，让我们来到梦想的天空下，感受一下梦想的力量吧。（板书：梦想）
（学生与教师一起读课题。）

二、畅谈斑斓的梦想

1. 生命当有梦

师：每一个生命都有梦想。你们看——（播放视频文件，展示小草、小鸟、运动员、舞蹈家、模特儿的图片，并配有文字自述和轻柔的背景音乐）

我是一株刚钻出地面，迎接春雨的小草，我有一个快快长高的梦想；我是一只被关在笼子里的小鸟，我有一个飞上自由自在的蓝天的梦想；我有一个不停地奔跑的梦想；我有一个不停地旋转舞蹈的梦想；我有一个当顶尖模特儿的梦想。梦想，梦想，梦想。你的梦想是什么呢？

2. 梦想真缤纷

师：看了这段视频，同学们的眼睛亮闪闪的。老师想问，你们的梦想是什么？

（预设：学生回答，我的梦想是当一名老师，为学生上课；我的梦想是和爸爸妈妈永远在一起；我的梦想是当一名环保卫士；等等。）

（建议：当学生讲到梦想当老师的时候，可以进行追问质疑——当老师需要批改作业、需要熬夜到很晚，你还是坚持这个梦想吗？）

师：谢谢同学们和老师分享你们的梦想。梦想是美好的，是多种多样的，梦想的力量也是无法预估的。演员成龙因为有梦想而成为了国际巨星；宇航员王亚平因为有梦想成为第一个太空授课的女航天员；科学家袁隆平因为有梦想发明了杂交水稻，让更多人吃饱了饭。

（建议：在同学们分享了梦想之后，老师可以分享一下自己的梦想，既可以拉近师生的距离，营造轻松的氛围，也能让学生通过自己最熟悉的身边的人物感受梦想的力量。）

我要告诉你们，有梦的人是幸福的，因为他们生活在希望之中，生活在目标之中。

三、聚焦梦想，认识实现梦想的条件

1. 实现梦想有条件

师：有了自己不一样的梦，我们如何让梦想成真呢？现在我们以四人小组的形式进行讨论。

（四人小组讨论。老师走近同学，倾听同学们的讨论。）

（预设：学生回答，我的梦想是当运动员，我要坚持锻炼身体，上好每一节体育课；我的梦想是当老师，我要上课认真听讲，还要多看书，积累知识，也要锻炼自己的口语，让自己更加会说；我的梦想是当警察，我要增强我的勇气，不怕困难，遇到问题多动脑筋；等等。）

师：同学们都有实现自己梦想的计划。确实，各行各业成就梦想都需要一定的条件。现在我们来观看一段视频。

（观看央视公益广告《中国梦·蓝图篇》。广告介绍了知识成就梦想，拼搏成就梦想，实干成就梦想，人生因梦想而改变。）

师：同学们，你们看了这段视频，有怎样的感受呢？

（预设：学生回答，梦想需要知识，梦想需要拼搏，梦想需要实干，等等。）

2. 梦想需坚持

师：同学们，知识、拼搏的精神、实干的态度可以成就我们的梦想。光有这些就够了吗？老师还想和大家分享一个故事。（配轻音乐）

他，出生在一个贫穷的家庭里。8 岁时，就没有了父亲，母亲给他找了个继父。

他从小就有一个梦想——写剧本，在皇家剧院演戏。为了实现自己的梦想，小男孩 14 岁时就一个人离开家，来到大城市哥本哈根。没有钱买书，他就躲到低年级的教室里听课，即使别人嘲笑他长得丑，没有礼貌，他也认真地听着老师讲课，积累着写剧本的知识。

没有地方住，他就在大街上的椅子上借着微弱的灯光看着别人写的剧本，呼呼的寒风吹得他直发抖。街上的警察总要赶他离开，他想哭，但是他总是擦掉眼泪告诉自己：现在不是哭的时候，我一定要写出所有人都喜欢的剧本。

有一次，他看见皇家剧院在招演员，以为机会来了。可是剧院的人却上下打量着他，不屑地说："你太瘦了，演戏会被观众赶下台的。"他还是没有放弃，反而打趣说："你给我每个月 100 英镑的工资，我马上就可以长胖的。"

剧院的人哈哈大笑，把他当成了疯子赶出剧院。

他没有钱，没有穿的，衣服上一个又一个的洞，他只能在大街上流浪。

幸好，他没有放弃，他带着满满的勇气不停地给每个老师送去自己写的剧本，然后等待回复。一年过去了，两年过去了。他不停地在街上、工地上流浪，挨着饿，但还是不停地写作。

终于，他的第一幕剧本在舞台上上映了，得到了观众的掌声和欢呼。终于，他变成了一只美丽的天鹅。后来，他又写出了很多著名的童话故事，比如《卖火柴的小女孩》《丑小鸭》，等等。

他就是世界著名童话故事家——安徒生。

师：听了安徒生爷爷的故事，你们知道，他是如何成就梦想的吗？

（预设：学生回答，不放弃，坚持奋斗；不怕任何困难，勇于拼搏；等等。）

师：困难是梦想实现过程中一定会遇到的问题。你瞧，萌萌就遇到了这样的难题。（请学生表演小品《萌萌的故事》）

萌萌：今天老师讲了一节树立远大理想的课，从今天起，我决定认真学习，争取取得优异的成绩，当一名英语教师。闲话少说，马上学习英语。（book，room，萌萌开始念单词，一副很认真勤快的样子。正在这时，小峰和强强抱着篮球来到萌萌家敲门。）

小峰：萌萌在家吗？

萌萌：（急忙把门打开）是你们啊？有事吗？

小峰：今天星期六，我们出去玩篮球吧？

萌萌：不行！我要复习英语，你们都知道我英语成绩不好啦。

强强：行了行了，什么破英语啊！天气这么好，不出去简直就是浪费，走啦！（说着，他开始动手拉扯萌萌的衣服。萌萌看看课本，又看看天气。）

萌萌：好吧，就出去一会儿！

（一小时过去了，两小时过去了，三小时过去。夜幕降临了，萌萌抱着篮球满头大汗地回来了……）

萌萌：今天玩了一天，真累啊！（萌萌看了看书桌上的英语课本，倒床睡觉）学英语？明天吧！

师：同学们，看了同学们的表演，你们想对萌萌说些什么？

（预设：学生回答，应该完成了自己的任务后再玩；应该有计划地学习，不能受别人影响就半途而废；等等。）

师：放假了，玩耍是休息的最好方式，可是，在玩耍和学习的选择上，应该有先后之分。有计划，有安排，才能够实现自己的目标。

知识、拼搏的精神、实干的态度、坚持的品质，正是梦想实现的条件。（板书"知识、拼搏、实干、坚持"，用一颗童心圈起来，并画上翅膀。）

四、寻找身边的追梦伙伴

师：其实，据我们学校红领巾记者团的报道，我们身边已经有许多同学为梦想在行动，在努力了。现在请观看红领巾记者团的新闻报道《跑步飞人是怎样练成的？》（播放视频《跑步飞人是怎样练成的？》。视频主要介绍跑步飞人的梦想及他的锻炼方式和时间。）

师：老师还了解到我们班在学校特别出名，一说到我们班那些能干的班干部和出色的同学们，都会得到其他老师竖起的大拇指。语文课代表的字写得特别好，一横一竖都力求做到最好；文娱委员的歌唱得特别棒，在六一儿童节时，为锻炼自己的勇气，曾一展歌喉，获得过阵阵掌声；还有劳动委员主动捡拾垃圾，并带动了全班同学，使我们班获得了"环保班级"的光荣称号。（出示相关同学的照片、奖状等资料）

师：同学们，他们都是努力践行梦想的榜样，都是我们身边的追梦伙伴。你们还发现了哪些呢？

（学生介绍身边伙伴的追梦事迹。）

师：谢谢同学们积极的交流，老师真高兴你们都有双善于发现优点的明亮眼睛；老师更高兴的是，班集体的荣誉正是通过我们每一个人努力才得到的。（课件出示：每个人为梦想努力，集体的梦想就实现）

五、畅想未来，感知中国梦

师：你有梦，我有梦，集体有梦，国家有梦。中国这个 960 万平方公里的土地上，还有一个梦，那就是我们的中国梦。（出示习近平总书记讲话的图片，配以激昂的音乐）

习近平总书记号召我们要为中国梦的实现而努力奋斗！

实现中华民族伟大复兴的中国梦，就是要在新中国建国 100 周年的时候，实现国家富强、民族振兴、人民幸福的美好梦想。

要在 2049 年实现伟大的中国梦，必须凝聚中国力量，必须你我作努力。因为中国梦也是人民的梦，必须紧紧依靠每一个人来实现。如果我们的梦想都能实现，那中国梦一定能实现！

同学们，试想一下，2049 年的祖国，将会是什么样的呢？

（预设：学生回答，科技不断发展，人们可以在太空自由行走；雾霾得到治理；蔬菜更有营养；国家更加强大，经济更加繁荣；等等。）

师：（轻声播放音乐《我相信》）同学们，我相信我们的梦想能在这里起飞；我相信畅想未来，我们能找到目标，知道努力的方向；我相信知识、拼搏、实干、坚持能成就美好的梦想。让我们相信自己，伴着歌声放飞梦想吧！（音乐《我相信》声渐响起，将课堂推向高潮）

点评

加强对教育文件的学习

这几年，我在许多地方讲课时，常常问老师们一个问题：习近平总书记提出了民族复兴的中国梦，他希望什么时候能实现？结果许多老师都很茫然，语焉不详，只说"需要长期的努力""我们一直在路上"等等，比较含混。

我告诉老师，有关文件明确表达了习近平总书记对全国人民实现中国梦的时间期待，那就是在新中国建国100周年之际，实现中华民族伟大复兴的中国梦。这是凝聚全党、全国人民意愿的动员。时间紧迫，时不我待。新中国建国100周年，就是2049年。距现在还有30多年的时间。以小学生为例，这将是他们由童年走向少年，由少年走向青年，由青年走向壮年，为自己、为家庭、为社会、为民族有担当、作贡献的重要时期，想起这些，我们就热血沸腾，就激情满怀。但如果欠学习，我们就可能少了这份激情、少了这份担当。

因此我在许多场合都建议，班主任应在自己的电脑里建一个文件夹，这个文件夹叫"政策夹"，用以收集有关文件，加强学习，提高认识，做好工作。

在日常工作中，班主任上班会课时常根据上级的工作布置来选题。我想这是一个基本的工作方法。但我更主张班主任要学会主动选题。主动选题一是根据班情，二是认真学习党和国家的教育方针，认真学习教育部和地方教育行政部门的有关文件，思考工作的重点，积极、主动地考虑怎样上好班会课。

也许有人认为这样要求班主任有点苛刻，其实班主任肩负时代使命，每个时代都期望教育工作者在培养人才时有所作为。为共和国家培养合格公民，是班主任的神圣使命和光荣职责，应被班主任铭刻在心中并积极行动，将之付诸实践。在时代迅猛发展的大潮中，班主任对培养目标的认识应该是明确、清晰的，应该与时俱进。

需要说明的是，我们不要求班主任像律师那样对重要文件倒背如流，但是建议老师们在有需要的时候能找出文件查一查，看一看，想一想，这样使自己有着清晰的工作思路，有着明确的责任担当。

基于这样的思考，何林老师形成了本课的教案，实际操作时取得了很好的效果。

我常想，如果班主任都能加强学习，明确工作重点，认真落实立德树人的神圣使命，我们将开启德育工作的新局面，谱写德育工作的新篇章。

在这方面，学校也需要加强学习，加强指导。现在有一些学校在校园网上开设了"政策导航"栏目，便于老师们学习，这是扎扎实实的工作，值得提倡。

在成长的路上

（毕业话题）

浙江省无锡市育红小学　冯曙光

设计背景

　　苏霍姆林斯基在《培养集体的方法》一书中说："我们努力使每个男女学生不仅成为坚强、勇敢的人，而且还要成为温情、亲切、富有同情心和温柔的人。一个孩子越坚强，越富有成人的性格，使他成为一个细腻、善良和温柔的人就越发重要。……只有出于善良之心而日益增强起来的精神力量，才能使人产生那种创造美的高尚情操。"六年的小学生活，会让很多孩子变得坚强勇敢，且富有同情心。

　　但是，在校共同生活学习了六年，有些学生在即将步入高一级学校继续学习时，却不懂得感恩，不太珍惜友情，希望通过此次主题教育课，让每一位孩子懂得有许多的感情是难以割舍的，有许多的记忆值得珍藏。在即将离开母校之际，教学生珍藏感恩之情，珍藏友谊之情，保持美好的理想，以继续的努力，开启新的征程。

教育目标

　　·通过回顾六年来班级经历和开展的许多活动，教学生懂得感恩，珍藏友情。

　　·通过回忆小学六年的校园生活，引导学生感受成长的快乐，激发学生热爱生活、积极向上的情感，引导学生满怀理想，走进新的学校，开启新的征程。

课前准备

　　·搜集六年来的活动照片、视频等资料。

·制作课件。

·准备《校园的早晨》《永不退缩》等歌曲。

教育过程

一、音乐烘托，导入课题

（播放改编过歌词的歌曲《校园的早晨》。）

师：同学们，这首歌我们听了六年了，转眼之间，你们已经完成了小学的学业，即将进入高一级学校。师生相聚虽然只有短短儿年，但学校为拥有你们这样优秀的学生而感到骄傲！

在这六年的时间中，我们在母校的悉心关怀下，茁壮成长！我们在老师的细心教导下，幸福成长！我们在同学的爱心帮助下，快乐成长！

二、回顾过去，懂得感恩

师：六年来，我们班开展了许许多多的活动，很多同学参加了学校举办的许许多多有趣的活动。在这一个个活动当中，我们收获着，我们成长着！

1. 向老师致敬

师：六年来，我们的每一点成绩，都凝聚着老师的心血和汗水；我们的每一点进步，都离不开老师的帮助和教诲。

今天我想给你们说说你们不知道的老师辛勤付出的故事。首先请周熹同学上来读一篇她去年写的日记。（同学读日记）

今天放学后，我和冯老师一同走了一段路。他问了我一些问题。其实，我也有很多问题，但没敢问出来。我想问："冯老师，你觉得我长得怎么样？为什么男生女生都给我起绰号呢？为什么我的家庭是这样呢？"

其实我觉得冯老师人特好，上小学以来，我就再没碰上比他更好的老师。他很关心我们，每次看见冯老师生气，我心里就有一种从来都没有过的难过，因为我们又惹冯老师生气了。

我什么都不怕，就怕冯老师对我失望。记得我有那么几天不是很开心，做作业经常分神，作业错得比较多，所以连续几天都被老师请进办公室。那天，正当我在数学老师那儿订正作业的时候，冯老师走进来看见了我，他对我说："怎么啦？今天你怎么会来啊？"我看了冯老师一眼，感觉脸上火辣辣的，我想冯老师一定对我失望了，回到家后我大哭了一场。但是第二天冯老师却对我说："我一向很看好你的，努力。"我觉得我更喜欢冯老师了！

冯老师也非常不容易，每天为了备课，晚上十一二点睡是家常便饭，早上5点半就要起床赶公交。但冯老师每天7点就准时到校了！有一天，我提前到学校来参加合唱训练，从办公室窗口看见冯老师在吃早饭（好像是糙饭），那时我真想哭。我多么希望小学的时间能慢点过去！

师：听着她的讲述，我很感动。她是个有心的孩子，从自己独特的角度讲述了自己的感受。我只是做了点自己该做的事，她就牢牢记在了心上。其实我们班很多老师都很关心我们。接下来，老师来给大家讲两个故事。

先说数学老师蒋老师的故事。蒋老师教我们三年了。三年来，没有请过一次假。但大家应该还记得上学期的那件事情，每天一向很早到校的蒋老师居然迟到了。她一进教室就向大家道歉，记得吧？

其实，那天蒋老师的儿子发烧了，蒋老师的爱人出差在外，蒋老师一早起来，就把儿子送到了医院看病挂水。当时打电话给我，我已经让她不要来学校了，她的课由我先来代，但是蒋老师想到马上就要期终考试了，所以她立刻联系了她的妈妈陪护孩子，她赶到学校来给大家上复习课。同学们，蒋老师是把你们都看作了她自己的孩子啊！

大家回头看看蒋老师，你们的掌声，她听到了。（孩子们热情鼓掌）

我再来说说咱们的英语老师周老师吧，她教完你们这一届之后，就要退休了。大家都知道，周老师的身体不是很好，常年辛劳，周老师的眼睛已经老花了，颈椎也出了问题。但是，每天放学之后，她总是要把我们班的那几位英语成绩不够理想的同学留下来单独辅导。不收任何报酬，任劳任怨，这就是默默无闻的老黄牛精神。周老师是我的学习榜样。我建议我们也把热烈的掌声送给我们敬爱的周老师。（孩子们面带微笑，热烈鼓掌）

同学们，六年的时光里，每一位教过我们的老师都为我们付出了很多很多。即使是再多的话语，也表达不尽我们对老师的感激之情，就让我们为可亲可敬的老师们送上我们亲手制作的礼物，让这份情永驻我们心间，成为最美好的回忆，好不好？

（学生代表为科任老师送上精心准备的礼物。）

2. 向家长致敬

师：当然，我们也别忘记了六年来一直给我们关心和鼓励的家长。

大家应该还记得，一年级的时候，我们班的家委会出钱为我们每一个同学购买了温暖的坐垫；二年级的时候，又为我们班每人购买了一身漂亮的雨衣。

　　大家应该还记得，每一次考试结束之后，无论你们的成绩如何，你们的家长总会说尽力了就行；为了能够让你们生活学习得更好，你们的爸爸妈妈为你们付出了一切，无怨无悔，十几年如一日啊！

　　今天，我想请同学们一起看一段视频，听听家长对你们的殷切寄语。

　　（观看视频。视频简介：班级家长代表给孩子们的殷切寄语。字幕显示"×××同学的家长"，五位家长代表为孩子们送上美好的祝愿，提出殷切的期望。）

　　师：同学们，母爱如海，父爱如山啊！让我们牢牢记住父母的叮嘱。

三、细数历程，珍藏友情

　　师：同学们，也别忘记了六年来朝夕相处的同学啊。

　　——我永远记得，每学期无记名投票选举出来的班干部们，为了我们这个班，无私奉献，毫无怨言。

　　——我也清晰地记得八个阅读小组的成员，在各自组长的带领下，积极阅读，撰写笔记，共同进步；有同学考试成绩不理想，有人安慰，有人辅导；午餐时间，你们安静用餐，文明打汤，从不拥挤，从不插队。

　　——我当然还记得每周二的社团活动。参加科技小组的同学载誉归来，参加我的魔术社团的同学个个都成为了见证奇迹的魔术师。

　　——参加集体舞表演时，甘当替补，无怨无悔；参加跳长绳比赛时，努力拼搏，勇夺冠军；小红帽执勤时，认真负责，风雨无阻。

　　就在这一次次的活动中，大家都结下了深厚的同学情、师生谊。现在想来，犹在昨天，清晰可见啊！（配以精美的课件）

　　今天也有许多同学想表达自己对同学、对班级、对老师的深情，现在我们以小组为单位，讨论一下。然后每组推选一位代表讲一句话好吗？这一句话，可以是感激，可以是建议，也可以是祝福，好不好？给大家三分钟讨论时间。开始。

　　（预设：小组讨论，推选代表，起立发言。）

四、结合往事，保持努力

　　师：同学们，母校的六年时光，留给我们的美好回忆实在是太多了。就让我们把这一刻珍藏，无论你们走到哪里，都别忘记，你们是母校优秀的学子，你们是母校培育的孩子。就请你们把你们的理想和祝愿写下来，放进这个心愿瓶里面。等到20年后，我们再聚在一起，共同打开，一起见证我们的理想。

（预设：每人写下自己的理想和祝愿，依次放进一个广口玻璃瓶里面。）

五、殷切寄语，送上祝福

师：我们即将毕业了，有太多的东西难以割舍，有许多的记忆值得珍藏。就在我们即将离开母校之际，让我们再一次聆听老师那热情的话语。

（邀请科任老师每人讲一句话，送给同学们。）

师：让我们记住此刻，记住老师的祝福；让我们带着微笑，带着一颗感恩的心向老师表达我们心中那份百感交集的情意。

同学们，7月我们将远行，带着对母校的深深眷恋和对未来的无限憧憬，告别自己的小学时代。

毕业不是结束，而是新的开始！梦想的翅膀就在这时展开，让我们乘着梦想的翅膀一起飞翔，飞向更远的地方。也许前方的道路依然会有很多荆棘，未来的日子未必就风和日丽，但请大家一定记住（全体同学一起喊出来）：

今天我以学校为荣，明天学校以我为荣。

（班歌《永不退缩》乐曲响起，全班高唱班歌。在歌声中结束本次班会。）

点评

班主任在研究中成长

该如何上好班会课，有老师抱怨，师范学院里没有专业的课程教学，因此"不会上"；也有老师抱怨，学校里工作很忙，升学压力大，因此"没法上"；还有不少老师告诉我，上也上过，但效果不够好。当然，也有许多老师告诉我，他们一直很重视上好班会课，师生一起动脑筋，精彩纷呈的班会课助力学生成长。其中还有不少老师高兴地跟我说，班会课其实很好上。

今天有更多的学校、更多的老师积极开展班会课的研究，取得了丰硕的成果。就以本课为例，这节课的可操作性、可借鉴性都是很强的。但我更多的思考源自课题"在成长的路上"。

其实，班主任是在实践中和学生一起成长的。我个人在工作实践中对班会课情有独钟，从随性地做到有意地做，从个人做到集体做，从区域合作做到全国协同做，一路走来，收获多多。我由衷地感到，班主任是在研究中成长的。

怎样进行班会课的选题，学生欢迎的班会课形式有哪些，怎样导入，怎样转接，怎样结尾，这些都是上好班会课的考虑点，由知之不多到熟练掌握，这是班主任专业发展中专业知识的成长；

怎样用真诚的话语进行有效的沟通，怎样处理班会课中的突发事件，怎样调动每一位学生上好班会课的积极性，这些都考验着班主任的本领，由不太熟练到游刃有余，这是班主任专业发展中专业技能的成长表现；

怎样培养学生良好的生活习惯，怎样引导学生为美好的理想而学习，怎样帮学生夯实精神的底子，这些都锤炼着班主任的心灵艺术和人格魅力，由懵懂为之到言传身教，这是班主任专业发展中专业道德的成长之功。

没有人能随随便便获得成功。不要把上好班会课当作负担，不要埋怨当年师范院校缺少必要的训练。今天我们有时间、有条件、有可能来加强研究，分享智慧。

正是在一节又一节课的打磨中，正是在一次又一次活动的实践中，在成长的路上，班主任不断地学习，不断地研究，不断地成长。

相信更多班主任的倾情投入，将为学生的成长作出贡献，也将使自己的教育人生更加精彩，更有意义。

图书在版编目（CIP）数据

小学主题教育 36 课 / 丁如许主编 .—上海：华东师范大学出版社，2014.10
ISBN 978-7-5675-2666-2

Ⅰ.①小 ... Ⅱ.①丁 ... Ⅲ.①活动课程—教学研究—小学 Ⅳ.① G622.3

中国版本图书馆 CIP 数据核字（2014）第 241456 号

大夏书系·全国中小学班主任培训用书·"魅力班会课"系列丛书

小学主题教育 36 课

主　　编	丁如许
策划编辑	李永梅
审读编辑	齐凤楠　卢风保
封面设计	戚开刚
责任印制	殷艳红

出版发行	华东师范大学出版社
社　　址	上海市中山北路 3663 号　邮编　200062
网　　址	www.ecnupress.com.cn
电　　话	021 - 60821666　行政传真　021 - 62572105
客服电话	021 - 62865537
邮购电话	021 - 62869887　地址　上海市中山北路 3663 号华东师范大学校内先锋路口
网　　店	http：//hdsdcbs.tmall.com

印 刷 者	北京季蜂印刷有限公司
开　　本	700×1000　16 开
插　　页	1
印　　张	17
字　　数	295 千字
版　　次	2015 年 1 月第一版
印　　次	2023 年 10 月第七次
印　　数	19 101 - 20 100
书　　号	ISBN 978 - 7 - 5675 - 2666 - 2/G·7695
定　　价	35.00 元

出 版 人	王　焰

（如发现本版图书有印订质量问题，请寄回本社市场部调换或电话 021-62865537 联系）